OEUVRES COMPLÈTES

DE M. LE VICOMTE

DE CHATEAUBRIAND.

TOME XX.

IMPRIMERIE ET FONDERIE DE RIGNOUX,
RUE DES FRANCS-BOURGEOIS-S.-MICHEL, 8.

OEUVRES COMPLÈTES

DE M. LE VICOMTE

DE CHATEAUBRIAND,

MEMBRE DE L'ACADÉMIE FRANÇOISE.

TOME VINGTIÈME.
LES MARTYRS.
TOME II.

PARIS.

POURRAT FRÈRES, ÉDITEURS.

M. DCCC. XXXVI.

LES MARTYRS

ou

LE TRIOMPHE

DE LA RELIGION CHRÉTIENNE.

LES MARTYRS.

LIVRE NEUVIÈME.

SOMMAIRE.

Reprise du récit d'Eudore. Eudore à la cour de Constance. Il passe dans l'île des Bretons. Il obtient les honneurs du triomphe. Il revient dans les Gaules. Il est nommé commandant de l'Armorique. Les Gaules. L'Armorique. Épisode de Velléda.

Trop fidèle à ses promesses, le démon des voluptés est descendu sous les lambris dorés qu'habite le disciple des faux sages. Il réveille dans son cœur une flamme assoupie; il présente à ses désirs l'image de la fille d'Homère; il le perce d'une flèche trempée dans les eaux qui recouvrent les ruines fumantes de Gomorrhe. Si Hiéroclès avoit pu voir, en ce moment même, la prêtresse des Muses atteinte des traits d'un autre amour; s'il l'avoit pu voir les yeux attachés sur Eudore, qui s'apprête à continuer le récit de ses aventures, quelle jalousie n'eût point embrasé l'âme de l'ennemi des chrétiens! Hélas! les ravages de cette jalousie ne sont suspendus que pour quelques jours. La famille de Lasthénès jouit avec ses hôtes des derniers moments de paix que le ciel lui laisse ici-bas. Rassemblés, comme la veille, au lever de l'aurore, Lasthénès, ses filles et son épouse, Cyrille, Démodocus et Cymodocée, sont assis à la porte du verger, et prêtent une oreille attentive au guerrier repentant, qui recommence à parler en ces mots :

« Je vous ai dit, seigneurs, que Zacharie m'avoit laissé sur la frontière des Gaules. Constance se trouvoit alors à Lutèce. Après plusieurs jours de fatigue, j'arrivai chez les Belges [1] de la Sequana. Le premier objet qui me frappa dans les marais des Parisii, ce fut une tour octogone, consacrée à huit dieux gaulois. Du côté du midi, à deux mille pas de Lutèce, et par-delà le fleuve qui l'embrasse, on découvroit le temple d'Hésus ; plus près, dans une prairie au bord du fleuve, s'élevoit un second temple dédié à Isis ; et vers le nord, sur une colline, on voyoit les ruines d'un troisième temple, jadis bâti en l'honneur de Teutatès. Cette colline étoit le Mont-de-Mars, où Denis avoit reçu la palme du martyre.

« En approchant de la Sequana, j'aperçus, à travers un rideau de saules et de noyers, ses eaux claires, transparentes, d'un goût excellent, et qui rarement croissent ou diminuent. Des jardins plantés de quelques figuiers qu'on avoit entourés de paille pour les préserver de la gelée étoient le seul ornement de ses rives. J'eus quelque peine à découvrir le village que je cherchois, et qui porte le nom de Lutèce, c'est-à-dire la belle pierre ou la belle colonne. Un

---

[1] Les habitants de l'Ile-de-France.

berger me le montra enfin au milieu de la Sequana, dans une île qui s'allonge en forme de vaisseau Deux ponts de bois, défendus par deux châteaux, où l'on paie le tribut à César, joignent ce misérable hameau aux deux rives opposées du fleuve.

« J'entrai dans la capitale des Parisii par le pont du septentrion, et je ne vis dans l'intérieur du village que des huttes de bois et de terre, recouvertes de paille et échauffées par des fourneaux. Je n'y remarquai qu'un seul monument : c'étoit un autel élevé à Jupiter par la compagnie des Nautes. Mais hors de l'île, de l'autre côté du bras méridional de la Sequana, on voyoit, sur la colline Lucotitius, un aquéduc romain, un cirque, un amphithéâtre et le palais des Thermes habité par Constance.

« Aussitôt que César eut appris que j'étois à la porte de son palais, il s'écria:

« Qu'on laisse entrer l'ami de mon fils! »

« Je me jetai aux pieds du prince; il me releva avec douceur, m'honora de ses éloges devant sa cour, et me prenant par la main, me fit passer avec lui dans la salle du conseil. Je lui racontai ce qui m'étoit arrivé chez les Francs. Constance parut charmé que ces peuples consentissent enfin à poser les armes, et il fit partir à l'heure même un centurion pour traiter de la paix avec eux. Je remarquai avec douleur que la pâleur et la foiblesse de Constance étoient augmentées.

« Je trouvai réunis dans le palais de ce prince les fidèles les plus illustres de la Gaule et de l'Italie. Là brilloient Donatien et Rogatien, aimables frères;

Gervais et Protais, l'Oreste et le Pylade des chrétiens; Procula de Marseille; Just de Lugdunum; enfin, le fils du préfet des Gaules, Ambroise, modèle de science, de fermeté et de candeur. Ainsi que Xénophon, on racontoit qu'il avoit été nourri par des abeilles : l'Église attendoit en lui un orateur et un grand homme.

« J'avois un désir extrême d'apprendre de la bouche de Constance les changements survenus à la cour de Dioclétien depuis ma captivité. Il me fit bientôt appeler dans les jardins du palais, qui descendent en amphithéâtre sur la colline Lucotitius, jusqu'à la prairie où s'élève le temple d'Isis, au bord de la Sequana.

« Eudore, me dit-il, nous allons combattre Carrausius, et délivrer la Bretagne[1] de ce tyran, usurpateur de la pourpre impériale. Mais, avant de partir pour cette province, il est bon que vous connoissiez l'état des affaires à Rome, afin de régler votre conduite sur ce que je vais vous apprendre. Vous vous souvenez peut-être que lorsque vous vîntes me trouver dans les Gaules, Dioclétien alloit pacifier l'Égypte, et Galérius combattre les Perses. Ce dernier a obtenu la victoire : depuis ce moment son orgueil et son ambition n'ont plus connu de bornes. Il a épousé Valérie, fille de Dioclétien, et il manifeste ouvertement le désir de parvenir à l'empire en forçant son beau-père à abdiquer. Dioclétien, qui commence à vieillir, et dont l'esprit

---

[1] L'Angleterre.

est affoibli par une maladie, ne peut presque plus résister à un ingrat. Les créatures de Galérius triomphent. Hiéroclès, votre ennemi, jouit d'une haute faveur; il a été nommé proconsul du Péloponèse, votre patrie. Mon fils est exposé à mille dangers. Galérius a cherché à le faire périr, en l'obligeant une fois à combattre un lion, une autre fois en le chargeant d'une entreprise dangereuse contre les Sarmates. Enfin, Galérius favorise Maxence, fils de Maximien, quoiqu'au fond il ne l'aime pas, mais seulement parce qu'il voit en lui un rival de Constantin. Ainsi, Eudore, tout annonce que nous touchons à une révolution. Mais tandis qu'il me reste un souffle de vie, je ne crains point la jalousie de Galérius. Que mon fils échappe à ses gardes, qu'il vienne retrouver son père, on apprendra, si l'on ose m'attaquer, que l'amour des peuples est pour les princes un rempart inexpugnable. »

« Quelques jours après cet entretien, nous partîmes pour l'île des Bretons, que l'Océan sépare du reste du monde. Les Pictes avoient attaqué la muraille d'Agricola, immortalisée par Tacite. D'une autre part, Carrausius, afin de résister à Constance, avoit soulevé le reste des anciennes factions de Caractacus et de la reine Boudicée. Ainsi nous fûmes plongés à la fois dans les troubles des discordes civiles et dans les horreurs d'une guerre étrangère. Un peu de courage naturel au sang dont je sors, et une suite d'actions heureuses, me conduisirent de grade en grade jusqu'au grade de premier tribun de la légion britannique. Bientôt je fus créé maître de la cavalerie, et je commandois l'armée lorsque les Pictes furent vaincus sous les murs de Petuaria [1], colonie que les Parisii des Gaules ont plantée au bord de l'Abus [2]. J'attaquai Carrausius sur le Thamésis [3], fleuve couvert de roseaux, qui baigne le village marécageux de Londinum [4]. L'usurpateur avoit choisi ce champ de bataille parce que les Bretons s'y croyoient invincibles. Là s'élevoit une vieille tour, du haut de laquelle un barde annonçoit, dans ses chants prophétiques, je ne sais quels tombeaux chrétiens qui devoient illustrer le lieu [5]. Carrausius fut vaincu, et ses soldats l'assassinèrent. Constance me laissa toute la gloire de ce succès. Il envoya à l'empereur mes lettres couronnées de lauriers. Il sollicita et obtint pour moi la statue et les honneurs qui ont remplacé le triomphe. Bientôt après nous repassâmes dans les Gaules, et César, voulant me donner une nouvelle preuve de sa puissante amitié, me créa commandant des contrées armoricaines. Je me disposai à partir pour ces provinces, où florissoit encore la religion des druides, et dont les rivages étoient souvent insultés par les flottes des Barbares du Nord.

« Quand les préparatifs de mon voyage furent achevés, Rogatien, Sébastien, Gervais, Protais, et

---

[1] Beverley, dans le comté d'York, en Angleterre.
[2] L'Humbler.
[3] La Tamise.
[4] Londres.
[5] Westminster.

tous les chrétiens du palais de César, accoururent pour me dire adieu.

« Nous nous retrouverons peut-être à Rome, s'écrièrent-ils, au milieu des persécutions et des épreuves. Puisse un jour la religion nous réunir à la mort comme de vieux amis et de dignes chrétiens! »

« J'employai plusieurs mois à visiter les Gaules avant de me rendre à ma province. Jamais pays n'offrira un pareil mélange de mœurs, de religions, de civilisation, de barbarie. Partagé entre les Grecs, les Romains et les Gaulois, entre les chrétiens et les adorateurs de Jupiter et de Teutatès, il présente tous les contrastes.

« De longues voies romaines se déroulent à travers les forêts des druides. Dans les colonies des vainqueurs, au milieu des bois sauvages, vous apercevez les plus beaux monuments de l'architecture grecque et romaine : des aquéducs à trois galeries suspendus sur des torrents, des amphithéâtres, des capitoles, des temples d'une élégance parfaite; et non loin de ces colonies, vous trouvez les huttes arrondies des Gaulois, leurs forteresses de solives et de pierres, à la porte desquelles sont cloués des pieds de louves, des carcasses de hiboux, des os de morts. A Lugdunum, à Narbonne, à Marseille, à Burdigalie, la jeunesse gauloise s'exerce avec succès dans l'art de Démosthènes et de Cicéron; à quelques pas plus loin, dans la montagne, vous n'entendez plus qu'un langage grossier, semblable au croassement des corbeaux. Un château romain se montre sur la cime d'un roc; une chapelle de chrétiens s'élève au fond d'une vallée près de l'autel où l'eubage égorge la victime humaine. J'ai vu le soldat légionnaire veiller au milieu d'un désert sur les remparts d'un camp, et le Gaulois devenu sénateur embarrasser sa toge romaine dans les halliers de ses bois. J'ai vu les vignes de Falerne mûrir sur les coteaux d'Augustodunum, l'olivier de Corinthe fleurir à Marseille, et l'abeille de l'Attique parfumer Narbonne.

« Mais ce que l'on admire partout dans les Gaules, ce qui fait le principal caractère de ce pays, ce sont les forêts. On voit çà et là dans leur vaste enceinte quelques camps romains abandonnés. On y trouve ensevelis sous l'herbe les squelettes du cheval et du cavalier. Les graines que les soldats y semèrent jadis pour leur nourriture forment des espèces de colonies étrangères et civilisées, au milieu des plantes natives et sauvages des Gaules. Je ne pouvois reconnoître sans une sorte d'attendrissement ces végétaux domestiques, dont quelques-uns étoient originaires de la Grèce. Ils s'étoient répandus sur les collines et le long des vallées, selon les habitudes qu'ils avoient apportées de leur sol natal. Ainsi des familles exilées choisissent de préférence les sites qui leur rappellent la patrie.

« Je me souviens encore aujourd'hui d'avoir rencontré un homme parmi les ruines d'un de ces camps romains : c'étoit un pâtre des Barbares. Tandis que ses porcs affamés achevoient de renverser l'ouvrage des maîtres du monde, en fouillant les racines qui croissoient sous les murs, lui, tranquillement assis sur les débris d'une porte décumane, pressoit sous son bras une outre gonflée de vent; il animoit ainsi une espèce de flûte dont les sons avoient une douceur selon son goût. En voyant avec quelle profonde indifférence ce berger fouloit le camp des Césars, combien il préféroit à de pompeux souvenirs son instrument grossier et son sayon de peau de chèvre, j'aurois dû sentir qu'il faut peu de chose pour passer la vie, et qu'après tout, dans un terme aussi court, il est assez indifférent d'avoir épouvanté la terre par le son du clairon, ou charmé les bois par les soupirs d'une musette.

« J'arrivai enfin chez les Rhédons [1]. L'Armorique ne m'offrit que des bruyères, des bois, des vallées étroites et profondes traversées de petites rivières que ne remonte point le navigateur, et qui portent à la mer des eaux inconnues : région solitaire, triste, orageuse, enveloppée de brouillards, retentissante du bruit des vents, et dont les côtes hérissées de rochers sont battues d'un océan sauvage.

« Le château où je commandois, situé à quelques milles de la mer, étoit une ancienne forteresse des Gaulois, agrandie par Jules-César, lorsqu'il porta la guerre chez les Vénètes [2] et les Curiosolites [3]. Il étoit bâti sur un roc, appuyé contre une forêt, et baigné par un lac.

« Là, séparé du reste du monde, je vécus plu-

---

[1] Les peuples de Rennes, etc.
[2] Les habitants de Vannes.
[3] Peuples des environs de Dinan.

sieurs mois dans la solitude. Cette retraite me fut utile. Je descendis dans ma conscience; je sondai des plaies que je n'avois encore osé toucher depuis que j'avois quitté Zacharie; je m'occupai de l'étude de ma religion. Je perdois chaque jour un peu de cette inquiétude si amère que nourrit le commerce des hommes. Je comptois déjà sur une victoire qui auroit demandé des forces supérieures aux miennes. Mon âme étoit encore tout affoiblie par ma première insouciance et mes criminelles habitudes; je trouvois même dans les anciens doutes de mon esprit et la mollesse de mes sentiments, un certain charme qui m'arrêtoit : mes passions étoient comme des femmes séduisantes qui m'enchaînoient par leurs caresses.

« Un événement interrompit tout à coup des recherches dont le résultat devoit avoir pour moi tant d'importance.

« Les soldats m'avertirent que depuis quelques jours une femme sortoit des bois à l'entrée de la nuit, montoit seule dans une barque, traversoit le lac, descendoit sur la rive opposée, et disparoissoit.

« Je n'ignorois pas que les Gaulois confient aux femmes les secrets les plus importants; que souvent ils soumettent à un conseil de leurs filles et de leurs épouses les affaires qu'ils n'ont pu régler entre eux. Les habitants de l'Armorique avoient conservé leurs mœurs primitives, et portoient avec impatience le joug romain. Braves, comme tous les Gaulois, jusqu'à la témérité, ils se distinguoient par une franchise de caractère qui leur est particulière, par des haines et des amours violentes, et par une opiniâtreté de sentiments que rien ne peut changer ni vaincre.

« Une circonstance particulière auroit pu me rassurer : il y avoit beaucoup de chrétiens dans l'Armorique, et les chrétiens sont sujets fidèles; mais Clair, pasteur de l'église des Rhédons, homme plein de vertus, étoit alors à Condivincum [1], et lui seul pouvoit me donner les lumières qui me manquoient. La moindre négligence pouvoit me perdre auprès de Dioclétien, et compromettre Constance, mon protecteur. Je crus donc ne devoir pas mépriser le rapport des soldats. Mais comme je connoissois la brutalité de ces hommes, je résolus de prendre sur moi-même le soin d'observer la Gauloise.

« Vers le soir, je me revêtis de mes armes, que je recouvris d'une saye, et sortant secrètement du château, j'allai me placer sur le rivage du lac, dans l'endroit que les soldats m'avoient indiqué.

« Caché parmi les rochers, j'attendis quelque temps sans voir rien paroître. Tout à coup mon oreille est frappée des sons que le vent m'apporte du milieu du lac. J'écoute, et je distingue les accents d'une voix humaine; en même temps je découvre un esquif suspendu au sommet d'une vague; il redescend, disparoît entre deux flots, puis se montre encore sur la cime d'une lame élevée; il

[1] Nantes.

approche du rivage. Une femme le conduisoit : elle chantoit en luttant contre la tempête, et sembloit se jouer dans les vents : on eût dit qu'ils étoient sous sa puissance, tant elle paroissoit les braver. Je la voyois jeter tour à tour en sacrifice, dans le lac, des pièces de toile, des toisons de brebis, des pains de cire et de petites meules d'or et d'argent.

« Bientôt elle touche à la rive, s'élance à terre, attache sa nacelle au tronc d'un saule, et s'enfonce dans le bois en s'appuyant sur la rame de peuplier qu'elle tenoit à la main. Elle passa tout près de moi sans me voir. Sa taille étoit haute ; une tunique noire, courte et sans manches, servoit à peine de voile à sa nudité. Elle portoit une faucille d'or suspendue à une ceinture d'airain, et elle étoit couronnée d'une branche de chêne. La blancheur de ses bras et de son teint, ses yeux bleus, ses lèvres de rose, ses longs cheveux blonds, qui flottoient épars, annonçoient la fille des Gaulois, et contrastoient, par leur douceur, avec sa démarche fière et sauvage. Elle chantoit d'une voix mélodieuse des paroles terribles, et son sein découvert s'abaissoit et s'élevoit comme l'écume des flots.

« Je la suivis à quelque distance. Elle traversa d'abord une châtaigneraie dont les arbres, vieux comme le temps, étoient presque tous desséchés par la cime. Nous marchâmes ensuite plus d'une heure sur une lande couverte de mousse et de fougère. Au bout de cette lande, nous trouvâmes un bois, et au milieu de ce bois une autre bruyère de plusieurs milles de tour. Jamais le sol n'en avoit été défriché, et l'on y avoit semé des pierres, pour qu'il restât inaccessible à la faux et à la charrue. A l'extrémité de cette arène s'élevoit une de ces roches isolées que les Gaulois appellent Dolmin ; et qui marquent le tombeau de quelque guerrier. Un jour le laboureur, au milieu de ses sillons, contemplera ces informes pyramides : effrayé de la grandeur du monument, il attribuera peut-être à des puissances invisibles et funestes ce qui ne sera que le témoignage de la force et de la rudesse de ses aïeux.

« La nuit étoit descendue. La jeune fille s'arrêta non loin de la pierre, frappa trois fois des mains, en prononçant à haute voix ce mot mystérieux :

« Au-gui-l'an-neuf ! »

« A l'instant je vis briller dans la profondeur du bois mille lumières ; chaque chêne enfanta pour ainsi dire un Gaulois ; les Barbares sortirent en foule de leur retraite : les uns étoient complétement armés ; les autres portoient une branche de chêne dans la main droite, et un flambeau dans la gauche. A la faveur de mon déguisement, je me mêle à leur troupe : au premier désordre de l'assemblée succèdent bientôt l'ordre et le recueillement, et l'on commence une procession solennelle.

« Des eubages marchoient à la tête, conduisant deux taureaux blancs qui devoient servir de victimes ; les bardes suivoient en chantant sur une espèce de guitare les louanges de Teutatès ; après eux venoient les disciples ; ils étoient accompagnés d'un héraut d'armes vêtu de blanc, couvert d'un chapeau surmonté de deux ailes, et tenant à sa main une branche de verveine entourée de deux serpents. Trois sénanis [1], représentant trois druides, s'avançoient à la suite du héraut d'armes : l'un portoit un pain, l'autre un vase plein d'eau, le troisième une main d'ivoire. Enfin, la druidesse (je reconnus alors sa profession) venoit la dernière. Elle tenoit la place de l'archidruide dont elle étoit descendue.

« On s'avança vers le chêne de trente ans, où l'on avoit découvert le gui sacré. On dressa au pied de l'arbre un autel de gazon. Les sénanis y brûlèrent un peu de pain, et y répandirent quelques gouttes d'un vin pur. Ensuite un eubage vêtu de blanc monta sur le chêne, et coupa le gui avec la faucille d'or de la druidesse; une saye blanche étendue sous l'arbre reçut la plante bénite; les autres eubages frappèrent les victimes, et le gui, divisé en égales parties, fut distribué à l'assemblée.

« Cette cérémonie achevée, on retourna à la pierre du tombeau; on planta une épée nue pour indiquer le centre du mallus ou du conseil : au pied du Dolmin étoient appuyées deux autres pierres qui en soutenoient une troisième couchée horizontalement. La druidesse monte à cette tribune. Les Gaulois debout et armés l'environnent, tandis que les sénanis et les eubages élèvent des flambeaux : les cœurs étoient secrètement attendris par cette

---

[1] Philosophes gaulois qui succédèrent aux druides.

scène qui leur rappeloit l'ancienne liberté. Quelques guerriers en cheveux blancs laissoient tomber de grosses larmes qui rouloient sur leurs boucliers. Tous penchés en avant et appuyés sur leurs lances, ils sembloient déjà prêter l'oreille aux paroles de la druidesse.

« Elle promena quelque temps ses regards sur ces guerriers représentants d'un peuple qui le premier osa dire aux hommes : « Malheur aux vaincus ! » mot impie retombé maintenant sur sa tête ! On lisoit sur le visage de la druidesse l'émotion que lui causoit cet exemple des vicissitudes de la fortune. Elle sortit bientôt de ses réflexions, et prononça ce discours :

«Fidèles enfants de Teutatès, vous qui, au milieu de l'esclavage de votre patrie, avez conservé la religion et les lois de vos pères, je ne puis vous contempler ici sans verser des larmes ! Est-ce là le reste de cette nation qui donnoit des lois au monde? Où sont ces États florissants de la Gaule, ce conseil des femmes auquel se soumit le grand Annibal? Où sont ces druides qui élevoient dans leurs colléges sacrés une nombreuse jeunesse? Proscrits par les tyrans, à peine quelques-uns d'entre eux vivent inconnus dans des antres sauvages. Velléda, une foible druidesse, voilà donc tout ce qui vous reste aujourd'hui pour accomplir vos sacrifices ! O île de Sayne, île vénérable et sacrée ! je suis demeurée seule des neuf vierges qui desservoient votre sanctuaire ! Bientôt Teutatès n'aura plus ni prêtres ni autels. Mais pourquoi perdrions-nous l'espérance?

J'ai à vous annoncer les secours d'un allié puissant : auriez-vous besoin qu'on vous retraçât le tableau de vos souffrances pour vous faire courir aux armes ? Esclaves en naissant, à peine avez-vous passé le premier âge, que des Romains vous enlèvent. Que devenez-vous ? Je l'ignore. Parvenus à l'âge d'homme, vous allez mourir sur la frontière pour la défense de vos tyrans, ou creuser le sillon qui le nourrit. Condamnés aux plus rudes travaux, vous abattez vos forêts, vous tracez avec des fatigues inouïes les routes qui introduisent l'esclavage jusque dans le cœur de votre pays : la servitude, l'oppression et la mort accourent sur ces chemins en poussant des cris d'allégresse, aussitôt que le passage est ouvert. Enfin, si vous survivez à tant d'outrages, vous serez conduits à Rome : là, renfermés dans un amphithéâtre, on vous forcera de vous entre-tuer, pour amuser par votre agonie une populace féroce. Gaulois, il est une manière plus digne de vous de visiter Rome ! Souvenez-vous que votre nom veut dire voyageur. Apparoissez tout à coup au Capitole, comme ces terribles voyageurs vos aïeux et vos devanciers. On vous demande à l'amphithéâtre de Titus ? Partez ! obéissez aux illustres spectateurs qui vous appellent. Allez apprendre aux Romains à mourir, mais d'une tout autre façon qu'en répandant votre sang dans leurs fêtes : assez long-temps ils ont étudié la leçon, faites-la-leur pratiquer. Ce que je vous propose n'est point impossible. Les tribus des Francs qui s'étoient établis en Espagne retournent maintenant dans leur pays ;

leur flotte est à la vue de vos côtes ; ils n'attendent qu'un signal pour vous secourir. Mais si le ciel ne couronne pas vos efforts, si la fortune des Césars doit l'emporter encore, eh bien, nous irons chercher avec les Francs un coin du monde où l'esclavage soit inconnu ! Que les peuples étrangers nous accordent ou nous refusent une patrie, terre ne peut nous manquer pour y vivre ou pour y mourir. »

« Je ne puis vous peindre, seigneurs, l'effet de ce discours prononcé à la lueur des flambeaux, sur une bruyère, près d'une tombe, dans le sang des taureaux mal égorgés, qui mêloient leurs derniers mugissements aux sifflements de la tempête : ainsi l'on représente ces assemblées des esprits de ténèbres que des magiciennes convoquent la nuit dans les lieux sauvages. Les imaginations échauffées ne laissèrent aucune autorité à la raison. On résolut, sans délibérer, de se réunir aux Francs. Trois fois un guerrier voulut ouvrir un avis contraire, trois fois on le força au silence, et à la troisième fois le héraut d'armes lui coupa un pan de son manteau.

« Ce n'étoit là que le prélude d'une scène épouvantable. La foule demande à grands cris le sacrifice d'une victime humaine, afin de mieux connoître la volonté du ciel. Les druides réservoient autrefois pour ces sacrifices quelque malfaiteur déjà condamné par les lois. La druidesse fut obligée de déclarer que, puisqu'il n'y avoit point de victime désignée, la religion demandoit un vieillard, comme l'holocauste le plus agréable à Teutatès.

« Aussitôt on apporte un bassin de fer sur lequel

2.

Velléda devoit égorger le vieillard. On place le bassin à terre devant elle. Elle n'étoit point descendue de la tribune funèbre d'où elle avoit harangué le peuple ; mais elle s'étoit assise sur un triangle de bronze, le vêtement en désordre, la tête échevelée, tenant un poignard à la main, et une torche flamboyante sous ses pieds. Je ne sais comment auroit fini cette scène : j'aurois peut-être succombé sous le fer des Barbares en essayant d'interrompre le sacrifice ; le ciel, dans sa bonté ou dans sa colère, mit fin à mes perplexités. Les astres penchoient vers leur couchant. Les Gaulois craignirent d'être surpris par la lumière. Ils résolurent d'attendre, pour offrir l'hostie abominable, que Dis, père des ombres, eût ramené une autre nuit dans les cieux. La foule se dispersa sur les bruyères, et les flambeaux s'éteignirent ; seulement quelques torches agitées par le vent brilloient encore çà et là dans la profondeur des bois, et l'on entendoit le chœur lointain des bardes qui chantoient en se retirant ces paroles lugubres :

« Teutatès veut du sang ; il a parlé dans le chêne « des druides. Le gui sacré a été coupé avec une « faucille d'or, au sixième jour de la lune, au pre- « mier jour du siècle. Teutatès veut du sang ; il a « parlé dans le chêne des druides ! »

« Je me hâtai de retourner au château. Je convoquai les tribus gauloises. Lorsqu'elles furent réunies au pied de la forteresse, je leur déclarai que je connoissois leur assemblée séditieuse, et les complots qu'on tramoit contre César.

« Les Barbares furent glacés d'effroi. Environnés des soldats romains, ils crurent toucher à leur dernier moment. Tout à coup des gémissements se font entendre : une troupe de femmes se précipite dans l'assemblée. Elles étoient chrétiennes, et portoient dans leurs bras leurs enfants nouvellement baptisés. Elles tombent à mes genoux, me demandent grâce pour leurs époux, leurs fils et leurs frères ; elles me présentent leurs nouveau-nés, et me supplient, au nom de cette génération pacifique, d'être doux et charitable.

« Eh! comment aurois-je pu résister à leurs prières? Comment aurois-je pu mettre en oubli la charité de Zacharie? Je relevai ces femmes !

« Mes sœurs, leur dis-je, je vous accorde la grâce que vous me demandez au nom de Jésus-Christ, notre commun maître. Vous me répondrez de vos époux, et je serai tranquille quand vous m'aurez promis qu'ils resteront fidèles à César. »

« Les Armoricains poussèrent des cris de joie, et ils élevèrent jusqu'aux nues une clémence qui me coûtoit bien peu. Avant de les congédier, j'arrachai d'eux la promesse qu'ils renonceroient à des sacrifices affreux sans doute, puisqu'ils avoient été proscrits par Tibère même et par Claude. J'exigeai toutefois qu'on me livrât la druidesse Velléda et son père Ségenax, le premier magistrat des Rhédons. Dès le soir même, on m'amena les deux otages ; je leur donnai le château pour asile. Je fis sortir une flotte qui rencontra celle des Francs, et l'obligea de s'éloigner des côtes de l'Armorique. Tout rentra dans l'ordre. Cette aventure eut pour moi seul des suites dont il me reste à vous entretenir. »

Ici Eudore s'interrompit tout à coup. Il parut embarrassé, baissa les yeux, les reporta malgré lui sur Cymodocée, qui rougit comme si elle eût pénétré la pensée d'Eudore. Cyrille s'aperçut de leur trouble, et s'adressant aussitôt à l'épouse de Lasthénès :

« Séphora, dit-il, je veux offrir le saint sacrifice pour Eudore, quand il aura fini de raconter son histoire. Me pourriez-vous faire préparer l'autel ? »

Séphora se leva, et ses filles la suivirent. La timide Cymodocée n'osa rester seule avec les vieillards : elle accompagna les femmes, non sans éprouver un mortel regret.

Démodocus, qui la voyoit passer comme une biche légère sur le gazon du verger, s'écria plein de joie :

« Quelle gloire peut égaler celle d'un père qui voit son enfant croître et s'embellir sous ses yeux ! Jupiter même aima tendrement son fils Hercule : tout immortel qu'il est, il ressentit des craintes et des angoisses mortelles, parce qu'il avoit pris le cœur d'un père. Cher Eudore, tu causes les mêmes alarmes et les mêmes plaisirs à tes parents ! Continue ton histoire. J'aime, je l'avouerai, tes chrétiens : enfants des prières, ils viennent partout, comme leurs mères, à la suite de l'injure, pour réparer le mal qu'elle a fait. Ils sont courageux comme des lions et tendres comme des colombes; ils ont un cœur paisible et intelligent; c'est bien dommage qu'ils ne connoissent pas Jupiter! Mais, Eudore, je parle encore, malgré le désir que j'ai de t'entendre. Mon fils, tels sont les vieillards : lorsqu'ils ont commencé un discours, ils s'enchantent de leur propre sagesse; un dieu les pousse, et ils ne peuvent plus s'arrêter. »

Eudore reprit la parole:

LIVRE DIXIÈME.

SOMMAIRE.

Suite du récit. Fin de l'épisode de Velléda.

« Je vous ai dit, seigneurs, que Velléda habitoit le château avec son père. Le chagrin et l'inquiétude plongèrent d'abord Ségenax dans une fièvre ardente, pendant laquelle je lui prodiguai les secours qu'exigeoit l'humanité. J'allois chaque jour visiter le père et la fille dans la tour où je les avois fait transporter. Cette conduite, différente de celle des autres commandants romains, charma les deux infortunés : le vieillard revint à la vie, et la druidesse, qui avoit montré un grand abattement, parut bientôt plus contente. Je la rencontrois se promenant seule, avec un air de joie, dans les cours du château, dans les salles, dans les galeries, les passages secrets, les escaliers tournants qui conduisoient au haut de la forteresse; elle se multiplioit sous mes pas, et quand je la croyois auprès de son père, elle se montroit tout à coup au fond d'un corridor obscur, comme une apparition.

« Cette femme étoit extraordinaire. Elle avoit, ainsi que toutes les Gauloises, quelque chose de capricieux et d'attirant. Son regard étoit prompt, sa bouche un peu dédaigneuse, et son sourire singulièrement doux et spirituel. Ses manières étoient tantôt hautaines, tantôt voluptueuses; il y avoit, dans toute sa personne de l'abandon et de la dignité, de l'innocence et de l'art. J'aurois été étonné de trouver dans une espèce de sauvage une connoissance approfondie des lettres grecques et de l'histoire de son pays, si je n'avois su que Velléda descendoit de la famille de l'archidruide, et qu'elle avoit été élevée par un senani, pour être attachée à l'ordre savant des prêtres gaulois. L'orgueil dominoit chez cette Barbare, et l'exaltation de ses sentiments alloit souvent jusqu'au désordre.

« Une nuit, je veillois seul dans une salle d'armes, où l'on ne découvroit le ciel que par d'étroites et longues ouvertures pratiquées dans l'épaisseur des pierres. Quelques rayons des étoiles, descendant à travers ces ouvertures, faisoient briller les lances et les aigles rangées en ordre le long des murailles. Je n'avois point allumé de flambeau, et je me promenois au milieu des ténèbres.

« Tout à coup, à l'une des extrémités de la galerie, un pâle crépuscule blanchit les ombres. La clarté augmente par degrés, et bientôt je vois paroître Velléda. Elle tenoit à la main une de ces lampes romaines qui pendent au bout d'une chaîne d'or. Ses cheveux blonds, relevés à la grecque sur le sommet de sa tête, étoient ornés d'une couronne de verveine, plante sacrée parmi les druides. Elle portoit pour tout vêtement une tunique blanche : fille de roi à moins de beauté, de noblesse et de grandeur.

«Elle suspendit sa lampe aux courroies d'un bouclier, et venant à moi elle me dit :

« Mon père dort; assieds-toi, écoute. »

« Je détachai du mur un trophée de piques et de javelots, que je couchai par terre, et nous nous assîmes sur cette pile d'armes, en face de la lampe.

« Sais-tu, me dit alors la jeune Barbare, que je suis fée ? »

« Je lui demandai l'explication de ce mot.

« Les fées gauloises, répondit-elle, ont le pouvoir d'exciter les tempêtes, de les conjurer, de se rendre invisibles, de prendre la forme de différents animaux. »

— « Je ne reconnois pas ce pouvoir, répondis-je avec gravité. Comment pourriez-vous croire raisonnablement posséder une puissance que vous n'avez jamais exercée? Ma religion s'offense de ces superstitions. Les orages n'obéissent qu'à Dieu. »

— « Je ne te parle pas de ton Dieu, reprit-elle avec impatience. Dis-moi, as-tu entendu la dernière nuit le gémissement d'une fontaine dans les bois, et la plainte de la brise dans l'herbe qui croît sur ta fenêtre ? Eh bien, c'étoit moi qui soupirois dans cette fontaine et dans cette brise ! Je me suis aperçue que tu aimois le murmure des eaux et des vents. »

« J'eus pitié de cette insensée : elle lut ce sentiment sur mon visage.

« Je te fais pitié, me dit-elle. Mais si tu me crois atteinte de folie, ne t'en prends qu'à toi. Pourquoi as-tu sauvé mon père avec tant de bonté ? Pourquoi m'as-tu traitée avec tant de douceur ? Je suis vierge, vierge de l'île de Sayne ; que je garde ou que je viole mes vœux, j'en mourrai. Tu en seras la cause. Voilà ce que je voulois te dire. Adieu. »

« Elle se leva, prit sa lampe et disparut.

« Jamais, seigneurs, je n'ai éprouvé une douleur pareille. Rien n'est affreux comme le malheur de troubler l'innocence. Je m'étois endormi au milieu des dangers, content de trouver en moi la résolution du bien et la volonté de revenir un jour au bercail. Cette tiédeur devoit être punie : j'avois bercé dans mon cœur les passions avec complaisance, et il étoit juste que je subisse le châtiment des passions !

« Aussi le ciel m'ôta-t-il dans ce moment tout moyen d'écarter le danger. Clair, le pasteur chrétien, étoit absent; Ségenax étoit encore trop foible pour sortir du château, et je ne pouvois sans inhumanité séparer la fille du père. Je fus donc obligé de garder l'ennemi en dedans, et de m'exposer, malgré moi, à ses attaques. En vain je cessai de visiter le vieillard, en vain je me dérobai à la vue de Velléda : je la retrouvois partout; elle m'attendoit des journées entières dans les lieux où je ne pouvois éviter de passer, et là elle m'entretenoit de son amour.

« Je sentois, il est vrai, que Velléda ne m'inspireroit jamais un attachement véritable : elle manquoit pour moi de ce charme secret qui fait le destin de notre vie ; mais la fille de Ségenax étoit jeune, elle étoit belle, passionnée, et quand des paroles brûlantes sortoient de ses lèvres, tous mes sens étoient bouleversés.

« A quelque distance du château, dans un de ces bois appelés chastes par les druides, on voyoit un arbre mort que le fer avoit dépouillé de son écorce. Cette espèce de fantôme se faisoit distinguer par sa pâleur au milieu des noirs enfoncements de la forêt. Adoré sous le nom d'Irminsul, il étoit devenu une divinité formidable pour les Barbares, qui, dans leurs joies comme dans leurs peines, ne savent invoquer que la mort. Autour de ce simulacre, quelques chênes, dont les racines avoient été arrosées du sang humain, portoient suspendues à leurs branches les armes et les enseignes de guerre des Gaulois; le vent les agitoit sur les rameaux, et elles rendoient, en s'entre-choquant, des murmures sinistres.

« J'allois souvent visiter ce sanctuaire plein du souvenir de l'antique race des Celtes. Un soir je rêvois dans ce lieu. L'aquilon mugissoit au loin, et arrachoit du tronc des arbres des touffes de lierre et de mousse. Velléda parut tout à coup.

« Tu me fuis, me dit-elle, tu cherches les endroits les plus déserts pour te dérober à ma présence; mais c'est en vain : l'orage t'apporte Velléda, comme cette mousse flétrie qui tombe à tes pieds. »

« Elle se plaça debout devant moi, croisa les bras, me regarda fixement, et me dit :

« J'ai bien des choses à t'apprendre; je voudrois

causer long-temps avec toi. Je sais que mes plaintes t'importunent, je sais qu'elles ne te donneront pas de l'amour; mais, cruel, je m'enivre de mes aveux, j'aime à me nourrir de ma flamme, à t'en faire connoître toute la violence! Ah! si tu m'aimois, quelle seroit notre félicité! Nous trouverions pour nous exprimer un langage digne du ciel : à présent il y a des mots qui me manquent, parce que ton âme ne répond pas à la mienne. »

« Un coup de vent ébranla la forêt, et une plainte sortit des boucliers d'airain. Velléda effrayée leva la tête, et regardant les trophées suspendus :

« Ce sont les armes de mon père qui gémissent; elles m'annoncent quelque malheur. »

« Après un moment de silence, elle ajouta :

« Il faut pourtant qu'il y ait quelque raison à ton indifférence. Tant d'amour auroit dû t'en inspirer. Cette froideur est trop extraordinaire. »

« Elle s'interrompit de nouveau. Sortant tout à coup comme d'une réflexion profonde, elle s'écria :

« Voilà la raison que je cherchois! Tu ne peux me souffrir, parce que je n'ai rien à t'offrir qui soit digne de toi! »

« Alors s'approchant de moi comme en délire, et mettant la main sur mon cœur :

« Guerrier, ton cœur reste tranquille sous la main de l'amour, mais peut-être qu'un trône le feroit palpiter. Parle : veux-tu l'empire ? Une Gauloise l'avoit promis à Dioclétien, une Gauloise te le propose; elle n'étoit que prophétesse, moi je suis prophétesse et amante. Je peux tout pour toi. Tu le sais : nous avons souvent disposé de la pourpre. J'armerai secrètement nos guerriers. Teutatès te sera favorable, et, par mon art, je forcerai le ciel à seconder tes vœux. Je ferai sortir les druides de leurs forêts. Je marcherai moi-même aux combats, portant à la main une branche de chêne. Et si le sort nous étoit contraire, il est encore des antres dans les Gaules, où, nouvelle Éponine, je pourrois cacher mon époux. Ah! malheureuse Velléda! tu parles d'époux, et tu ne seras jamais aimée!»

«La voix de la jeune Barbare expire; la main qu'elle tenoit sur mon cœur retombe; elle penche la tête, et son ardeur s'éteint dans des torrents de larmes.

« Cette conversation me remplit d'effroi. Je commençai à craindre que ma résistance ne fût inutile. Mon attendrissement étoit extrême quand Velléda cessa de parler, et je sentis tout le reste du jour la place brûlante de sa main sur mon cœur. Voulant du moins faire un dernier effort pour me sauver, je pris une résolution qui devoit prévenir le mal, et qui ne fit que l'aggraver : car lorsque Dieu veut nous punir, il tourne contre nous notre propre sagesse, et ne nous tient point compte d'une prudence qui vient trop tard.

«Je vous ai dit que je n'avois pu d'abord faire sortir Ségenax du château à cause de son extrême foiblesse; mais le vieillard reprenant peu à peu ses forces, et le danger croissant pour moi tous les jours, je supposai des lettres de César qui m'ordonnoient de renvoyer les prisonniers. Velléda voulut me parler avant son départ; je refusai de la voir, afin de nous épargner à tous deux une scène douloureuse : sa piété filiale ne lui permit pas d'abandonner son père, et elle le suivit, comme je l'avois prévu. Dès le lendemain, elle parut aux portes du château; on lui dit que j'étois parti pour un voyage; elle baissa la tête et rentra dans le bois en silence. Elle se présenta ainsi pendant plusieurs jours, et reçut la même réponse. La dernière fois elle resta long-temps appuyée contre un arbre à regarder les murs de la forteresse. Je la voyois par une fenêtre, et je ne pouvois retenir mes pleurs : elle s'éloigna à pas lents et ne revint plus.

« Je commençois à retrouver un peu de repos : j'espérois que Velléda s'étoit enfin guérie de son fatal amour. Fatigué de la prison où je m'étois tenu renfermé, je voulus respirer l'air de la campagne. Je jetai une peau d'ours sur mes épaules, j'armai mon bras de l'épieu d'un chasseur, et, sortant du château, j'allai m'asseoir sur une haute colline d'où l'on apercevoit le détroit britannique.

« Comme Ulysse regrettant son Ithaque, ou comme les Troyennes exilées aux champs de la Sicile, je regardois la vaste étendue des flots, et je pleurois. « Né au pied du mont Taygète, me disois-je, le triste murmure de la mer est le premier son qui ait frappé mon oreille en venant à la vie. A combien de rivages n'ai-je pas vu depuis se briser les mêmes flots que je contemple ici ! Qui m'eût dit, il y a quelques années, que j'entendrois gémir sur les côtes d'Italie, sur les grèves des Bataves, des Bretons, des Gaulois, ces vagues que je voyois se dérouler sur les beaux sables de la Messénie? Quel sera le terme de mes pèlerinages? Heureux si la mort m'eût surpris avant d'avoir commencé mes courses sur la terre, et lorsque je n'avois d'aventures à conter à personne! »

« Telles étoient mes réflexions, lorsque j'entendis assez près de moi les sons d'une voix et d'une guitare. Ces sons, entrecoupés par des silences, par le murmure de la forêt et de la mer, par le cri du courlis et de l'alouette marine, avoient quelque chose d'enchanté et de sauvage. Je découvris aussitôt Velléda assise sur la bruyère. Sa parure annonçoit le désordre de son esprit : elle portoit un collier de baies d'églantier; sa guitare étoit suspendue à son sein par une tresse de lierre et de fougère flétrie; un voile blanc jeté sur sa tête descendoit jusqu'à ses pieds. Dans ce singulier appareil, pâle, et les yeux fatigués de pleurs, elle étoit encore d'une beauté frappante. On l'apercevoit derrière un buisson à demi dépouillé : ainsi le poëte représente l'ombre de Didon, se montrant à travers un bois de myrtes, comme la lune nouvelle qui se lève dans un nuage.

« Le mouvement que je fis en reconnoissant la fille de Ségenax attira ses regards. A mon aspect une joie troublée éclate sur son visage. Elle me fait un signe mystérieux, et me dit :

« Je savois bien que je t'attirerois ici; rien ne résiste à la force de mes accents. »

« Et elle se met à chanter :

« Hercule, tu descendis dans la verte Aquitaine.
« Pyrène, qui donna son nom aux montagnes de
« l'Ibérie, Pyrène, fille du roi Bébrycius, épousa le
« héros grec; car les Grecs ont toujours ravi le cœur
« des femmes. »

« Velléda se lève, s'avance vers moi, et me dit :

« Je ne sais quel enchantement m'entraîne sur tes pas; j'erre autour de ton château, et je suis triste de ne pouvoir y pénétrer. Mais j'ai préparé des charmes; j'irai chercher le sélago : j'offrirai d'abord une oblation de pain et de vin; je serai vêtue de blanc; mes pieds seront nus, ma main droite cachée sous ma tunique arrachera la plante, et ma main gauche la dérobera à ma main droite. Alors rien ne pourra me résister. Je me glisserai chez toi sur les rayons de la lune; je prendrai la forme d'un ramier, et je volerai sur le haut de la tour que tu habites. Si je savois ce que tu préfères !... je pourrois... Mais non, je veux être aimée pour moi : ce seroit m'être infidèle que de m'aimer sous une forme empruntée. »

« A ces mots, Velléda pousse des cris de désespoir.

« Bientôt, changeant d'idée et cherchant à lire dans mes yeux, comme pour pénétrer mes secrets :

« Oh! oui, c'est cela, s'écria-t-elle, les Romaines auront épuisé ton cœur! Tu les auras trop aimées! Ont-elles donc tant d'avantages sur moi? Les cygnes sont moins blancs que les filles des Gaules; nos yeux ont la couleur et l'éclat du ciel; nos cheveux sont si beaux que tes Romaines nous les empruntent pour en ombrager leurs têtes; mais le feuillage n'a de grâces que sur la cime de l'arbre où il est né. Vois-tu la chevelure que je porte? Eh bien! si j'avois voulu la céder, elle seroit maintenant sur le front de l'impératrice : c'est mon diadème, et je l'ai gardé pour toi! Ne sais-tu pas que nos pères, nos frères, nos époux, trouvent en nous quelque chose de divin? Une voix mensongère t'aura peut-être raconté que les Gauloises sont capricieuses, légères, infidèles : ne crois pas ces discours. Chez les enfants des druides, les passions sont sérieuses et leurs conséquences terribles. »

« Je pris les mains de cette infortunée entre les deux miennes : je les serrai tendrement.

« Velléda, dis-je, si vous m'aimez, il est un moyen de me le prouver : retournez chez votre père, il a besoin de votre appui. Ne vous abandonnez plus à une douleur qui trouble votre raison, et qui me fera mourir. »

« Je descendis de la colline, et Velléda me suivit. Nous nous avançâmes dans la campagne par des chemins peu fréquentés où croissoit le gazon.

« Si tu m'avois aimée, disoit Velléda, avec quelles délices nous aurions parcouru ces champs! Quel bonheur d'errer avec toi dans ces routes solitaires, comme la brebis dont les flocons de laine sont restés suspendus à ces ronces! »

« Elle s'interrompit, regarda ses bras amaigris, et dit avec un sourire :

« Et moi aussi j'ai été déchirée par les épines de

ce désert, et j'y laisse chaque jour quelque partie de ma dépouille. »

« Revenant à ses rêveries :

« Au bord du ruisseau, dit-elle, au pied de l'arbre, le long de cette haie, de ces sillons où rit la première verdure des blés que je ne verrai pas mûrir, nous aurions admiré le coucher du soleil. Souvent, pendant les tempêtes, cachés dans quelque grange isolée ou parmi les ruines d'une cabane, nous eussions entendu gémir le vent sous le chaume abandonné. Tu croyois peut-être que, dans mes songes de félicité, je désirois des trésors, des palais, des pompes? Hélas! mes vœux étoient plus modestes, et ils n'ont point été exaucés ! Je n'ai jamais aperçu au coin d'un bois la hutte roulante d'un berger, sans songer qu'elle me suffiroit avec toi. Plus heureux que ces Scythes dont les druides m'ont conté l'histoire, nous promènerions aujourd'hui notre cabane de solitude en solitude, et notre demeure ne tiendroit pas plus à la terre que notre vie. »

« Nous arrivâmes à l'entrée d'un bois de sapins et de mélèzes. La fille de Ségenax s'arrêta, et me dit :

« Mon père habite ce bois, je ne veux pas que tu entres dans sa demeure : il t'accuse de lui avoir ravi sa fille. Tu peux, sans être trop malheureux, me voir au milieu de mes chagrins, parce que je suis jeune et pleine de force; mais les larmes d'un vieillard brisent le cœur. Je t'irai chercher au château. »

« En prononçant ces mots, elle me quitta brusquement.

« Cette rencontre imprévue porta le dernier coup à ma raison. Tel est le danger des passions, que, même sans les partager, vous respirez dans leur atmosphère quelque chose d'empoisonné qui vous enivre. Vingt fois, tandis que Velléda m'exprimoit des sentiments si tristes et si tendres, vingt fois je fus prêt à me jeter à ses pieds, à l'étonner de sa victoire, à la ravir par l'aveu de ma défaite. Au moment de succomber, je ne dus mon salut qu'à la pitié même que m'inspiroit cette infortunée. Mais cette pitié, qui me sauva d'abord, fut en effet ce qui me perdit, car elle m'ôta le reste de mes forces. Je ne me sentis plus aucune fermeté contre Velléda ; je m'accusai d'être la cause de l'égarement de son esprit par trop de sévérité. Un si triste essai de courage me dégoûta du courage même; je retombai dans ma foiblesse accoutumée, et, ne comptant plus sur moi, je mis tout mon espoir dans le retour de Clair.

« Quelques jours s'écoulèrent : Velléda ne reparoissant point au château selon sa promesse, je commençai à craindre quelque accident fatal. Plein d'inquiétude, je sortois pour me rendre à la demeure de Ségenax, lorsqu'un soldat, accouru du bord de la mer, vint m'avertir que la flotte des Francs reparoissoit à la vue de l'Armorique. Je fus obligé de partir sur-le-champ. Le temps étoit sombre, et tout annonçoit une tempête. Comme les Barbares choisissent presque toujours pour débarquer le moment des orages, je redoublai de vigilance. Je fis mettre partout les soldats sous les armes, et fortifier les lieux les plus exposés. La journée entière se passa dans ces travaux, et la nuit, en faisant éclater la tempête, nous apporta de nouvelles inquiétudes.

« A l'extrémité d'une côte dangereuse, sur une grève où croissent à peine quelques herbes dans un sable stérile, s'élève une longue suite de pierres druidiques, semblables à ce tombeau où j'avois jadis rencontré Velléda. Battues des vents, des pluies et des flots, elles sont là solitaires entre la mer, la terre et le ciel. Leur origine et leur destination sont également inconnues. Monuments de la science des druides, retracent-elles quelques secrets de l'astronomie, ou quelques mystères de la Divinité? On l'ignore. Mais les Gaulois n'approchent point de ces pierres sans une profonde terreur. Ils disent qu'on y voit des feux errants, et qu'on y entend la voix des fantômes.

« La solitude de ce lieu et la frayeur qu'il inspire me parurent propres à favoriser une descente des Barbares. Je crus donc devoir placer une garde sur cette côte, et je résolus moi-même d'y passer la nuit.

« Un esclave que j'avois envoyé porter une lettre à Velléda étoit revenu avec cette lettre. Il n'avoit point trouvé la druidesse; elle avoit quitté son père vers la troisième heure du jour, et l'on ne savoit ce qu'elle étoit devenue. Cette nouvelle ne fit qu'augmenter mes alarmes. Dévoré de chagrins, je m'étois assis, loin des soldats, dans un endroit écarté. Tout à coup j'entends du bruit, et crois entrevoir quelque chose dans l'ombre. Je mets l'épée à la main; je me lève et cours vers le fantôme qui fuyoit. Quelle fut ma surprise lorsque je saisis Velléda !

« Quoi ! me dit-elle à voix basse, c'est toi ! Tu as donc su que j'étois ici ? »

— « Non, lui répondis-je; mais vous, trahissez-vous les Romains ? »

— « Trahir ! repartit-elle indignée. Ne t'ai-je pas juré de ne rien entreprendre contre toi ? Suis-moi, tu vas voir ce que je fais ici. »

« Elle me prit par la main, et me conduisit sur la pointe la plus élevée du dernier rocher druidique.

« La mer se brisoit au-dessous de nous parmi des écueils avec un bruit horrible. Ses tourbillons, poussés par le vent, s'élançoient contre le rocher, et nous couvroient d'écume et d'étincelles de feu. Des nuages voloient dans le ciel sur la face de la lune, qui sembloit courir rapidement à travers ce chaos.

« Écoute bien ce que je vais t'apprendre, me dit Velléda. Sur cette côte demeurent des pêcheurs qui te sont inconnus. Lorsque la moitié de la nuit sera écoulée, ils entendront quelqu'un frapper à leurs portes, et les appeler à voix basse. Alors ils courront au rivage sans connoître le pouvoir qui les entraîne. Ils y trouveront des bateaux vides, et pourtant ces bateaux seront si chargés des âmes des morts, qu'ils s'élèveront à peine au-dessus des flots. En moins d'une heure les pêcheurs achèveront une navigation d'une journée, et conduiront les âmes à l'île des Bretons. Ils ne verront personne, ni pendant le trajet ni pendant le débarquement; mais ils entendront une voix qui comptera les nouveaux passagers au gardien des âmes. S'il se trouve quelques femmes dans les barques, la voix déclarera le nom de leurs époux. Tu sais, cruel, si l'on pourra nommer le mien. »

« Je voulus combattre les superstitions de Velléda.

« Tais-toi, me dit-elle, comme si j'eusse été coupable d'impiété. Tu verras bientôt le tourbillon de feu qui annonce le passage des âmes. N'entends-tu pas déjà leurs cris ? »

« Velléda se tut, et prêta une oreille attentive.

« Après quelques moments de silence elle me dit :

« Quand je ne serai plus, promets-moi de me donner des nouvelles de mon père. Lorsque quelqu'un sera mort, tu m'écriras des lettres que tu jetteras dans le bûcher funèbre; elles me parviendront au *Séjour des Souvenirs;* je les lirai avec délices, et nous causerons ainsi des deux côtés du tombeau. »

« Dans ce moment une vague furieuse vient roulant contre le rocher, qu'elle ébranle dans ses fondements. Un coup de vent déchire les nuages, et la lune laisse tomber un pâle rayon sur la surface des flots. Des bruits sinistres s'élèvent sur le rivage. Le triste oiseau des écueils, le lumb., fait entendre sa plainte semblable au cri de détresse d'un homme qui se noie : la sentinelle effrayée appelle aux armes. Velléda tressaille, étend les bras, s'écrie :

« On m'attend ! »

« Et elle s'élançoit dans les flots. Je la retins par son voile....

« O Cyrille ! comment continuer ce récit ? Je rougis de honte et de confusion ; mais je vous dois l'entier aveu de mes fautes : je les soumets, sans en rien dérober, au saint tribunal de votre vieillesse. Hélas ! après mon naufrage, je me réfugie dans votre charité, comme dans un port de miséricorde !

« Épuisé par les combats que j'avois soutenus contre moi-même, je ne pus résister au dernier témoignage de l'amour de Velléda ! Tant de beauté, tant de passion, tant de désespoir, m'ôtèrent à mon tour la raison : je fus vaincu.

« Non, dis-je au milieu de la nuit et de la tempête, je ne suis pas assez fort pour être chrétien ! »

« Je tombe aux pieds de Velléda... L'enfer donne le signal de cet hymen funeste ; les esprits de ténèbres brûlent dans l'abîme, les chastes épouses des patriarches détournent la tête, et mon ange protecteur, se voilant de ses ailes, remonte vers les cieux !

« La fille de Ségenax consentit à vivre, ou plutôt elle n'eut pas la force de mourir. Elle restoit muette dans une sorte de stupeur, qui étoit à la fois un supplice affreux et une ineffable volupté. L'amour, le remords, la honte, la crainte, et surtout l'étonnement, agitoient le cœur de Velléda : elle ne pouvoit croire que je fusse ce même Eudore jusque-là si insensible ; elle ne savoit si elle n'étoit point abusée par quelque fantôme de la nuit, et elle me touchoit les mains et les cheveux pour s'assurer de la réalité de mon existence. Mon bonheur à moi ressembloit au désespoir, et quiconque nous eût vus au milieu de notre félicité nous eût pris pour deux coupables à qui l'on vient de prononcer l'arrêt fatal.

« Dans ce moment, je me sentis marqué du sceau de la réprobation divine : je doutai de la possibilité de mon salut et de la toute-puissance de la miséricorde de Dieu. D'épaisses ténèbres, comme une fumée, s'élevèrent dans mon âme, dont il me sembla qu'une légion d'esprits rebelles prenoit tout à coup possession. Je me trouvai des idées inconnues, le langage de l'enfer s'échappa naturellement de ma bouche, et je fis entendre les blasphèmes de ces lieux où il y aura des gémissements et des pleurs éternels.

« Pleurant et souriant tour à tour, la plus heureuse et la plus infortunée des créatures, Velléda, gardoit le silence. L'aube commençoit à blanchir les cieux. L'ennemi ne parut point. Je retournai au château, ma victime m'y suivit. Deux fois l'étoile qui marque les derniers pas du jour cacha notre rougeur dans les ombres, et deux fois l'étoile qui rapporte la lumière nous ramena la honte et le remords. A la troisième aurore, Velléda monta sur mon char pour aller chercher Ségenax. Elle avoit à peine disparu dans les bois de chênes, que je vis s'élever au-dessus des forêts une colonne de feu et de fumée. A l'instant où je découvrois ces signaux, un centurion vint m'apprendre qu'on entendoit retentir de village en village les cris que poussent les Gaulois quand ils veulent se communiquer une nouvelle. Je crus que les Francs avoient attaqué quelque partie du rivage, et je me hâtai de sortir avec mes soldats.

« Bientôt j'aperçois des paysans qui courent de toutes parts. Ils se réunissent à une grande troupe qui s'avance vers moi.

« Je marche à la tête des Romains vers les bataillons rustiques. Arrivé à la portée du javelot, j'arrête mes soldats, et m'avançant seul, la tête nue, entre les deux armées :

« Gaulois, quel sujet vous rassemble ? Les Francs sont-ils descendus dans les Armoriques ? Venez-vous m'offrir votre secours, ou vous présentez-vous ici comme ennemis de César ? »

« Un vieillard sort des rangs. Ses épaules trembloient sous le poids de sa cuirasse, et son bras étoit chargé d'un fer inutile. O surprise ! je crois reconnoître une de ces armures que j'avois vues suspendues au bois des druides. O confusion ! ô douleur ! ce vénérable guerrier étoit Ségenax !

« Gaulois, s'écrie-t-il, j'en atteste ces armes de ma jeunesse, que j'ai reprises au tronc d'Irminsul, où je les avois consacrées, voilà celui qui a déshonoré mes cheveux blancs. Un eubage avoit suivi ma fille, dont la raison est égarée : il a vu dans l'ombre le crime d'un Romain. La vierge de Sayne a été outragée. Vengez vos filles et vos épouses ; vengez les Gaulois et vos dieux ! »

« Il dit, et me lance un javelot d'une main impuissante. Le dard, sans force, vient tomber à mes pieds; je l'aurois béni s'il m'eût percé le cœur. Les Gaulois, poussant un cri, se précipitent sur moi; mes soldats s'avancent pour me secourir. En vain je veux arrêter les combattants. Ce n'est plus un tumulte passager, c'est un véritable combat, dont les clameurs s'élèvent jusqu'au ciel. On eût cru que les divinités des druides étoient sorties de leurs forêts, et que, du faîte de quelque bergerie, elles animoient les Gaulois au carnage, tant ces laboureurs montraient d'audace! Indifférent sur les coups qui menacent ma tête, je ne songe qu'à sauver Ségenax; mais, tandis que je l'arrache aux mains des soldats, et que je cherche à lui faire un abri du tronc d'un chêne, une javeline, lancée du milieu de la foule, vient avec un affreux sifflement s'enfoncer dans les entrailles du vieillard; il tombe sous l'arbre de ses aïeux, comme l'antique Priam sous le laurier qui ombrageoit ses autels domestiques.

« Dans ce moment, un char paroît à l'extrémité de la plaine. Penchée sur les coursiers, une femme échevelée excite leur ardeur, et semble vouloir leur donner des ailes. Velléda n'avoit point trouvé son père. Elle avoit appris qu'il assembloit les Gaulois pour venger l'honneur de sa fille. La druidesse voit qu'elle est trahie, et connoît toute l'étendue de sa faute. Elle vole sur les traces du vieillard, arrive dans la plaine où se donnoit le combat fatal, pousse ses chevaux à travers les rangs, et me découvre gémissant sur son père étendu mort à mes pieds

Transportée de douleur, Velléda arrête ses coursiers, et s'écrie du haut de son char :

« Gaulois, suspendez vos coups. C'est moi qui ai causé vos maux, c'est moi qui ai tué mon père. Cessez d'exposer vos jours pour une fille criminelle. Le Romain est innocent. La vierge de Sayne n'a point été outragée : elle s'est livrée elle-même, elle a violé volontairement ses vœux. Puisse ma mort rendre la paix à ma patrie ! »

« Alors, arrachant de son front sa couronne de verveine, et prenant à sa ceinture sa faucille d'or, comme si elle alloit faire un sacrifice à ses dieux :

« Je ne souillerai plus, dit-elle, ces ornements d'une vestale ! »

« Aussitôt elle porte à sa gorge l'instrument sacré : le sang jaillit. Comme une moissonneuse qui a fini son ouvrage, et qui s'endort fatiguée au bout du sillon, Velléda s'affaisse sur le char; la faucille d'or échappe à sa main défaillante, et sa tête se penche doucement sur son épaule. Elle veut prononcer encore le nom de celui qu'elle aime, mais sa bouche ne fait entendre qu'un murmure confus : déjà je n'étois plus que dans les songes de la fille des Gaules, et un invincible sommeil avoit fermé ses yeux. »

LIVRE ONZIÈME.

SOMMAIRE.

Suite du récit. Repentir d'Eudore. Sa pénitence publique. Il quitte l'armée. Il passe en Égypte pour demander sa retraite à Dioclétien. Navigation. Alexandrie. Le Nil. L'Égypte. Eudore obtient sa retraite de Dioclétien. La Thébaïde. Retour d'Eudore chez son père. Fin du récit.

« PARDONNEZ, seigneurs, aux larmes qui coulent encore de mes yeux ! Je ne vous dirai point que les centurions m'avoient retenu au milieu d'eux, tandis que Velléda s'arrachoit la vie. Trop juste châtiment du ciel, je ne devois plus revoir celle que j'avois séduite, que pour l'ensevelir dans la tombe !

« La grande époque de ma vie, ô Cyrille ! doit être comptée de ce moment, puisque c'est l'époque de mon retour à la religion. Jusqu'alors, les fautes qui m'avoient été personnelles, et qui n'étoient retombées que sur moi, m'avoient peu frappé ; mais quand je me trouvai la cause du malheur d'autrui, mon cœur se révolta contre moi. Je ne balançai plus. Clair arriva : je tombai à ses genoux ; je lui fis la confession des iniquités de ma vie. Il m'embrassa avec des transports de joie, et m'imposa une partie de cette pénitence, non assez rigoureuse, dont vous voyez la suite aujourd'hui.

« Les fièvres de l'âme sont semblables à celles du corps : pour les guérir, il faut surtout changer de lieux. Je résolus de quitter l'Armorique, de renoncer au monde, et d'aller pleurer mes erreurs sous le toit de mes pères. Je renvoyai à Constance les marques de mon pouvoir, en le priant de me permettre d'abandonner le siècle et les armes. César essaya de me retenir par toutes sortes de moyens : il me nomma préfet du prétoire des Gaules, dignité suprême dont l'autorité s'étend sur l'Espagne et sur les îles des Bretons. Mais Constance, s'apercevant que j'étois ferme dans mes projets, m'écrivit ces mots pleins de sa douceur accoutumée :

« Je ne puis vous accorder moi-même la grâce
« que vous me demandez, parce que vous appartenez
« au peuple romain. L'empereur seul a le droit
« de prononcer sur votre sort. Rendez-vous donc
« auprès de lui, sollicitez votre retraite, et si Auguste
« vous refuse, revenez trouver César. »

« Je remis le commandement de l'Armorique au tribun qui me devoit remplacer; j'embrassai Clair, et, plein d'attendrissement et de remords, j'abandonnai les bois et les bruyères qu'avoit habités Velléda. Je m'embarquai au port de Nîmes, j'arrivai à Ostie, et je revis cette Rome, théâtre de mes premières erreurs. En vain quelques jeunes amis voulurent me rappeler à leurs fêtes, ma tristesse corrompoit la joie du banquet; en affectant de sourire, je tenois long-temps la coupe à mes lèvres pour cacher les pleurs qui tomboient de mes yeux. Prosterné devant le chef des chrétiens, qui m'avoit retranché de la communion des fidèles, je le suppliai de me réunir au troupeau. Marcellin m'admit au repentir; il me fit même espérer que mon épreuve seroit abrégée, et que la maison du Seigneur me seroit rouverte après cinq ans, si je persévérois dans la pénitence.

« Il ne me restoit plus qu'à porter mes prières aux pieds de Dioclétien : il étoit encore en Égypte. Je ne voulus point attendre son retour, et je me déterminai à passer en Orient.

« Il y avoit au môle de Marc-Aurèle un de ces vaisseaux chrétiens que les évêques d'Alexandrie envoient, dans les temps de disette, porter du blé destiné au soulagement des pauvres. Ce vaisseau étoit prêt à faire voile pour l'Égypte : je m'y embarquai. La saison étoit favorable. Nous levâmes l'ancre, et nous nous éloignâmes rapidement des côtes de l'Italie.

« Hélas! j'avois déjà traversé cette mer, en sortant pour la première fois de mon Arcadie! J'étois jeune alors, plein d'espérance, je rêvois gloire, fortune, honneurs; je ne connoissois le monde que par les songes de mon imagination. «Aujourd'hui, me disois-je, quelle différence! je reviens de ce monde, et qu'ai-je appris dans ce triste pèlerinage? »

« L'équipage étoit chrétien : les devoirs de notre religion accomplis sur le vaisseau sembloient augmenter la majesté de la scène. Si tous ces hommes revenus à la raison ne voyoient plus Vénus sortir d'une mer brillante, et s'envoler au ciel sur l'aile des Heures, ils admiroient la main de celui qui creusa l'abîme, et qui répandit à volonté la terreur ou la beauté sur les flots. Avions-nous besoin des fables d'Alcyon et de Céyx pour trouver des rapports attendrissants entre les oiseaux qui passent sur les mers et nos destinées? En voyant se suspendre à nos mâts des hirondelles fatiguées, nous étions tentés de les interroger touchant notre patrie. Elles avoient peut-être voltigé autour de notre demeure, et suspendu leurs nids à notre toit. Reconnoissez ici, Démodocus, cette simplicité des chrétiens qui les rend semblables à des enfants. Un cœur couronné d'innocence vaut mieux pour le marinier qu'une poupe ornée de fleurs; et les sentiments que répand une âme pure sont plus agréables au souverain des mers que le vin qui coule d'une coupe d'or.

« La nuit, au lieu d'adresser aux astres des invocations coupables et vaines, nous regardions en silence ce firmament où les étoiles se plaisent à luire pour le Dieu qui les a créées, ce beau ciel, ces demeures paisibles, que j'avois pour toujours fermés à Velléda!

« Nous passâmes non loin d'Utique et de Carthage: Marius et Caton ne me rappelèrent dans le crime et dans la vertu qu'un peu de gloire et beaucoup de malheur. J'aurois voulu embrasser Augustin sur ces bords. A la vue de la colline où fut le palais de Didon, je fondis tout à coup en larmes. Une colonne de fumée qui s'élevoit du rivage sembla m'annoncer, ainsi qu'au fils d'Anchise, l'embrasement du bûcher funèbre. Dans le destin de la reine de Carthage, je retrouvai celui de la prêtresse des Gaulois. Cachant ma tête dans mes deux mains, je me mis à pousser des sanglots. Je fuyois aussi sur les mers après avoir causé la mort d'une femme, et pourtant, homme sans gloire et sans avenir, je n'étois pas comme Énée le dernier héritier d'Ilion et d'Hector; je n'avois pas comme lui pour excuse l'ordre du ciel et les destinées de l'empire romain.

« Nous franchîmes le promontoire de Mercure, et le cap où Scipion, saluant la fortune de Rome, voulut aborder avec son armée. Poussés par les vents vers la petite sirte, nous vîmes la tour qui servit de retraite au grand Annibal, lorsqu'il s'embarqua furtivement pour échapper à l'ingratitude de sa patrie : à quelque terre que l'on aborde, on est sûr d'y rencontrer les traces de l'injustice et du malheur. C'est ainsi qu'au rivage opposé de la Sicile, je croyois voir ces victimes de Verrès, qui, du haut de l'instrument de leur supplice, tournoient inutilement vers Rome leurs regards mourants. Ah! le chrétien sur sa croix n'implorera point en vain sa patrie !

« Déjà nous avions laissé à notre droite l'île délicieuse des Lotophages, les autels des Philènes, et Leptis, patrie de Sévère. Nous ne tardâmes pas à traverser le golfe de Cyrène. La treizième aurore embellissoit les cieux, lorsque nous vîmes se former à l'horizon, le long des flots, une rive basse et désolée. Par-delà une vaste plaine de sable, une haute colonne attira bientôt nos regards. Les marins reconnurent la colonne de Pompée, consacrée aujourd'hui à Dioclétien par Pollion, préfet d'Égypte. Nous nous dirigeâmes sur ce monument, qui annonce si bien aux voyageurs cette cité, fille d'Alexandre, bâtie par le vainqueur d'Arbelles, pour être le tombeau du vaincu de Pharsale. Nous vînmes jeter l'ancre à l'occident du phare, dans le grand port d'Alexandrie. Pierre [1], évêque de cette ville fameuse, m'accueillit avec une bonté paternelle. Il m'offrit un asile dans les bâtiments des serviteurs de l'autel; mais des liens de parenté me firent choisir la maison de la belle et pieuse Aecaterine [2].

« Avant de rejoindre Dioclétien dans la Haute-Égypte, je passai quelques jours à Alexandrie pour en visiter les merveilles. La bibliothèque excita mon admiration. Elle étoit gouvernée par le savant Didyme, digne successeur d'Aristarque. Là, je rencontrai des philosophes de tous les pays, et les hommes les plus illustres des églises de l'Afrique et de l'Asie: Arnobe [3] de Carthage, Athanase [4] d'Alexandrie, Eusèbe [5] de Césarée, Timothée, Pamphile [6], tous apologistes, docteurs ou confesseurs de Jésus-Christ. Le foible séducteur de Velléda osoit à peine lever les yeux dans la société de ces hommes forts qui avoient vaincu et détrôné les passions, comme ces conquérants envoyés du ciel pour frapper les princes de la verge, et mettre le pied sur le cou des rois.

« Un soir, j'étois resté presque seul dans le dépôt des remèdes et des poisons de l'âme. Du haut

---

[1] Le martyr. Il nous reste une lettre apostolique de lui.
[2] Aecaterine, qui résista à l'amour de Maximin.
[3] L'apologiste, dont nous avons les ouvrages.
[4] Le patriarche. [5] L'historien. [6] Le martyr, maître d'Eusèbe.

d'une galerie de marbre, je regardois Alexandrie éclairée des derniers rayons du jour. Je contemplois cette ville habitée par un million d'hommes, et située entre trois déserts : la mer, les sables de la Libye et Nécropolis, cité des morts aussi grande que celle des vivants. Mes yeux erroient sur tant de monuments, le Phare, le Timonium, l'Hippodrome, le palais des Ptolémées, les aiguilles de Cléopâtre; je considérois ces deux ports couverts de navires, ces flots, témoins de la magnanimité du premier des Césars et de la douleur de Cornélie. La forme même de la cité frappoit mes regards : elle se dessine comme une cuirasse macédonienne sur les sables de la Libye, soit pour rappeler le souvenir de son fondateur, soit pour dire aux voyageurs que les armes du héros grec étoient fécondes, et que la pique d'Alexandre faisoit éclore des cités au désert, comme la lance de Minerve fit sortir l'olivier fleuri du sein de la terre.

« Pardonnez, seigneurs, à cette image empruntée d'une source impure. Plein d'admiration pour Alexandre, je rentrai dans l'intérieur de la bibliothèque; je découvris une salle que je n'avois point encore parcourue. A l'extrémité de cette salle, je vis un petit monument de verre qui réfléchissoit les feux du soleil couchant. Je m'en approchai; c'étoit un cercueil : le cristal transparent me laissa voir au fond du cercueil un roi mort à la fleur de l'âge, le front ceint d'une couronne d'or, et environné de toutes les marques de la puissance. Ses traits immobiles conservoient encore des traces de la grandeur de l'âme qui les anima; il sembloit dormir du sommeil de ces vaillants qui sont tombés morts, et qui ont mis leurs épées sous leur tête.

« Un homme étoit assis près du cercueil : il paroissoit profondément occupé d'une lecture. Je jetai les yeux sur son livre : je reconnus la Bible des Septante qu'on m'avoit déjà montrée. Il la tenoit déroulée à ce verset des Machabées :

« Lorsque Alexandre eut vaincu Darius, il passe
« jusqu'à l'extrémité du monde, et la terre se tut
« devant lui. Après cela il connut qu'il devoit bientôt
« mourir. Les grands de sa cour prirent tous le dia-
« dème après sa mort, et les maux se multiplièrent
« sur la terre. »

« Dans ce moment je reportai mes regards sur le cercueil : le fantôme qu'il renfermoit me parut avoir quelque ressemblance avec les bustes d'Alexandre.... Celui devant qui la terre se taisoit, réduit à un éternel silence ! Un obscur chrétien assis près du cercueil du plus fameux des conquérants, et lisant dans la Bible l'histoire et les destinées de ce conquérant ! Quel vaste sujet de réflexions ! Ah ! si l'homme, quelque grand qu'il soit, est si peu de chose, qu'est-ce donc que ses œuvres ? disois-je en moi-même. Cette superbe Alexandrie périra à son tour comme son fondateur. Un jour, dévorée par les trois déserts qui la pressent, la mer, les sables et la mort la reprendront comme un bien envahi sur eux, et l'Arabe reviendra planter sa tente sur ses ruines ensevelies !

« Le lendemain de cette journée, je m'embarquai pour Memphis. Nous nous trouvâmes bientôt au milieu de la mer, dans les eaux rougissantes du Nil. Quelques palmiers qui sembloient plantés dans les flots nous annoncèrent ensuite une terre que l'on ne voyoit point encore. Le sol qui les portoit s'éleva peu à peu au-dessus de l'horizon. On découvrit par degrés les sommets confus des édifices de Canope; et l'Égypte enfin, toute brillante d'une inondation nouvelle, se montre à nos yeux comme une génisse féconde qui vient de se baigner dans les flots du Nil.

« Nous entrâmes à pleines voiles dans le fleuve. Les mariniers le saluèrent de leurs cris, et portèrent à leur bouche son onde sacrée. Un paysage à fleur d'eau s'étendoit sur l'une et l'autre rive. Ce fertile marais étoit à peine ombragé par des sycomores chargés de figues, et par des palmiers qui semblent être les roseaux du Nil. Quelquefois le désert, comme un ennemi, se glisse dans la verte plaine; il pousse ses sables en longs serpents d'or, et dessine, au sein de la fécondité, des méandres stériles. Les hommes ont multiplié sur cette terre l'obélisque, la colonne et la pyramide, sorte d'architecture isolée, qui remplace par l'art les troncs des vieux chênes que la nature a refusés à un sol rajeuni tous les ans.

« Cependant nous commencions à découvrir à notre droite les premières sinuosités de la montagne de Libye, et à notre gauche la crête des monts de la mer Érythrée. Bientôt, dans l'espace vide que laissoit l'écartement de ces deux chaînes de montagnes, nous vîmes paroître le sommet des deux grandes pyramides. Placées à l'entrée de la vallée du Nil, elles ressemblent aux portes funèbres de l'Égypte, ou plutôt à quelque monument triomphal élevé à la mort pour ses victoires : Pharaon est là avec tout son peuple, et ses sépulcres sont autour de lui.

« Non loin et comme à l'ombre de ces demeures du néant, Memphis s'élève entourée de cercueils. Baignée par le lac Achérus, où Caron passoit les morts, voisine de la plaine des tombeaux, elle semble n'avoir qu'un pas à franchir pour descendre aux enfers avec ses générations. Je ne m'arrêtai pas long-temps dans cette ville déchue de sa première grandeur. Cherchant toujours Dioclétien, je remontai jusque dans la Haute-Égypte. Je visitai Thèbes aux cent portes, Tentyra aux ruines magnifiques, et quelques-unes des quatre mille cités que le Nil arrose dans son cours.

« Ce fut en vain que je cherchai cette sage et sérieuse Égypte qui donna Cécrops et Inachus à la Grèce, qui fut visitée par Homère, Lycurgue et Pythagore, et par Jacob, Joseph et Moïse; cette Égypte où le peuple jugeoit ses rois après leur mort, où l'on empruntoit en livrant pour gage le corps d'un père, où le père qui avoit tué son fils étoit obligé de tenir pendant trois jours le corps de ce fils embrassé, où l'on promenoit un cercueil autour de la table du festin, où les maisons s'appeloient des hôtelleries, et les tombeaux des maisons. J'interrogeai les prêtres si renommés dans la science des choses du ciel et des traditions de la terre. Je ne trouvai que des fourbes qui entourent la vérité de bandelettes comme leurs momies, et la rangent au nombre des morts dans leurs puits funèbres. Retombés dans une grossière ignorance, ils n'entendent plus la langue hiéroglyphique; leurs symboles bizarres ou effrontés sont muets pour eux comme pour l'avenir : ainsi la plupart de leurs monuments, les obélisques, les sphinx, les colosses, ont perdu leurs rapports avec l'histoire et les mœurs. Tout est changé sur ces bords, hors la superstition consacrée par le souvenir des ancêtres : elle ressemble à ces monstres d'airain que le temps ne peut faire entièrement disparoître dans ce climat conservateur : leurs croupes et leurs dos sont ensevelis dans le sable, mais ils lèvent encore une tête hideuse du milieu des tombeaux.

« Enfin, je rencontrai Dioclétien auprès des grandes cataractes, où il venoit de conclure un traité avec les peuples de Nubie. L'empereur me daigna parler des honneurs militaires que j'avois obtenus, et me témoigner quelque regret de la résolution que j'avois prise.

« Toutefois, dit-il, si vous persistez dans votre projet, vous pouvez retourner dans votre patrie. J'accorde cette grâce à vos services : vous serez le premier de votre famille qui soit rentré sous le toit de ses pères avant d'avoir laissé un fils en otage au peuple romain. »

« Plein de joie de me trouver libre, il me restoit à voir en Égypte une autre espèce d'antiquités, plus d'accord avec mes sentiments, ma patience et mes remords. Je touchois au désert témoin de la fuite des Hébreux, et consacré par les miracles du Dieu d'Israël : je résolus de le traverser en prenant la route de Syrie.

« Je redescendis le fleuve de l'Égypte. A deux journées au-dessus de Memphis, je pris un guide pour me conduire au rivage de la mer Rouge ; de là je devois passer à Arsinoé[1] pour me rendre à Gaza avec les marchands de Syrie. Quelques dattes et des outres remplies d'eau furent les seules provisions du voyage. Le guide marchoit devant moi, monté sur un dromadaire : je le suivois sur une cavale arabe. Nous franchîmes la première chaîne des montagnes qui bordent la rive orientale du Nil ; et perdant de vue les humides campagnes, nous entrâmes dans une plaine aride : rien ne représente mieux le passage de la vie à la mort.

« Figurez-vous, seigneurs, des plages sablonneuses, labourées par les pluies de l'hiver, brûlées par les feux de l'été, d'un aspect rougeâtre, et d'une nudité affreuse. Quelquefois seulement des nopals épineux couvrent une petite partie de l'arène sans bornes ; le vent traverse ces forêts armées, sans pouvoir courber leurs inflexibles rameaux : çà et là des débris de vaisseaux pétrifiés étonnent les regards, et des monceaux de pierre élevés de loin à loin servent à marquer le chemin aux caravanes.

[1] Suez.

« Nous marchâmes tout un jour dans cette plaine. Nous franchîmes une autre chaîne de montagnes, et nous découvrîmes une seconde plaine plus vaste et plus désolée que la première.

« La nuit vint. La lune éclairoit le désert vide : on n'apercevoit, sur une solitude sans ombre, que l'ombre immobile de notre dromadaire, et l'ombre errante de quelques troupeaux de gazelles. Le silence n'étoit interrompu que par le bruit des sangliers qui broyoient des racines flétries, ou par le chant du grillon, qui demandoit en vain dans ce sable inculte le foyer du laboureur.

« Nous reprîmes notre route avant le retour de la lumière. Le soleil se leva dépouillé de ses rayons, et semblable à une meule de fer rougie. La chaleur augmentoit à chaque instant. Vers la troisième heure du jour, le dromadaire commença à donner des signes d'inquiétude : il enfonçoit ses naseaux dans le sable et souffloit avec violence. Par intervalle, l'autruche poussoit des sons lugubres. Les serpents et les caméléons se hâtoient de rentrer dans le sein de la terre. Je vis le guide regarder le ciel et pâlir. Je lui demandai la cause de son trouble.

« Je crains, dit-il, le vent du midi ; sauvons-nous. »

« Tournant le visage au nord, il se mit à fuir de toute la vitesse de son dromadaire. Je le suivis : l'horrible vent qui nous menaçoit étoit plus léger que nous.

« Soudain de l'extrémité du désert accourt un

tourbillon. Le sol emporté devant nous manque à nos pas, tandis que d'autres colonnes de sable, enlevées derrière nous, roulent sur nos têtes. Égaré dans un labyrinthe de tertres mouvants et semblables entre eux, le guide déclare qu'il ne reconnoît plus sa route; pour dernière calamité, dans la rapidité de notre course, les outres remplies d'eau s'écoulent. Haletants, dévorés d'une soif ardente, retenant fortement notre haleine dans la crainte d'aspirer des flammes, la sueur ruisselle à grands flots de nos membres abattus. L'ouragan redouble de rage : il creuse jusqu'aux antiques fondements de la terre, et répand dans le ciel les entrailles brûlantes du désert. Enseveli dans une atmosphère de sable embrasé, le guide échappe à ma vue. Tout à coup j'entends son cri; je vole à sa voix : l'infortuné, foudroyé par le vent de feu, étoit tombé mort sur l'arène, et son dromadaire avoit disparu.

« En vain j'essayai de ranimer mon malheureux compagnon. Mes efforts furent inutiles. Je m'assis à quelque distance, tenant mon cheval en main, et n'espérant plus que dans celui qui changea les feux de la fournaise d'Azarias en un vent frais et une douce rosée. Un acacia qui croissoit dans ce lieu me servit d'abri. Derrière ce frêle rempart, j'attendis la fin de la tempête. Vers le soir, le vent du nord reprit son cours : l'air perdit sa chaleur cuisante, les sables tombèrent du ciel et me laissèrent voir les étoiles : inutiles flambeaux qui me montrèrent seulement l'immensité du désert!

« Toutes les bornes avoient disparu, tous les sentiers étoient effacés. Des paysages de sable formés par les vents offroient de toutes parts leurs nouveaux aspects et leurs créations nouvelles. Épuisée de soif, de faim et de fatigue, ma cavale ne pouvoit plus porter son fardeau : elle se coucha mourante à mes pieds. Le jour vint achever mon supplice. Le soleil m'ôta le peu de force qui me restoit : j'essayai de faire quelques pas ; mais bientôt incapable d'aller plus avant, je me précipitai la tête dans un buisson, et j'attendis, ou plutôt j'appelai la mort.

Déjà le soleil avoit passé le milieu de son cours : tout à coup le rugissement d'un lion se fait entendre. Je me soulève avec peine, et j'aperçois l'animal terrible courant à travers les sables. Il me vint alors en pensée qu'il se rendoit peut-être à quelque fontaine connue des bêtes de ces solitudes. Je me recommandai à la puissance qui protégea Daniel, et louant Dieu, je me levai et suivis de loin mon étrange conducteur. Nous ne tardâmes pas d'arriver à une petite vallée. Là se voyoit un puits d'eau fraîche environné d'une mousse verdoyante. Un dattier s'élevoit auprès ; ses fruits mûrs pendoient sous ses palmes recourbées. Ce secours inespéré me rendit la vie. Le lion but à la fontaine, et s'éloigna doucement comme pour me céder sa place au banquet de la Providence : ainsi renaissoient pour moi ces jours du berceau du monde, alors que le premier homme, exempt de souillure, voyoit les bêtes de la création se jouer autour de leur roi, et lui demander le nom qu'elles porteroient au désert.

« De la vallée du palmier on apercevoit à l'orient une haute montagne. Je me dirigeai sur cette espèce de phare, qui sembloit m'appeler à un port à travers les flots fixes et les ondes épaisses d'un océan de sable. J'arrivai au pied de cette montagne; je commençai à gravir des rocs noircis et calcinés qui fermoient l'horizon de toutes parts. La nuit étoit descendue; je n'entendois que les pas d'une bête sauvage qui marchoit devant moi, et qui brisoit, en passant dans l'ombre, quelques plantes desséchées. Je crus reconnoître le lion de la fontaine. Tout à coup il se mit à rugir : les échos de ces montagnes inconnues semblèrent s'éveiller pour la première fois, et répondirent par un murmure sauvage aux accents du lion. Il s'étoit arrêté devant une caverne dont l'entrée étoit fermée par une pierre. J'entrevois une foible lumière à travers les fentes du rocher. Le cœur palpitant de surprise et d'espoir, je m'approche, je regarde : ô miracle ! je découvre réellement une lumière au fond de cette grotte !

« Qui que vous soyez, m'écriai-je, vous qui apprivoisez les bêtes farouches, prenez pitié d'un voyageur égaré. »

« A peine avois-je prononcé ces mots, que j'entendis la voix d'un vieillard qui chantoit un cantique de l'Écriture.

« O chrétien ! m'écriai-je de nouveau, recevez votre frère ! »

« A l'instant même je vis paroître un homme cassé de vieillesse, et qui sembloit réunir sur sa tête autant d'années que Jacob. Il étoit vêtu d'une robe de feuilles de palmier :

« Étranger, me dit-il, soyez le bienvenu ! Vous voyez un homme qui est sur le point d'être réduit en poussière. L'heure de mon heureux sommeil est arrivée ; mais je puis encore vous donner l'hospitalité pour quelques moments. Entrez, mon frère, dans la grotte de Paul. »

« Je suivis, en tremblant de respect, ce fondateur du christianisme dans les sables de la Thébaïde.

« Au fond de la grotte, un palmier, étendant et entrelaçant ses branches de toutes parts, formoit une espèce de vestibule. Une fontaine très claire couloit auprès. De cette fontaine sortoit un petit ruisseau qui, à peine échappé de sa source, rentroit dans le sein de la terre. Paul s'assit avec moi au bord de l'eau, et le lion qui m'avoit montré le puits de l'Arabe se vint coucher à nos pieds.

« Étranger, me dit l'anachorète avec une bienheureuse simplicité, comment vont les choses du monde ? Bâtit-on encore des villes ? Quel est le maître qui règne aujourd'hui ? Il y a cent treize ans que j'habite cette grotte : depuis cent ans je n'ai vu que deux hommes, vous aujourd'hui, et Antoine, l'héritier de mon désert, qui vint frapper hier à ma porte, et qui reviendra demain pour m'ensevelir. »

« En achevant ces mots, Paul alla chercher dans le trou d'un rocher un pain du plus pur froment. Il me dit que la Providence lui fournissoit chaque jour une pareille nourriture. Il m'invita à rompre avec lui le don céleste. Nous bûmes un peu d'eau dans le creux de notre main; et après ce repas frugal, l'homme saint me demanda quels événements m'avoient conduit dans cette retraite inaccessible. Après avoir entendu la déplorable histoire de ma vie :

« Eudore, me dit-il, vos fautes ont été grandes; mais il n'est rien que ne puissent effacer des larmes sincères. Ce n'est pas sans dessein sur vous que la Providence vous a fait voir le christianisme naissant par toute la terre. Vous le retrouvez encore dans cette solitude, parmi les lions, sous les feux du tropique, comme vous l'avez rencontré au milieu des ours et des glaces du pôle. Soldat de Jésus-Christ, vous êtes destiné à combattre et à vaincre pour la foi. O Dieu! dont les voies sont incompréhensibles, c'est toi qui as conduit ce jeune confesseur dans cette grotte, afin que je lui dévoile l'avenir, et qu'en achevant de lui faire connoître sa religion, je complète en lui, par la grâce, l'œuvre que la nature a commencée! Eudore, reposez-vous ici toute cette journée; demain, au lever du soleil, nous irons prier Dieu sur la montagne, et je vous parlerai avant de mourir. »

« L'anachorète m'entretint encore long-temps de la beauté de la religion et des bienfaits qu'elle doit répandre un jour sur le genre humain. Ce vieillard présentoit dans ses discours un contraste extraordinaire : aussi naïf qu'un enfant, quand il étoit abandonné à la seule nature, il sembloit avoir tout oublié, ou ne rien connoître du monde, de ses grandeurs, de ses peines, de ses plaisirs; mais, quand Dieu descendoit dans son âme, Paul devenoit un génie inspiré, rempli de l'expérience du présent et des visions de l'avenir. Deux hommes se trouvoient ainsi réunis dans le même homme : on ne pouvoit dire lequel étoit le plus admirable, ou de Paul l'ignorant, ou de Paul le prophète, puisque c'étoit à la simplicité du premier qu'étoit accordée la sublimité du second.

« Après m'avoir donné des leçons pleines d'une douceur grave et d'une agréable sagesse, Paul m'invite à faire un sacrifice de louanges à l'Éternel; il se lève, et, debout sous le palmier, il chante :

« Béni soyez-vous, Dieu de nos pères, qui n'avez
« pas méprisé ma bassesse !

« Solitude, ô mon épouse ! vous allez perdre celui
« qui trouvoit en vous des douceurs !

« Le solitaire doit avoir le corps chaste, la bouche
« pure, l'esprit éclairé d'une lumière divine.

« Sainte tristesse de la pénitence, percez mon
« âme comme un aiguillon d'or, et remplissez-la
« d'une douleur céleste !

« Les larmes sont mères des vertus, et le mal-
« heur est un marchepied pour s'élever vers le
« ciel. »

« La prière du saint était à peine achevée qu'un doux et profond sommeil me saisit. Je m'endormis sur le lit de cendre que Paul préféroit à la couche des rois. Le soleil étoit prêt à finir son tour quand je rouvris les yeux à la lumière. L'ermite me dit :

« Levez-vous, priez, mangez, et allons sur la
« montagne. »

« Je lui obéis ; nous partîmes. Pendant plus de six heures nous gravîmes des rochers escarpés, et au lever du jour nous atteignîmes la pointe la plus élevée du mont Colzim.

« Un horizon immense s'étendoit en cercle autour de nous. On découvroit, à l'orient, les sommets d'Horeb et de Sinaï, le désert de Sur et la mer Rouge ; au midi, les chaînes des montagnes de la Thébaïde ; au nord, les plaines stériles où Pharaon poursuivit les Hébreux ; et à l'occident, par-delà les sables où je m'étois égaré, la vallée féconde de l'Égypte.

« L'aurore, entr'ouvrant le ciel de l'Arabie-Heureuse, éclaira quelque temps ce tableau. L'onagre, la gazelle et l'autruche, couroient rapidement dans le désert, tandis que les chameaux d'une caravane passoient lentement à la file, menés par l'âne intelligent qui leur servoit de conducteur. On voyoit fuir, sur la mer Rouge, des vaisseaux chargés de parfums et de soie, ou qui portoient quelque sage aux rives indiennes. Couronnant enfin de splendeur cette frontière des deux mondes, le soleil se leva : il parut éclatant de lumière au sommet du Sinaï ; foible et pourtant brillante image du Dieu que Moïse contempla sur la cime de ce mont sacré !

« Le solitaire prit la parole :

« Confesseur de la foi, jetez les yeux autour de vous. Voilà cet Orient d'où sont sorties toutes les religions et toutes les révolutions de la terre; voilà cette Égypte qui a donné des dieux élégants à votre Grèce, et des dieux informes à l'Inde; voilà ce désert de Sur où Moïse reçut la loi; Jésus-Christ a paru dans ces mêmes régions, et un jour viendra qu'un descendant d'Ismaël rétablira l'erreur sous la tente de l'Arabe. La morale écrite est pareillement un fruit de ce sol fécond. Or, remarquez que les peuples de l'Orient, comme en punition de quelque grande rébellion tentée par leurs pères, ont presque toujours été soumis à des tyrans: ainsi (merveilleux contre-poids!) la morale est née auprès de l'esclavage, et la religion nous est venue de la contrée du malheur. Enfin, ces mêmes déserts ont vu marcher les armées de Sésostris, de Cambyse, d'Alexandre, de César. Siècles à venir, vous y ramènerez des armées non moins nombreuses, des guerriers non moins célèbres! Tous les grands mouvements imprimés à l'espèce humaine sont partis d'ici, ou sont venus s'y perdre. Une énergie surnaturelle s'est conservée aux bords où le premier homme a reçu la vie; quelque chose de merveilleux semble encore attaché au berceau de la création et aux sources de la lumière.

« Sans nous arrêter à ces grandeurs humaines qui tour à tour ont trébuché dans la tombe, sans considérer ces siècles fameux qu'une pelletée de terre sépare, et qu'un peu de poussière recouvre, c'est surtout pour les chrétiens que l'Orient est le pays des merveilles.

« Vous avez vu le christianisme pénétrer, à l'aide

de la morale, chez les nations civilisées de l'Italie et de la Grèce; vous l'avez vu s'introduire par la charité au milieu des peuples barbares de la Gaule et de la Germanie; ici, sous l'influence d'une nature qui affoiblit l'âme en rendant l'esprit obstiné, chez un peuple grave par ses institutions politiques, et léger par son climat, la charité et la morale seroient insuffisantes. La religion de Jésus-Christ ne peut entrer dans les temples d'Isis et d'Ammon que sous les voiles de la pénitence. Il faut qu'elle offre à la mollesse le spectacle de toutes les privations; il faut qu'elle oppose aux fourberies des prêtres et aux mensonges des faux dieux, des miracles certains et de vrais oracles; des scènes extraordinaires de vertu peuvent seules arracher la foule enchantée aux jeux du cirque et du théâtre : tandis que, d'une part, les hommes commettent de grands crimes, les grandes expiations sont nécessaires, afin que la renommée de ces dernières étouffe la célébrité des premiers.

« Voilà la raison de l'établissement de ces missionnaires qui commencent en moi, et qui se perpétueront dans ces solitudes. Admirez notre divin chef, qui sait dresser sa milice selon les lieux et les obstacles qu'elle a à combattre. Contemplez les deux religions qui vont lutter ici corps à corps, jusqu'à ce que l'une ait terrassé l'autre. L'antique culte d'Osiris qui se perd dans la nuit des temps, fier de ses traditions, de ses mystères, de ses pompes, se croit sûr de la victoire. Le grand dragon d'Égypte se couche au milieu de ses eaux, et dit :

« Le fleuve est à moi. » Il croit que le crocodile recevra toujours l'encens des mortels, que le bœuf qu'on assomme à la crèche sera toujours le plus grand des dieux. Non, mon fils, une armée va se former dans le désert, et marcher à la vérité. Elle s'avance de la Thébaïde et de la solitude de Scété; elle est composée de saints vieillards qui ne portent que des bâtons blancs pour assiéger les prêtres de l'erreur dans leurs temples. Ces derniers occupent des champs fertiles, et sont plongés dans le luxe et les plaisirs; les premiers habitent un sable brûlant parmi toutes les rigueurs de la vie. L'enfer, qui presse sa ruine, tente tous les moyens de victoire : les démons de la volupté, de l'or, de l'ambition, cherchent à corrompre la milice fidèle. Le ciel vient au secours de ses enfants; il prodigue en leur faveur les miracles. Qui pourroit dire les noms de tant d'illustres solitaires, les Antoine, les Sérapion, les Macaire, les Pacôme! La victoire se déclare pour eux : le Seigneur se revêt de l'Égypte, comme un berger de son manteau. Partout où l'erreur avoit parlé, la vérité s'est fait entendre; partout où les faux dieux avoient placé un mystère, Jésus-Christ a placé un saint. Les grottes de la Thébaïde sont envahies, les catacombes des morts sont occupées par les vivants morts aux passions de la terre. Les dieux, forcés dans leurs temples, retournent au fleuve ou à la charrue. Un cri de triomphe s'élève depuis la pyramide de Chéops jusqu'au tombeau d'Osymandué. La postérité de Joseph rentre dans la terre de Gessen; et cette conquête due aux larmes des vainqueurs ne coûte pas une larme aux vaincus ! »

« Paul suspendit un moment son discours ; ensuite, reprenant la parole :

« Eudore, dit-il, vous n'abandonnerez plus les rangs des soldats de Jésus-Christ ? Si vous n'êtes pas rebelle à la voix du ciel, quelle couronne vous attend ! Quelle gloire sera répandue sur vous ! Eh ! mon fils, que chercheriez-vous à présent parmi les hommes ? Le monde pourroit-il vous toucher ? Voudriez-vous, ainsi que l'infidèle Israélite, mener des danses autour du veau d'or ? Savez-vous quelle fin menace cet empire, qui depuis long-temps écrase le genre humain ? Les crimes des maîtres du monde amèneront bientôt le jour de la vengeance. Ils ont persécuté les fidèles ; ils se sont remplis du sang des martyrs, comme les coupes et les cornes de l'autel... »

« Paul s'interrompit de nouveau. Il étendit ses bras vers le mont Horeb, ses yeux s'animèrent, une flamme parut sur sa tête, son front ridé brilla tout à coup d'une jeunesse divine ; le nouvel Élie s'écria :

« D'où viennent ces familles fugitives qui cherchent un abri dans l'antre du solitaire ? qui sont ces peuples sortis des quatre régions de la terre ? Voyez-vous ces hideux cadavres, enfants impurs des démons et des sorcières de la Scythie[1] ? Le fléau de Dieu les conduit[2]. Leurs chevaux sont plus

---

[1] Les Huns. [2] Attila.

légers que les léopards; ils assemblent des troupes de captifs comme des monceaux de sable! Que veulent ces rois vêtus de peaux de bêtes, la tête couverte d'un chapeau barbare[1], ou les joues peintes d'une couleur verte[2]? Pourquoi ces hommes nus égorgent-ils les prisonniers autour de la ville assiégée[3]? Arrêtez: ce monstre a bu le sang du Romain qu'il avoit abattu[4]! Tous viennent du désert d'une terre affreuse; tous marchent vers la nouvelle Babylone. Es-tu tombée, reine des cités? Ton Capitole est-il caché dans la poussière? Que tes campagnes sont désertes! Quelle solitude autour de toi!... Mais, ô prodige! la croix paroît au milieu de ce tourbillon de poussière! Elle s'élève sur Rome ressuscitée! Elle en marque les édifices. Père des anachorètes, Paul, réjouis-toi avant de mourir! tes enfants occupent les ruines du palais des Césars; les portiques où la mort des chrétiens fut jurée sont changés en cloîtres pieux[5], et la pénitence habite où régna le crime triomphant!»

«Paul laissa retomber ses mains à ses côtés. Le feu qui l'avoit animé s'éteignit. Redevenu mortel, il en reprit le langage.

«Eudore, me dit-il, il faut nous séparer. Je ne dois plus descendre de la montagne. Celui qui me doit ensevelir approche; il vient couvrir ce pauvre corps et rendre la terre à la terre. Vous le trouverez

---

[1] Les Goths. [2] Les Lombards.
[3] Les Francs et les Vandales. [4] Le Sarrasin.
[5] Les Thermes de Dioclétien, habités par les Chartreux.

au bas du rocher; vous attendrez son retour; il vous montrera le chemin. »

« Alors l'étonnant vieillard me força de le quitter. Triste, et plongé dans les plus sérieuses pensées, je m'éloignai en silence. J'entendois la voix de Paul, qui chantoit son dernier cantique. Prêt à se brûler sur l'autel, le vieux phénix saluoit par des concerts sa jeunesse renaissante. Au bas de la montagne je rencontrai un autre vieillard qui hâtoit ses pas. Il tenoit à la main la tunique d'Athanase, que Paul lui avoit demandée pour lui servir de linceul. C'étoit le grand Antoine, éprouvé par tant de combats contre l'enfer. Je voulus lui parler; mais lui, toujours marchant, s'écrioit :

« J'ai vu Élie, j'ai vu Jean dans le désert, j'ai vu Paul dans un paradis! »

« Il passa, et j'attendis son retour toute la journée. Il ne revint que le jour suivant. Des pleurs couloient de ses yeux.

« Mon fils, s'écria-t-il en s'approchant de moi, le séraphin n'est plus sur la terre. A peine hier m'étois-je éloigné de vous, que je vis, au milieu d'un chœur d'anges et de prophètes, Paul, tout éclatant d'une blancheur pure, monter au ciel. Je courus au haut de la montagne, j'aperçus le saint, les genoux en terre, la tête levée et les bras étendus vers le ciel; il sembloit encore prier, et il n'étoit plus! Deux lions qui sortirent des rochers voisins m'ont aidé à lui creuser un tombeau, et sa tunique de feuilles de palmier est devenue mon héritage. »

« Ce fut ainsi qu'Antoine me raconta la mort du premier des anachorètes. Nous nous mîmes en route, et nous arrivâmes au monastère où déjà se formoit, sous la direction d'Antoine, cette milice dont Paul m'avoit annoncé les conquêtes. Un solitaire me conduisit à Arsinoé. J'en partis bientôt avec les marchands de Ptolémaïs. En traversant l'Asie, je m'arrêtai aux Saints Lieux, où je connus la pieuse Hélène, épouse de Constance, mon généreux protecteur, et mère de Constantin, mon illustre ami. Je vis ensuite les sept Églises instruites par le prophète de Patmos, la patiente Éphèse, Smyrne l'affligée, Pergame remplie de foi, la charitable Thyatire, Sardes, mise au rang des morts, Laodicée, qui doit acheter des habits blancs, et Philadelphie, aimée de celui qui possède la clef de David. J'eus le bonheur de rencontrer à Byzance le jeune prince Constantin, qui daigna me presser dans ses bras, et me confier ses vastes projets. Je vous revis enfin, ô mes parents! après dix années d'absence et de malheurs! Si le ciel exauçoit mes vœux, je ne quitterois plus les vallons de l'Arcadie : heureux d'y passer mes jours dans la pénitence, et d'y dormir après ma mort dans le tombeau de mes pères! »

Ces dernières paroles mirent fin au récit d'Eudore : les vieillards qui l'écoutoient demeurèrent quelque temps en silence. Lasthénès remercioit Dieu au fond du cœur de lui avoir donné un tel fils; Cyrille n'avoit plus rien à dire à un jeune homme qui avouoit ses fautes avec tant de candeur;

il le regardoit même avec un mélange de respect et d'admiration, comme un confesseur appelé par le ciel aux plus hautes destinées. Démodocus étoit presque effrayé du langage inconnu et des vertus incompréhensibles d'Eudore. Les trois vieillards se lèvent avec majesté, comme trois rois, et rentrent au foyer de Lasthénès. Cyrille, après avoir offert pour Eudore le redoutable sacrifice, prend congé de ses hôtes et retourne à Lacédémone. Eudore se retire dans la grotte témoin de sa pénitence. Démodocus, resté seul avec sa fille, la serre tendrement dans ses bras, et lui dit avec un pressentiment triste :

« Fille de Démodocus, tu seras peut-être aussi malheureuse à ton tour, car Jupiter dispose de nos destinées. Mais tu imiteras Eudore. L'adversité a augmenté les vertus de ce jeune homme. Les vertus les plus rares ne sont pas toujours le résultat de cette lente maturité que l'âge amène : la grappe encore verte, tordue par la main du vigneron, et flétrie sur le cep avant l'automne, donne le plus doux vin aux bords de l'Alphée et sur les coteaux de l'Érymanthe. »

LIVRE DOUZIÈME.

SOMMAIRE.

Invocation à l'Esprit Saint. Conjuration des démons contre l'Église. Dioclétien ordonne de faire le dénombrement des chrétiens. Hiéroclès part pour l'Achaïe. Amour d'Eudore et de Cymodocée.

« ESPRIT Saint, qui fécondas le vaste abîme en le couvrant de tes ailes, c'est à présent que j'ai besoin de ton secours! Du haut de la montagne qui voit s'abaisser à ses pieds les sommets d'Aonie, tu contemples ce mouvement perpétuel des choses de la terre, cette société humaine où tout change, même les principes, où le bien devient le mal, où le mal devient le bien; tu regardes en pitié les dignités qui nous enflent le cœur, les vains honneurs qui le corrompent; tu menaces le pouvoir acquis par des crimes; tu consoles le malheur acheté par des vertus; tu vois les diverses passions des hommes, leurs craintes honteuses, leurs haines basses, leurs vœux intéressés, leurs joies si courtes, leurs ennuis si longs; tu pénètres toutes ces misères, ô Esprit créateur! Anime et vivifie ma parole dans le récit que je vais faire: heureux si je puis adoucir l'horreur du tableau, en y peignant les miracles de ton amour!

Placés aux postes désignés par leur chef, les esprits de ténèbres soufflent de toutes parts la discorde et l'horreur du nom chrétien. Ils déchaînent dans Rome même les passions des chefs et des ministres de l'Empire. Astarté présente sans cesse à Hiéroclès l'image de la fille d'Homère. Il donne à ce fantôme séduisant toutes les grâces qu'ajoutent à la beauté l'absence et le souvenir. Satan réveille secrètement l'ambition de Galérius : il lui peint les fidèles attachés à Dioclétien, comme le seul appui qui soutient le vieil empereur sur son trône. Le préfet d'Achaïe, déserteur de la loi évangélique et livré au démon de la fausse sagesse, confirme le fougueux César dans sa haine contre les adorateurs du vrai Dieu. La mère de Galérius se plaint de ce que les disciples de la Croix insultent à ses sacrifices, et refusent de prier pour son fils les divinités champêtres. Lorsqu'un vautour, sauvage enfant de la montagne, va fondre sur une colombe qui se désaltère dans un courant d'eau; à l'instant où il se précipite, d'autres vautours arrêtés sur un rocher poussent des cris cruels, et l'excitent à dévorer sa proie : ainsi Galérius, qui veut anéantir la religion de Jésus-Christ, est encore animé au carnage par sa mère et par l'impie Hiéroclès. Enivré de ses victoires sur les Parthes, traînant à sa suite le luxe et la corruption de l'Asie, nourrissant les projets les plus ambitieux, il fatigue Dioclétien de ses plaintes et de ses menaces.

« Qu'attendez-vous, lui dit-il, pour punir une race odieuse que votre dangereuse clémence laisse multiplier dans l'Empire? Nos temples sont déserts, ma mère est insultée, votre épouse séduite. Osez frapper des sujets rebelles : vous trouverez dans leurs richesses des ressources qui vous manquent, et vous ferez un acte de justice agréable aux dieux. »

Dioclétien étoit un prince orné de modération et de sagesse ; son âge le faisoit encore pencher vers la douceur en faveur des peuples : tel un vieil arbre, en abaissant ses rameaux, rapproche ses fruits de la terre. Mais l'avarice qui resserre le cœur, et la superstition qui le trouble, gâtoient les grandes qualités de Dioclétien. Il se laissa séduire par l'espoir de trouver des trésors chez les fidèles. Marcellin, évêque de Rome, reçut l'ordre de livrer aux temples des idoles les richesses du nouveau culte. L'empereur se rendit lui-même à l'église où ces trésors doivent avoir été rassemblés. Les portes s'ouvrent : il aperçoit une troupe innombrable de pauvres, d'infirmes, d'orphelins !

« Prince, lui dit le pasteur des hommes, voilà les trésors de l'Église, les joyaux, les vases précieux, les couronnes d'or de Jésus-Christ. »

Cette austère et touchante leçon fit monter la rougeur au front du prince. Un monarque est terrible quand il est vaincu en magnanimité : la puissance, par un instinct sublime, prétend à la vertu, comme une mâle jeunesse se croit faite pour la beauté : malheur à celui qui ose lui faire sentir les qualités ou les grâces qui lui manquent !

Satan profite de ce moment de foiblesse pour augmenter le ressentiment de Dioclétien de toutes les frayeurs de la superstition. Tantôt les sacrifices sont tout à coup suspendus, et les prêtres déclarent que la présence des chrétiens éloigne les dieux de la patrie ; tantôt le foie des victimes immolées paroît sans tête ; leurs entrailles, parsemées de taches livides, n'offrent que des signes funestes ; les divinités couchées sur leurs lits, dans les places publiques, détournent les yeux ; les portes des temples se referment d'elles-mêmes ; des bruits confus font retentir les antres sacrés ; chaque moment apporte à Rome la nouvelle d'un nouveau prodige : le Nil a retenu le produit de ses eaux ; la foudre gronde, la terre tremble, les volcans vomissent des flammes ; la peste et la famine ravagent les provinces de l'Orient ; l'Occident est troublé par des séditions dangereuses et des guerres étrangères : tout est attribué à l'impiété des chrétiens.

Dans la vaste enceinte du palais de Dioclétien, au milieu du jardin des Thermes, s'élevoit un cyprès qu'arrosoit une fontaine. Au pied de ce cyprès étoit un autel consacré à Romulus. Tout à coup un serpent, le dos marqué de taches sanglantes, sort en sifflant de dessous l'autel ; il embrasse le tronc du cyprès. Parmi le feuillage, sur le rameau le plus élevé, trois passereaux étoient cachés dans leur nid : l'horrible dragon les dévore ; la mère vole à l'entour en gémissant ; l'impitoyable reptile la saisit bientôt par les ailes, et l'enveloppe malgré ses cris. Dioclétien, effrayé de ce prodige, fait appeler Tagès, chef des Aruspices. Gagné secrètement par Galérius, et fanatique adorateur des idoles, Tagès s'écrie :

« O prince, le dragon représente la religion nouvelle prête à dévorer les deux Césars et le chef de l'Empire! Hâtez-vous de détourner les effets de la colère céleste, en punissant les ennemis des dieux. »

Alors le Tout-Puissant prend dans sa main les balances d'or où sont pesées les destinées des rois et des empires : le sort de Dioclétien fut trouvé léger. A l'instant l'empereur rejeté sent en lui quelque chose d'extraordinaire : il lui semble que son bonheur l'abandonne, et que les Parques, fausses divinités qu'il adore, filent plus rapidement ses jours. Une partie de sa prudence accoutumée lui échappe. Il ne voit plus aussi clairement les hommes et leurs passions; il se laisse entraîner aux siennes : il veut que les officiers chrétiens de son palais sacrifient aux dieux, et il ordonne qu'il soit fait un dénombrement exact des fidèles dans tout l'Empire.

Galérius est transporté de joie. Comme un vigneron, possesseur d'un terrain fameux dans les vallons du Tmolus, se promène entre les ceps de sa vigne en fleur, et compte déjà les flots du vin pur qui rempliront la coupe des rois ou le calice des autels : ainsi Galérius voit couler en espérance les torrents du sang précieux que lui promet le christianisme florissant. Les proconsuls, les préfets, les gouverneurs des provinces quittent la cour pour exécuter les ordres de Dioclétien. Hiéroclès baise humblement le bas de la toge de Galérius, et faisant un effort, comme un homme qui va s'immoler à la vertu, il ose lever un regard humilié vers César :

« Fils de Jupiter, lui dit-il, prince sublime, amateur de la sagesse, je pars pour l'Achaïe. Je vais commencer à punir ces factieux qui blasphèment ton éternité. Mais, César, toi qui es ma fortune et mes dieux, permets que je m'explique avec franchise. Un sage, même au péril de ses jours, doit la vérité tout entière à son prince. Le divin empereur ne montre point encore assez de fermeté contre des hommes odieux. Oserai-je le dire sans attirer sur moi ta colère? Si des mains affoiblies par l'âge laissent échapper les rênes de l'État, Galérius, vainqueur des Parthes, n'est-il pas digne de monter sur le trône de l'univers? Mais, ô mon héros! garde-toi des ennemis qui t'environnent! Dorothée, chef du palais, est chrétien. Depuis qu'un Arcadien rebelle fut introduit à la cour, l'impératrice même favorise les impies. Le jeune prince Constantin, ô honte! ô douleur!... »

Hiéroclès s'interrompit brusquement, versa des pleurs, et parut profondément alarmé des périls de César. Il rallume ainsi dans le cœur du tyran ses deux passions dominantes, l'ambition et la cruauté. Il jette en même temps les fondements de sa grandeur future : car Hiéroclès n'étoit point aimé de l'empereur, ennemi des sophistes, et il savoit qu'il n'obtiendroit jamais sous Dioclétien les honneurs qu'il espéroit de Galérius.

Il vole à Tarente, et monte sur la flotte qui le

doit porter en Messénie. Il brûle de revoir le rivage de la Grèce : c'est là que respire la fille d'Homère; c'est là qu'il pourra satisfaire à la fois et son amour pour Cymodocée, et sa haine contre les chrétiens. Cependant il cache ses sentiments au fond de son cœur ; et, couvrant ses vices du masque des vertus, les mots de sagesse et d'humanité sortent incessamment de sa bouche : telle une eau profonde qui recèle dans son sein des écueils et des abîmes, embellit souvent sa surface de l'image et de la lumière des cieux.

Cependant les démons, qui veulent hâter la ruine de l'Église, envoient au proconsul d'Achaïe un vent favorable. Il franchit rapidement cette mer qui vit passer Alcibiade, lorsque l'Italie charmée accourut pour contempler le plus beau des Grecs. Déjà Hiéroclès a vu fuir les jardins d'Alcinoüs et les hauteurs du Buthrotum, lieux voisins immortalisés par les deux maîtres de la lyre. Leucate, où respirent encore les feux de la fille de Lesbos, Ithaque hérissée de rochers, Zacynthe couverte de forêts, Céphalénie aimée des colombes, attirent tour à tour les regards du proconsul romain. Il découvre les Strophades, demeure impure de Céléno, et bientôt il salue les monts lointains de l'Élide. Il ordonne de tourner la proue vers l'orient. Il rase le sablonneux rivage où Nestor offroit une hécatombe à Neptune, quand Télémaque vint lui demander des nouvelles d'Ulysse égal aux dieux pour sa sagesse. Il laisse à sa gauche Pylos, Sphactérie, Mothone; il s'enfonce dans le golfe de Messénie, et son vaisseau rapide abandonnant les flots amers vient enfin arrêter sa course dans les eaux tranquilles du Pamisus.

Tandis que, semblable à un sombre nuage levé sur les mers, Hiéroclès s'approche de la patrie des dieux et des héros, l'ange des saintes amours étoit descendu dans la grotte du fils de Lasthénès : ainsi le fils supposé d'Ananias s'offrit au jeune Tobie pour le conduire auprès de la fille de Raguel. Lorsque Dieu veut mettre dans le cœur de l'homme ces chastes ardeurs d'où sortent des miracles de vertu, c'est au plus beau des esprits du ciel que ce soin important est confié. Uriel est son nom ; d'une main il tient une flèche d'or tirée du carquois du Seigneur, de l'autre un flambeau allumé au foudre éternel. Sa naissance ne précéda point celle de l'univers : il naquit avec Ève, au moment même où la première femme ouvrit les yeux à la lumière récente. La puissance créatrice répandit sur le Chérubin ardent un mélange des grâces séduisantes de la mère des humains, et des beautés mâles du père des hommes : il a le sourire de la pudeur et le regard du génie. Quiconque est frappé de son trait divin, ou brûlé de son flambeau céleste, embrasse avec transport les dévouements les plus héroïques, les entreprises les plus périlleuses, les sacrifices les plus douloureux. Le cœur ainsi blessé connoît toutes les délicatesses des sentiments ; sa tendresse s'accroît dans les larmes et survit aux désirs satisfaits. L'amour n'est point pour ce cœur un penchant borné et frivole, mais une passion grande et sévère, dont la noble fin est de donner la vie à des êtres immortels.

L'ange des saintes amours allume dans le cœur du fils de Lasthénès une flamme irrésistible : le chrétien repentant se sent brûler sous le cilice, et l'objet de ses vœux est une infidèle! Le souvenir de ses erreurs passées alarme Eudore : il craint de retomber dans les fautes de sa première jeunesse; il songe à fuir, à se dérober au péril qui le menace : ainsi, lorsque la tempête n'a point encore éclaté, que tout paroît tranquille sur le rivage, que des vaisseaux imprudents osent déployer leurs voiles et sortir du port, le pêcheur expérimenté secoue la tête au fond de sa barque, et appuyant sur la rame une main robuste, il se hâte de quitter la haute mer, afin de se mettre à l'abri derrière un rocher. Cependant un véritable amour s'est glissé pour la première fois dans le sein d'Eudore. Le fils de Lasthénès s'étonne de la timidité de ses sentiments, de la gravité de ses projets, si différents de cette hardiesse de désirs, de cette légèreté de pensées qu'il portoit jadis dans ses attachements. Ah! s'il pouvoit convertir à Jésus-Christ cette femme idolâtre ; si, la prenant pour son épouse, il lui ouvroit à la fois les portes du ciel et les portes de la chambre nuptiale! Quel bonheur pour un chrétien!

Le soleil se plongeoit dans la mer des Atlantides, et doroit de ses derniers rayons les îles Fortunées, lorsque Démodocus voulut quitter la famille chrétienne; mais Lasthénès lui représenta que la nuit étoit pleine d'embûches et de périls. Le prêtre d'Homère consentit à attendre chez son hôte le retour de l'aurore. Retirée à son appartement, Cymodocée repassoit dans son esprit ce qu'elle savoit de l'histoire d'Eudore; ses joues étoient colorées, ses yeux brilloient d'un feu inconnu. La brûlante insomnie chasse enfin de sa couche la prêtresse des Muses. Elle se lève : elle veut respirer la fraîcheur de la nuit, et descend dans les jardins, sur la pente de la montagne.

Suspendue au milieu du ciel de l'Arcadie, la lune étoit presque, comme le soleil, un astre solitaire : l'éclat de ses rayons avoit fait disparoître les constellations autour d'elle; quelques-unes se montroient çà et là dans l'immensité : le firmament, d'un bleu tendre, ainsi parsemé de quelques étoiles, ressembloit à un lit d'azur chargé des perles de la rosée. Les hauts sommets du Cyllène, les croupes du Pholoé et du Thelphusse, les forêts d'Anémose et de Phalante, formoient de toutes parts un horizon confus et vaporeux. On entendoit le concert lointain des torrents et des sources qui descendent des monts de l'Arcadie. Dans le vallon où l'on voyoit briller ses eaux, Alphée sembloit suivre encore les pas d'Aréthuse, Zéphyre soupiroit dans les roseaux de Syrinx, et Philomèle chantoit dans les lauriers de Daphné au bord du Ladon.

Cette belle nuit rappelle à la mémoire de Cymodocée cette autre nuit qui la conduisit auprès du jeune homme semblable au chasseur Endymion.

A ce souvenir, le cœur de la fille d'Homère palpite avec plus de vitesse. Elle se retrace vivement la beauté, le courage, la noblesse du fils de Lasthénès; elle se souvient que Démodocus a prononcé quelquefois le nom d'époux en parlant d'Eudore. Quoi! pour échapper à Hiéroclès, se priver des douceurs de l'hyménée, ceindre pour toujours son front des bandelettes glacées de la vestale! Aucun mortel, il est vrai, n'avoit été jusqu'alors assez puissant pour oser unir son sort au sort d'une vierge désirée d'un gouverneur impie; mais Eudore triomphateur et revêtu des dignités de l'Empire; Eudore, estimé de Dioclétien, adoré des soldats, chéri du prince héritier de la pourpre, n'est-il pas le glorieux époux qui peut défendre et protéger Cymodocée? Ah! c'est Jupiter, c'est Vénus, c'est l'Amour, qui ont conduit eux-mêmes le jeune héros aux rivages de la Messénie!

Cymodocée s'avançoit involontairement vers le lieu où le fils de Lasthénès avoit achevé de conter son histoire. Lorsqu'une chevrette des Pyrénées s'est reposée pendant le jour avec le pasteur au fond d'un vallon, si la nuit, s'échappant de la crèche, elle vient chercher le pâturage accoutumé, le berger la retrouve le matin sous le cytise en fleur qu'il a choisi pour abri : ainsi la fille d'Homère monte peu à peu vers la grotte habitée par le chasseur arcadien. Tout à coup elle entrevoit comme une ombre immobile à l'entrée de cette grotte; elle croit reconnoître Eudore. Elle s'arrête; ses genoux tremblent sous elle; elle ne peut ni fuir ni avancer. C'étoit le fils de Lasthénès lui-même; il prioit environné des marques de sa pénitence: le cilice, la cendre, la tête blanchie d'un martyr, excitoient ses larmes et animoient sa foi. Il entend les pas de Cymodocée, il voit cette vierge charmante prête à tomber sur la terre, il vole à son secours, il la soutient dans ses bras, il se défend à peine de la presser sur son cœur. Ce n'est plus ce chrétien si grave, si rigide: c'est un homme plein d'indulgence et de tendresse, qui veut attirer une âme à Dieu, et obtenir une épouse divine.

Comme un laboureur porte doucement à la bergerie l'agneau que la ronce a déchiré, ainsi le fils de Lasthénès enlève dans ses bras Cymodocée, et la dépose sur un banc de mousse à l'entrée de la grotte. Alors la fille de Démodocus, d'une voix tremblante:

« Me pardonneras-tu d'avoir encore troublé tes mystères? Un dieu, je ne sais quel dieu, m'a égarée comme la première nuit. »

—« Cymodocée, répondit Eudore aussi tremblant que la prêtresse des Muses, ce Dieu qui vous a égarée est mon Dieu, mon Dieu qui vous cherche et qui veut peut-être vous donner à moi. »

La fille d'Homère répliqua:

« Ta religion défend aux jeunes hommes de s'attacher aux jeunes filles, et aux jeunes filles de suivre les pas des jeunes hommes: tu n'as aimé que lorsque tu étois infidèle à ton Dieu. »

Cymodocée rougit. Eudore s'écria:

« Ah! je n'ai jamais aimé quand j'offensois ma

religion. Je le sens à présent, que j'aime par la volonté de mon Dieu. »

Le baume que l'on verse sur la blessure, l'eau fraîche qui désaltère le voyageur fatigué, ont moins de charmes que ces paroles échappées au fils de Lasthénès. Elles pénètrent de joie le cœur de Cymodocée. Comme deux peupliers s'élèvent silencieux au bord d'une source, pendant le calme d'une nuit d'été, ainsi les deux époux désignés par le ciel demeuroient immobiles et muets à l'entrée de la grotte. Cymodocée rompit la première le silence :

« Guerrier, pardonne aux demandes importunes d'une Messénienne ignorante. Nul ne peut savoir quelque chose s'il n'a été instruit par un maître habile, ou si les dieux eux-mêmes n'ont pris soin d'orner son esprit. Une jeune fille surtout ne sait rien, à moins qu'elle ne soit allée broder des voiles chez ses compagnes, ou qu'elle n'ait visité les temples ou les théâtres. Pour moi, je n'ai jamais quitté mon père, prêtre chéri des immortels. Dis-moi, puisqu'on peut aimer dans ton culte, il y a donc une Vénus chrétienne ? A-t-elle un char et des colombes ? Les désirs, les querelles amoureuses, les entretiens secrets, les tromperies innocentes, le doux badinage qui surprend le cœur de l'homme le plus sensé, sont-ils cachés dans sa ceinture, ainsi que le raconte mon divin aïeul ? La colère de cette déesse est-elle redoutable ? Force-t-elle la jeune fille à chercher le jeune homme dans la palestre, à l'introduire furtivement sous le toit paternel ? Ta Vénus rend-elle la langue embarrassée ? Répand-elle un feu brûlant, un froid mortel dans les veines ? Oblige-t-elle à recourir à des philtres pour ramener un amant volage, à chanter la lune, à conjurer le seuil de la porte ? Toi, chrétien, tu ignores peut-être que l'Amour est fils de Vénus, qu'il fut nourri dans les bois du lait des bêtes féroces, que son premier arc étoit de frêne, ses premières flèches de cyprès, qu'il s'assied sur le dos du lion, sur la croupe du centaure, sur les épaules d'Hercule, qu'il porte des ailes et un bandeau, et qu'il accompagne Mars et Mercure, l'éloquence et la valeur ? »

— « Infidèle, répondit Eudore, ma religion ne favorise point les passions funestes, mais elle sait donner par la sagesse même une exaltation aux sentiments de l'âme que votre Vénus n'inspirera jamais. Quelle religion est la vôtre, Cymodocée ? Rien n'est plus chaste que votre âme, plus innocent que votre pensée, et pourtant à vous entendre parler de vos dieux, qui ne vous croiroit trop habile dans les plus dangereux mystères ? Prêtre des idoles, votre père a cru faire un acte de piété en vous instruisant du culte, des effets et des attributs des passions divinisées. Un chrétien craindroit de blesser l'amour même par des peintures trop libres. Cymodocée, si j'avois pu mériter votre tendresse, si je devois être l'époux choisi de votre innocence, je voudrois aimer en vous moins une femme accomplie que le Dieu même qui vous fit à son image. Lorsque le Tout-Puissant eut formé le premier homme du limon de la terre, il le plaça dans un jardin plus délicieux que les bois de l'Arcadie. Bientôt l'homme trouva sa solitude trop profonde, et pria le Créateur de lui donner une compagne. L'Éternel tira du côté d'Adam une créature divine ; il l'appela la femme ; elle devint l'épouse de celui dont elle étoit la chair et le sang. Adam étoit formé pour la puissance et la valeur, Ève pour la soumission et les grâces ; la grandeur de l'âme, la dignité du caractère, l'autorité de la raison, furent le partage du premier ; la seconde eut la beauté, la tendresse et des séductions invincibles. Tel est, Cymodocée, le modèle de la femme chrétienne. Si vous consentiez à l'imiter, je tâcherois de vous gagner à moi, au nom de tous les attraits qui gagnent les cœurs ; je vous rendrois mon épouse par une alliance de justice, de compassion et de miséricorde ; je règnerois sur vous, Cymodocée, parce que l'homme est fait pour l'empire, mais je vous aimerois comme une grappe de raisin que l'on trouve dans un désert brûlant. Semblables aux patriarches, nous serions unis dans la vue de laisser après nous une famille héritière des bénédictions de Jacob : ainsi le fils d'Abraham prit dans sa tente la fille de Bathuel ; il en eut tant de joie qu'il oublia la mort de sa mère. »

A ces mots Cymodocée verse des larmes de honte et de tendresse.

« Guerrier, dit-elle, tes paroles sont douces comme du miel et perçantes comme des flèches. Je vois bien que les chrétiens savent parler le langage du cœur. J'avois dans l'âme tout ce que tu viens de dire.

Que ta religion soit la mienne, puisqu'elle enseigne à mieux aimer!»

Eudore n'écoutant plus que son amour et sa foi :

« Quoi ! Cymodocée, vous voudriez devenir chrétienne, je donnerois un pareil ange au ciel, une pareille compagne à mes jours ! »

Cymodocée baissa la tête et répondit :

« Je n'ose plus parler avant que tu n'aies achevé de m'enseigner la pudeur : elle avoit quitté la terre avec Némésis ; les chrétiens l'auront fait descendre du ciel. »

Un mouvement du fils de Lasthénès fit alors rouler à terre un crucifix ; la jeune Messénienne poussa un cri de surprise mêlé d'une sorte de frayeur.

« C'est l'image de mon Dieu, dit Eudore en relevant avec respect le bois sacré, de ce Dieu descendu au tombeau, et ressuscité plein de gloire. »

— « C'est donc, repartit la fille d'Homère, comme le beau jeune homme de l'Arabie, pleuré des femmes de Byblos, et rendu à la lumière des cieux par la volonté de Jupiter? »

— « Cymodocée, répliqua Eudore avec une douce sévérité, vous connoîtrez quelque jour combien cette comparaison est impie et sacrilége : au lieu des mystères de honte et de plaisir, vous voyez ici des miracles de modestie et de douleur ; vous voyez le fils du Tout-Puissant attaché à une croix pour nous ouvrir le ciel, et pour mettre en honneur sur la terre l'infortune, la simplicité et l'innocence. Mais au bord du Ladon, sous les ombrages de l'Arcadie, au milieu d'une nuit enchantée, dans ce pays où l'imagination des poëtes a placé l'amour et le bonheur, comment arrêter l'esprit d'une prêtresse des Muses sur un objet aussi grave? Toutefois, fille de Démodocus, les austères méditations fortifient dans le cœur du chrétien les attachements légitimes; et en le rendant capable de toutes les vertus, elles le rendent plus digne d'être aimé. »

Cymodocée prêtoit une oreille attentive à ce discours : je ne sais quoi d'étonnant se passoit au fond de son cœur. Il lui sembloit qu'un bandeau tomboit tout à coup de ses yeux, et qu'elle découvroit une lumière lointaine et divine. La sagesse, la raison, la pudeur et l'amour s'offroient pour la première fois à ses regards dans une alliance inconnue. Cette tristesse évangélique que le chrétien mêle à tous les sentiments de la vie, cette voix douloureuse qu'il fait sortir du sein des plaisirs, achevoient d'étonner et de confondre la fille d'Homère. Eudore lui présentant le crucifix :

« Voilà, lui dit-il, le Dieu de charité, de paix, de miséricorde, et pourtant le Dieu persécuté! O Cymodocée, c'est sur cette image auguste que je pourrois seulement recevoir votre foi, si vous me jugiez digne de devenir votre époux. Jamais l'autel de vos idoles, jamais le carquois de votre Amour, ne verront l'adorateur du Christ uni à la prêtresse des Muses. »

Quel moment pour la fille d'Homère! Passer tout à coup des idées voluptueuses de la mythologie à un amour juré sur un crucifix! Ces mains, qui n'avoient jamais porté que les guirlandes des Muses et les bandelettes des sacrifices, sont chargées pour la première fois du signe redoutable du salut des hommes. Cymodocée, que l'ange des saintes amours a blessée comme Eudore, et qu'un charme irrésistible entraîne, promet aisément de se faire instruire dans la religion du maître de son cœur.

« Et d'être mon épouse ! » dit Eudore en pressant les mains de la vierge timide.

« Et d'être ton épouse ! » répéta la jeune fille tremblante.

Doux serment qu'elle prononce devant le Dieu des larmes et du malheur.

Alors on entend sur le sommet des montagnes un chœur qui commençoit la fête des Lupercales. Il chantoit le dieu protecteur de l'Arcadie, Pan, aux pieds de chèvre, l'effroi des nymphes, l'inventeur de la flûte à sept tuyaux. Ces chants étoient le signal du lever de l'aurore ; elle éclairoit de son premier rayon la tombe d'Épaminondas, et la cime du bois Pelagus dans les champs de Mantinée. Cymodocée se hâte de retourner auprès de son père ; Eudore va réveiller Lasthénès.

LIVRE TREIZIÈME.

SOMMAIRE.

Cymodocée déclare à son père qu'elle veut embrasser la religion des chrétiens pour devenir l'épouse d'Eudore. Irrésolution de Démodocus. On apprend l'arrivée d'Hiéroclès en Achaïe. Astarté attaque Eudore, et est vaincu par l'ange des saintes amours. Démodocus consent à donner sa fille à Eudore pour éviter les persécutions d'Hiéroclès. Jalousie d'Hiéroclès. Dénombrement des chrétiens en Arcadie. Hiéroclès accuse Eudore auprès de Dioclétien. Cymodocée et Démodocus partent pour Lacédémone.

DÉJA le prêtre d'Homère offroit une libation au soleil sortant de l'onde. Il saluoit cet astre dont la lumière éclaire les pas du voyageur, et touchant d'une main la terre humide de rosée, il se préparoit à quitter le toit de Lasthénès. Tout à coup Cymodocée, tremblante de crainte et d'amour, se présente devant son père. Elle se jette dans les bras du vieillard. Démodocus avoit aisément deviné la raison du trouble qui commençoit à tourmenter la prêtresse des Muses. Mais comme il ne savoit point encore que le fils de Lasthénès partageoit le même amour, il cherche à consoler Cymodocée.

« Ma fille, lui dit-il, quelle divinité t'a frappée ? Tu pleures, toi dont l'âge ne devroit connoître que les ris innocents ! Quelque peine cachée se seroit-elle glissée dans ton sein ? O mon enfant ! ayons recours aux autels des dieux préservateurs, à la compagnie des sages, qui rend à notre âme sa tranquillité première. Le temple de Junon-Lacinienne est ouvert de tous côtés, et toutefois les vents ne dispersent point dans son enceinte les cendres du sacrifice : tel doit être notre cœur : si les souffles des passions y pénètrent, il faut du moins qu'ils ne troublent jamais l'inaltérable paix de son sanctuaire. »

— « Père de Cymodocée, répond la jeune Messénienne, tu ne sais pas notre bonheur ! Eudore aime ta fille ; il veut, dit-il, suspendre à ma porte les couronnes d'hyménée. »

— « Dieu des ingénieux mensonges, s'écria Démodocus, ne m'as-tu point abusé ? Dois-je te croire, ô ma fille, et la vérité auroit-elle cessé de veiller à tes lèvres ? Mais pourquoi m'étonnerois-je de te voir aimée d'un héros ? tu disputerois le prix de la beauté aux nymphes du Ménale, et Mercure t'auroit choisie sur le mont Chélydorée. Apprends-moi donc comment le chasseur arcadien t'a fait connoître qu'il étoit blessé par le fils de Vénus. »

— « Cette nuit même, répondit Cymodocée, je voulois chanter les Muses, pour écarter je ne sais quel souci de mon cœur. Eudore, comme un de ces songes brillants qui s'échappent par les portes de l'Élysée, m'a rencontrée dans l'ombre. Il a pris ma main ; il m'a dit : « Vierge, je veux que les enfants de tes enfants soient assis pendant sept générations sur les genoux de Démodocus. » Mais il m'a dit tout cela dans son langage chrétien, bien mieux que je ne te le puis raconter. Il m'a parlé de son Dieu. C'est un Dieu qui aime ceux qui pleurent, et qui bénit les infortunés. Mon père, ce Dieu m'a charmée; nous n'avons point parmi les nôtres de divinités si douces et si secourables. Il faut que j'apprenne à connoître et à pratiquer la religion des chrétiens, car le fils de Lasthénès ne peut me recevoir qu'à ce prix. »

Lorsque le serein Borée et le vent nébuleux du midi se disputent l'empire des mers, les matelots se fatiguent à présenter tour à tour la voile oblique à la tempête : ainsi Démodocus cède ou résiste aux sentiments contraires qui l'agitent. Il pense avec joie que Cymodocée déposera sur l'autel de l'hymen le rameau stérile de la vestale; que la famille d'Homère, prête à s'éteindre, verra refleurir autour d'elle de nombreux rejetons. Démodocus aperçoit encore dans le fils de Lasthénès un gendre illustre et honoré, et surtout un protecteur puissant contre le favori de Galérius; mais bientôt il frémit en songeant que sa fille abandonnera ses dieux paternels, qu'elle sera parjure aux neuf Sœurs, au culte de son divin aïeul.

« Ah, ma fille! s'écrioit-il en la serrant contre son cœur, quel mélange de bonheur et de larmes! Que m'as-tu dit? Comment te refuser, et comment consentir à ce que tu demandes? Tu quitterois ton père pour suivre un Dieu étranger à nos ancêtres! Quoi! nous pourrions avoir deux religions! nous pourrions demander au ciel des faveurs différentes! Quand nos cœurs ne font qu'un même cœur, nous cesserions d'avoir un seul et même sacrifice! »

—« Mon père, dit Cymodocée en l'interrompant, je ne te délaisserai jamais! Jamais mes vœux ne seront différents des tiens! Chrétienne, je vivrai avec toi près de ton temple, et je redirai avec toi les vers de mon divin aïeul. »

Le prêtre d'Homère poussant des sanglots, et pressant dans sa main sa barbe vénérable, échappe aux caresses de sa fille. Il va seul errer autour de la demeure de Lasthénès, et demander conseil aux dieux sur la montagne : tel autrefois l'aigle des Alpes s'envoloit au milieu des nuées pendant un orage, et, noble augure des destinées romaines, alloit apprendre, au sein de la foudre, les desseins cachés du ciel. A la vue de tous ces sommets de l'Arcadie, marqués par le culte de quelque divinité, Démodocus verse des larmes, et la superstition est prête à l'emporter dans son cœur. Mais comment refuser Eudore à l'amour de Cymodocée? Comment rendre sa fille éternellement malheureuse? Dieu, qui poursuit ses desseins, achève de subjuguer Démodocus, et fait servir à la gloire de ses futurs élus la foiblesse paternelle. Par un effet de sa puissance, il termine les incertitudes du prêtre d'Homère; il dissipe ses craintes, il lui présente le mariage de Cymodocée et d'Eudore sous les auspices les plus prospères. Démodocus rentre aux foyers de Lasthénès; il retrouve sa fille affligée; il s'écrie :

« Ne pleure point, ô vierge digne de toutes les prospérités! Que jamais Démodocus ne coûte une larme à des yeux qu'il chérit plus que la lumière du jour! Deviens l'épouse d'Eudore, et puisse seulement ton nouveau Dieu ne t'arracher jamais à ton père! »

Eudore, dans ce moment même, révéloit pareillement à Lasthénès le secret de son cœur.

« Mon fils, dit l'époux de Séphora, que Cymodocée soit chrétienne! Apportez-lui le royaume du ciel en héritage, et souvenez-vous d'être complaisant envers votre épouse. »

Eudore, pressé par l'ange des saintes amours, vole auprès de Démodocus. Il croyoit trouver seul le prêtre d'Homère : il voit la fille et le père dans les bras l'un de l'autre. Il ne sait si son sort est décidé : il s'arrête. Démodocus l'aperçoit.

« Voilà ton épouse ! » s'écrie-t-il.

Des larmes d'attendrissement étouffent la voix du vieillard. Eudore se précipite aux pieds de son nouveau père, et tient en même temps embrassés les genoux de Cymodocée. Lasthénès, son épouse et ses filles, surviennent alors. Les jeunes chrétiennes se jettent au cou de la prêtresse des Muses. Elles la comblent de caresses, elles l'appellent deux fois leur sœur, et comme servante de Jésus-Christ et comme épouse de leur frère.

Cyrille fut choisi d'un commun accord pour répandre les premières semences de la foi dans le cœur de la future catéchumène. Les deux familles résolurent de se rendre à Sparte, afin que le saint évêque pût multiplier ses leçons, et hâter l'hymen de Cymodocée.

Mais tandis que le ciel poursuit ses desseins, l'enfer accomplit ses menaces. Démodocus et Lasthénès s'étoient à peine liés par des serments, que la nouvelle de l'arrivée d'Hiéroclès vint consterner les habitants de la Messénie. Vous eussiez vu les mères presser leurs filles dans leurs bras, les jeux suspendus comme dans une calamité publique, l'Église en deuil, les païens même effrayés : tel est l'effet de l'apparition du méchant.

Précédé de ses licteurs, le proconsul entre dans les murs de Messène. Il fait publier aussitôt l'ordre du dénombrement des chrétiens. Lorsqu'un loup ravissant rôde autour d'une bergerie, son œil s'enflamme à l'aspect du troupeau nombreux nourri dans un gras pâturage ; la vue de la brebis excite sa faim ; et sa langue, sortant de sa gueule béante, semble déjà teinte du sang dont il brûle de s'abreuver : ainsi Hiéroclès, en proie à sa haine contre les fidèles, s'émeut à la pensée des vierges sans défense, des foibles enfants et de la foule des chrétiens qu'il va bientôt rassembler au pied de son tribunal.

Cependant, poussé par le plus dangereux des esprits de l'abîme, il monte au sommet de l'Ithome. Il cherche des yeux, dans la forêt d'oliviers, les colonnes du temple d'Homère. O surprise ! il ne trouve point au sanctuaire le gardien de l'autel. Il apprend que Démodocus et sa fille sont allés visiter Lasthénès, dont le fils a rencontré Cymodocée au milieu des bois du Taygète. A cette nouvelle inattendue, Hiéroclès change de visage : mille pensées confuses s'élèvent dans son sein. Lasthénès est le chrétien le plus riche de la Grèce ; il est le père d'Eudore, ennemi puissant d'Hiéroclès. Comment Eudore a-t-il quitté l'armée de Constance ? Quelle fatalité l'a ramené sur ces rivages pour traverser encore les desseins du proconsul d'Achaïe? Auroit-il touché le cœur de Cymodocée?... Hiéroclès brûle d'éclaircir ses soupçons, et l'inquiétude qui le dévore ne lui permet aucun retard.

Non loin de la retraite de Lasthénès, près des ruines d'un temple qu'Oreste avoit consacré aux Grâces et aux Furies, on voyoit s'élever un magnifique palais. Hiéroclès l'avoit fait bâtir par un des descendants d'Ictinus et de Phidias, lorsqu'il espéroit ravir Cymodocée à son père, et cacher ensuite sa victime dans cette délicieuse demeure. Rappelé à la cour des empereurs, il n'avoit point eu le temps d'exécuter son noir projet. Aujourd'hui il veut se rendre à ce palais; il ordonne que les chrétiens de l'Arcadie viennent de toutes parts y porter leurs noms. Voisin de la demeure de Lasthénès, il espère ainsi revoir plus tôt Cymodocée, et découvrir quel dessein a pu conduire la prêtresse des Muses chez l'adorateur du Christ.

Plus prompte que l'éclair, la Renommée a bientôt publié la nouvelle de l'arrivée d'Hiéroclès, depuis les sommets d'Apésante, montagne respectée des peuples de l'Argolide, jusqu'au promontoire de Malée, qui voit les astres fatigués se reposer sur sa cime. Elle raconte en même temps les maux qui menacent les chrétiens; Démodocus en frémit. Souffrira-t-il que sa fille embrasse une religion qu'environnent les périls? Mais peut-il violer ses serments? Peut-il désoler Cymodocée, qui s'obstine à vouloir Eudore pour époux?

Des pensées tumultueuses s'élèvent également au fond du cœur d'Eudore; les démons lui livrent un secret combat. Dans l'espoir de le séduire, ils arment contre lui la générosité de ses propres sentiments. Amener une âme à Dieu en dépit de tous les dangers et de tous les obstacles, est le plus grand bonheur du chrétien; mais Eudore ne se sent point encore ce zèle ardent et ce courage sublime. L'enfer, qui veut faire naître des rivalités funestes, mais qui craint de voir Cymodocée passer sous le joug de la croix, cherche à obscurcir la foi du fils de Lasthénès. Satan appelle Astarté, lui ordonne d'attaquer le jeune chrétien qu'il a si souvent vaincu, et de l'arracher à la puissance de l'ange des saintes amours.

Aussitôt le démon de la volupté se revêt de tous ses charmes. Il prend à la main une torche odorante, et traverse les bois de l'Arcadie. Les Zéphyrs agitent doucement la lumière du flambeau. Le fantôme magique fait naître sur ses pas une foule de prestiges. La nature semble se ranimer à sa présence, la colombe gémit, le rossignol soupire, le cerf suit en bramant sa légère compagne. Les esprits séducteurs qui enchantent les forêts de l'Alphée entr'ouvrent les chênes amollis, et montrent çà et là leurs têtes de nymphes. On entend des voix mystérieuses dans la cime des arbres, tandis que les divinités champêtres dansent avec des chaînes de fleurs autour du démon de la volupté.

Astarté entre dans la grotte d'Eudore, et commence à lui souffler les pensées d'un amour purement humain.

« Tu peux, lui dit-il tout bas, tu peux mourir
« pour ton Dieu, si ton Dieu t'appelle; mais com-
« ment précipiter Cymodocée dans tes malheurs?
« Regarde ces yeux qui lancent des flammes, ce sein
« qui fait naître les désirs; veux-tu donc courber
« les grâces sous le poids des chaînes? Ah! qu'il se-
« roit plus sage d'adoucir ta farouche vertu! Laisse
« à Cymodocée ses fables ingénieuses : le ciel pren-
« dra-t-il sa foudre, parce que ton épouse, ou, si tu
« le voulois, ton amante, couvrira de quelques fleurs
« les autels élégants des Muses, et chantera les poé-
« tiques songes d'Homère? Aie pitié de la jeunesse
« et de la beauté. Tu n'as pas toujours été aussi
« barbare. »

Telles sont les inspirations dangereuses de l'esprit de ténèbres. En même temps, d'un air enjoué, avec un sourire perfide, il lance contre Eudore les mêmes dards dont il perça jadis le plus sage des rois. Mais l'ange des saintes amours défend le fils de Lasthénès. Aux feux des sens, il oppose les feux de l'âme; à une tendresse d'un moment, une tendresse éternelle. Il détourne d'un souffle pur les traits du démon de la volupté, et les flèches impuissantes viennent s'émousser sur le cilice d'Eudore, comme un bouclier de diamant.

Toutefois le faux honneur du monde, et un attachement encore timide, l'emportent en ce moment dans le cœur du soldat pénitent. Il ne veut point avoir surpris la parole de Démodocus; il craint d'exposer Cymodocée. Il va trouver le prêtre d'Homère :

« Je viens, lui dit-il, vous délier de votre serment. La félicité de mes jours seroit de voir Cymodocée chrétienne, et de recevoir sa main à l'autel du véritable Dieu; mais on va faire le dénombrement du troupeau choisi. Quoique ce dénombrement n'annonce encore rien de funeste, vos sentiments sont alarmés peut-être, et l'avenir repose dans le sein de Dieu : que le beau présent que vous consentiez à me faire soit libre, que votre volonté seule décide du destin de Cymodocée et du bonheur de ma vie. »

—« Mortel généreux, répondit le vieillard touché jusqu'aux larmes, un dieu mit au fond de tes entrailles la magnanimité des rois des premiers temps; et, quand ta mère te donna le jour au milieu des lauriers et des bandelettes, ce fut Jupiter même qui plaça dans ton sein ton noble cœur! O mon fils! que veux-tu que je fasse? Tu sais si ma fille m'est chère! Ne pourroit-elle devenir ton épouse sans embrasser la foi des chrétiens? Nous serions ainsi délivrés de toutes craintes; et sans exposer Cymodocée à des périls nouveaux, tu la protégerois contre l'impie Hiéroclès. »

— « Démodocus, répondit tristement Eudore, je puis, par cet effort plus qu'humain, renoncer à l'amour de votre fille; mais sachez qu'un chrétien ne peut recevoir une épouse souillée de l'encens des idoles. Quel ministre voudroit bénir, au pied de la croix, l'alliance de l'enfer et du ciel? Mon fils entendra-t-il prononcer sur son berceau le nom du Fils de l'homme et le nom de Jupiter? Sera-ce la

Vierge sans tache, ou l'impudique Vénus qui donnera des leçons à ma fille? Démodocus, nos lois nous défendent de nous unir à des femmes étrangères au culte du Dieu d'Israël : nous voulons des épouses qui partagent nos dangers dans cette vie, et que nous puissions retrouver au ciel après notre mort. »

Cymodocée avoit entendu, d'un lieu voisin, la voix confuse de son père et du fils de Lasthénès. L'ange des saintes amours l'inspire, et la mère du Sauveur la remplit de résolutions généreuses : elle vole à l'appartement de Démodocus; elle tombe aux pieds du vieillard, et joignant des mains suppliantes :

« Mon père, s'écrie-t-elle, les dieux me préservent d'affliger tes vieux ans! mais je veux être l'épouse d'Eudore. Je serai chrétienne sans cesser d'être ta fille soumise et dévouée! Ne crains point pour moi les périls : l'amour me donnera la force de les surmonter. »

A ces paroles, Eudore levant les bras au ciel :

« Dieu de mes pères, qu'ai-je fait pour mériter une pareille récompense! Toute ma vie j'ai offensé vos lois, et vous me comblez de félicité! Accomplissez vos décrets éternels! Achevez d'attirer à vous cet ange d'innocence. Ce sont ses propres vertus qui la portent dans votre sein, et non l'amour qu'un chrétien trop coupable eut le bonheur de lui inspirer! »

Il dit, et l'on entend les pas précipités d'un messager rapide : les portes s'ouvrent, un esclave de

Démodocus paroît : il arrive du temple d'Homère : la sueur coule de son front ; ses pieds nus et ses cheveux en désordre sont couverts de poussière ; il porte au bras gauche un bouclier fracassé, avec lequel il a brisé les branches des chênes en traversant l'épaisseur des bois. Il prononce ces mots :

« Démodocus, Hiéroclès a paru au temple de ton aïeul ; sa bouche étoit pleine de menaces. Fier de la protection de Galérius, il parle avec fureur de ta Cymodocée ; il jure, par le lit de fer des Euménides, que ta fille passera dans sa couche, dût le noir chagrin, compagnon des Parques, s'asseoir sur le seuil de ta demeure pendant le reste de tes jours. »

Une pâleur mortelle se répand sur le front de Démodocus ; ses genoux tremblants le supportent à peine, mais ce nouveau malheur fixe ses résolutions. Des ordres sévères contre les fidèles ne menaceroient Cymodocée, devenue chrétienne, que d'un péril incertain et éloigné ; l'amour du proconsul, au contraire, expose la prêtresse des Muses à des maux aussi prochains qu'inévitables. Dans ce pressant danger, la protection d'Eudore semble donc à Démodocus un bonheur inespéré, et le seul refuge qui reste à Cymodocée contre les violences d'Hiéroclès.

Le vieillard prend sa fille dans ses bras :

« Mon enfant, lui dit-il, je ne violerai point mes serments, je serai fidèle à la parole que je t'ai jurée : reste à jamais l'épouse d'Eudore ; c'est maintenant à lui de te défendre, et comme la mère de ses enfants, et comme la compagne de ses jours. Peut-être que les dieux se plairont à exercer ta vertu ; mais, ô Cymodocée ! tu ne te laisseras point abattre. S'il est des muses chrétiennes, elles te prêteront leur secours : leurs chants pleins de sagesse fortifieront ton cœur contre l'attaque de tes ennemis. »

Lasthénès entra comme Démodocus achevoit de prononcer ces mots.

Eudore posa la main sur son cœur, en signe de reconnoissance et de tendresse, prononça ces paroles avec un grand éclat de voix, et les yeux attachés à la terre :

« Je reçois, ô Démodocus ! l'inestimable don que vous faites à Dieu par mes mains. Je défendrai, au prix de tout mon sang, la vierge que vous me confiez : j'en jure par vous, ô Lasthénès ! ô mon père ! Je serai fidèle à Cymodocée. »

Après avoir reçu ce serment, le prêtre des dieux partit avec sa fille, dans le dessein de fermer le temple d'Homère, et de se rendre ensuite à Lacédémone, où la famille de Lasthénès devoit l'attendre chez Cyrille.

Démodocus et Cymodocée prennent les sentiers les plus déserts pour éviter la rencontre de leur persécuteur ; mais déjà le proconsul étoit arrivé au palais de l'Alphée. Ces riantes solitudes, le cristal si pur du Ladon, les croupes des montagnes couvertes de pins, la fraîcheur des vallées de l'Arcadie et les scènes tranquilles que ces doux noms rappellent, rien ne peut calmer le trouble d'Hiéroclès. Ses licteurs vont de toutes parts rassembler les fidèles, dans les paisibles retraites où jadis les bergers d'Évandre menoient une vie moins innocente que celle de ces premiers chrétiens. Du fond des grottes consacrées à Pan et aux divinités champêtres, on voit descendre des troupeaux de femmes, d'enfants et de vieillards, que les soldats chassent devant eux. En face du palais d'Hiéroclès, devant une vaste prairie que bordoient les eaux du Ladon, s'élevoit le tribunal du gouverneur romain. Assis sur sa chaise d'ivoire, Hiéroclès recevoit les noms qui devoient remplir les listes fatales. Tout à coup un murmure se fait entendre; les chrétiens tournent la tête, et reconnoissent la famille puissante de Lasthénès, que l'on amène au pied du tribunal.

Comme un chasseur des Alpes qui poursuit avec de grands cris une troupe de chamois bondissants parmi les rochers et les cascades; si tout à coup un sanglier vient à s'élever au milieu des faons fugitifs, le chasseur effrayé recule, et reste les yeux fixés sur le terrible animal qui hérisse son poil et découvre ses défenses meurtrières : ainsi Hiéroclès reste interdit à l'aspect d'Eudore, qu'il reconnoît au milieu de sa famille. Toute son ancienne inimitié se réveille; il ne voit point, il est vrai, Cymodocée; mais la beauté du fils de Lasthénès, son air mâle et guerrier, l'admiration qu'il inspire, augmentent ses alarmes. Plusieurs soldats de la garde du proconsul, qui avoient fait la guerre sous Eudore, environnent leur ancien général, et le comblent de bénédictions : les uns vantent sa douceur, d'autres sa générosité, tous sa valeur et sa gloire.

Ceux-ci rappellent la bataille des Francs, où il remporta la couronne civique ; ceux-là parlent de ses victoires sur les Bretons. On répète de toutes parts : « C'est ce jeune guerrier couvert de blessures, qui triompha de Carrausius ; c'est le maître de la cavalerie ; c'est le préfet des Gaules ; c'est le favori de Constance et l'ami du prince Constantin. » Ces discours font pâlir sur son trône le proconsul indigné : il congédie brusquement l'assemblée, et se renferme dans son palais.

Hiéroclès ne doute plus que son rival ne soit aimé de Cymodocée ; il juge que l'amour a suivi la gloire. Mille projets sinistres se présentent à son esprit : il veut enlever de force la fille de Démodocus, il veut jeter Eudore au fond des cachots ; mais bientôt il craint la faveur dont le fils de Lasthénès jouit à la cour. Il n'ose attaquer ouvertement un triomphateur qui fut décoré des dignités de l'Empire ; il connoît la modération de Dioclétien, toujours ennemi de la violence. Il prend donc un moyen plus lent, mais plus sûr de satisfaire la haine qu'il nourrit depuis si long-temps contre Eudore : il écrit à Rome que les chrétiens de l'Achaïe sont prêts à se soulever, qu'ils s'opposent au dénombrement, et qu'ils ont à leur tête cet Arcadien exilé par l'empereur à l'armée de Constance.

Hiéroclès espère ainsi faire bannir Eudore de la Grèce, et pouvoir poursuivre, sans obstacle, ses coupables projets sur Cymodocée. Cependant, il environne son rival d'espions et de délateurs, et cherche à pénétrer un secret qui doit causer le malheur de sa vie. Le fils de Lasthénès ne s'étoit point endormi sur les dangers de ses frères. Ce n'étoit plus ce jeune homme incertain dans ses désirs chimériques, dans ses projets, nourri de songes et d'illusion : c'étoit un homme éprouvé par le malheur, capable des actions les plus graves comme les plus hautes, réfléchi, sérieux, occupé, éloquent au conseil, brave à la guerre, et conservant des passions d'autant plus propres à atteindre un but élevé, qu'elles n'étoient plus mêlées dans son âme aux petites choses. Il connoissoit l'empire d'Hiéroclès sur Galérius, et de Galérius sur Dioclétien. Il prévoyoit que le sophiste persécuteur de Cymodocée s'abandonneroit aux plus noires fureurs contre les chrétiens, quand il viendroit à découvrir l'amour et la conversion de la prêtresse des Muses. Eudore aperçoit d'un coup d'œil tous les maux dont l'Église est menacée, et il cherche à les détourner : avant de se rendre à Lacédémone avec sa famille, il fit partir un messager fidèle, chargé d'instruire Constantin de la vérité, et de prévenir auprès d'Auguste les dangereux rapports d'Hiéroclès.

Comme le préfet d'Achaïe descendoit de son tribunal, Démodocus et sa fille arrivoient au temple d'Homère. Les feux n'étoient point encore éteints sur les autels domestiques; Démodocus les fait aussitôt ranimer. On conduit au sanctuaire la génisse aux cornes dorées, on apporte au prêtre des dieux une coupe d'argent ciselée : c'étoit celle dont se servoient autrefois Danaüs et le vieux Phoronée dans leurs sacrifices. Une main savante avoit représenté sur cette coupe Ganymède enlevé par l'aigle de Jupiter; les compagnons du chasseur phrygien paroissoient accablés de tristesse, et sa meute fidèle faisoit retentir de ses aboiements douloureux les forêts de l'Ida. Le père de Cymodocée remplit cette coupe d'un vin pur; il se revêt d'une tunique sans tache, il couronne sa tête d'une branche d'olivier : on l'eût pris pour Tirésias, ou pour le divin Amphiaraüs, prêt à descendre vivant aux enfers avec ses armes blanches, son char blanc et ses coursiers blancs. Démodocus répand la libation aux pieds de la statue du poëte. La génisse tombe sous le couteau sacré; Cymodocée suspend sa lyre à l'autel; ensuite adressant la parole au cygne de Méonie :

« Auteur de ma race, ta fille te consacre ce luth mélodieux que tu pris soin quelquefois d'accorder pour elle. Deux divinités, Vénus et l'Hymen, me forcent de passer sous d'autres lois : que peut une jeune fille contre les traits de l'Amour et les ordres du Destin ? Andromaque (tu l'as raconté) ne voyoit dans la superbe Troie qu'Astyanax et son Hector. Je n'ai point encore de fils, mais je dois suivre mon époux. »

Tels furent les adieux de la prêtresse des Muses au chantre de Pénélope et de Nausicaa. Les yeux de la jeune vierge étoient humides de larmes; malgré le charme de son amour, elle regrettoit les héros et les divinités qui faisoient une partie de sa famille, ce temple où elle retrouvoit à la fois ses dieux et son père, où elle fut nourrie du nectar des Muses au défaut du lait maternel. Tout la rappeloit aux belles fictions du poëte, tout étoit dans ces lieux sous la puissance d'Homère; et la chrétienne désignée se sentoit, en dépit d'elle-même, domptée par le génie du père des fables : ainsi, lorsqu'un serpent d'or et d'azur roule au sein d'un pré ses écailles changeantes, il lève une crête de pourpre au milieu des fleurs, darde une triple langue de feu, et lance des regards étincelants; la colombe qui l'aperçoit du haut des airs, fascinée par le brillant reptile, abaisse peu à peu son vol, s'abat sur un arbre voisin, et, descendant de branche en branche, se livre au pouvoir magique qui la fait tomber des voûtes du ciel.

LIVRE QUATORZIÈME.

SOMMAIRE.

Description de la Laconie. Arrivée de Démodocus chez Cyrille. Instruction de Cymodocée. Astarté envoie le Démon de la jalousie à Hiéroclès. Cymodocée va à l'église pour être fiancée à Eudore. Cérémonies de l'Église primitive. Des soldats, par ordre d'Hiéroclès, dispersent les fidèles. Eudore sauve Cymodocée et la défend au tombeau de Léonidas. Il reçoit l'ordre de partir pour Rome. Les deux familles se décident à envoyer Cymodocée à Jérusalem pour la mettre sous la protection de la mère de Constantin. Eudore et Cymodocée partent pour s'embarquer à Athènes.

DÉMODOCUS ferme en pleurant les portes du temple d'Homère. Il monte sur son char avec Cymodocée; il traverse de nouveau la Messénie. Bientôt il arrive à la statue de Mercure placée à l'entrée de l'Herméum, et pénètre dans les défilés du Taygète. Des rochers entassés jusqu'au ciel formoient des deux côtés de grands escarpements stériles, au haut desquels croissoient à peine quelques sapins, comme des touffes d'herbe sur des tours et des murailles en ruine. Cachée parmi des genêts à demi brûlés et des sauges jaunissantes, l'importune cigale faisoit entendre son chant monotone sous les ardeurs du midi.

« Ma fille, disoit Démodocus, c'est par le même chemin que Lyciscus s'échappa, comme moi, avec sa fille vers Lacédémone, et sa fuite donna naissance à la tragique aventure d'Aristomène. Que de générations se sont écoulées pour nous amener à notre tour dans ces lieux solitaires! Puisse le grand Jupiter nous envoyer quelque signe favorable, et détourner de toi tous les malheurs! »

A peine avoit-il prononcé ces mots, qu'un vautour à tête chauve tombe de la cime d'un arbre desséché sur une hirondelle; un aigle fond du sommet des montagnes, il enlève le vautour dans ses serres puissantes : soudain l'éclair brille à l'orient, la foudre éclate, perce d'un trait enflammé le roi des airs et précipite sur la terre le vainqueur, le vaincu et leur victime. Démodocus, effrayé, cherche en vain l'arrêt des destinées dans ces jeux incertains du hasard. Cependant le char a franchi le sommet de l'Herméum, et commence à descendre vers Pillane. Le prêtre d'Homère salue l'Eurotas dont il côtoie les bords; il touche au tombeau de Ladas; il découvre bientôt la statue de la Pudeur, qui marque l'endroit où Pénélope, prête à suivre Ulysse, baissa son voile en rougissant. Il laisse derrière lui le monument de Diane Mysienne, le bois sacré de Carnéus, les sept colonnes, la sépulture du coursier, et tout à coup il arrive au penchant fleuri d'un coteau que couronnoit le temple d'Achille : Sparte et la vallée de la Laconie se présentent à ses regards. La chaîne des montagnes du Taygète, couvert de neige et de forêts, se déployoit à l'occident; d'autres montagnes moins élevées formoient à l'orient un rideau parallèle : elles diminuoient de hauteur par degrés, et se terminoient aux sommets rougis du Ménélaïon. La vallée comprise entre ces deux chaînes de montagnes étoit obstruée vers le nord par un amas confus de monticules irréguliers. Ceux-ci, s'avançant au midi, venoient former de leurs dernières croupes les collines où Sparte étoit assise. Depuis Sparte jusqu'à la mer, on n'aperçoit qu'un terrain uni, fertile, entrecoupé de champs, de vignes et de froment, ombragé de bosquets d'oliviers de sycomores et de platanes. L'Eurotas promenoit son cours tortueux dans cette riante solitude, et cachoit sous des lauriers roses ses flots d'azur qu'embellissoient les cygnes de Léda.

Le prêtre des dieux et Cymodocée ne pouvoient se lasser d'admirer ce tableau, que peignoient de mille couleurs les feux de l'aurore naissante. Qui pourroit fouler impunément la poussière de Sparte, et contempler sans émotion la patrie de Lycurgue et de Léonidas? Démodocus agitoit encore d'étonnement son sceptre augural, que déjà ses coursiers rapides entroient dans Lacédémone. Le char traverse la place publique, franchit le sénat des vieillards et le portique des Perses, prend la route du théâtre adossé à la citadelle, et monte à la maison de Cyrille, bâtie près du temple de Vénus armée.

La famille de Lasthénès attendoit chez l'évêque de Lacédémone l'arrivée de la nouvelle épouse; le prélat étoit instruit de tout ce qui s'étoit passé en Arcadie. Pour mettre Cymodocée à l'abri des entreprises d'Hiéroclès, et afin qu'Eudore acquît des droits sur elle, Cyrille se proposoit de la fiancer au fils de Lasthénès aussitôt qu'elle seroit déclarée néophyte; mais la prêtresse des Muses ne pouvoit devenir l'épouse d'Eudore qu'après avoir reçu le baptême. Les vieillards saluèrent l'aimable étrangère avec une tendresse grave et sainte. Les soins les plus touchants lui furent prodigués par sa nouvelle mère et ses nouvelles sœurs. Ces caresses, que Cymodocée n'avoit jamais connues, lui sembloient d'une extrême douceur. Elle ne vit point Eudore, qui, dans ce moment de bonheur, redoubloit de veilles et d'austérités. Dès le soir même, Cyrille commença les instructions de la jeune infidèle. Elle écoutoit avec candeur et ingénuité; la morale et la charité évangélique charmoient son cœur. Elle pleuroit abondamment sur le mystère de la croix, et sur les douleurs du Fils de l'homme; le culte de la Mère du Sauveur la remplissoit d'attendrissement et de délices; elle se faisoit conter sans cesse par le vieux martyr l'histoire de la crèche, des bergers, des anges, des mages; elle répétoit tout bas ces paroles qu'elle avoit apprises : « Je vous salue, Marie, pleine de grâces. » La grandeur du Dieu des chrétiens effrayoit un peu Cymodocée; elle se réfugioit auprès de Marie, qu'elle paroissoit prendre pour sa mère. Elle expliquoit souvent à Démodocus quelques-unes des leçons qu'elle avoit reçues, elle s'asseyoit sur ses genoux, et lui disoit dans un langage charmant l'heureuse vie des patriarches, la tendresse de Nachor pour Sara sa fille, l'amour du jeune Tobie pour son épouse étrangère; elle lui parloit d'une femme qu'un apôtre fit sortir du tombeau, et rendit à ses parents désolés.

« Crois-tu, ajoutoit-elle, que le Dieu des chrétiens, qui me commande d'aimer mon père afin de vivre longuement, ne vaut pas bien ces dieux qui ne me parloient jamais de toi? »

Rien n'étoit plus touchant que de voir ainsi ce missionnaire, d'une espèce nouvelle, tour à tour disciple d'un vieillard et maître d'un autre vieillard, placé, comme la grâce et la persuasion, entre ces hommes vénérables, pour faire goûter au prêtre d'Homère les sérieuses instructions du prêtre d'Israël.

L'ennemi du genre humain voyoit en frémissant de rage cette vierge innocente échapper à son pouvoir. Il en accuse Astarté.

« Foible démon, s'écrie-t-il, que fais-tu donc dans
« l'abîme ? Tu n'as quitté le ciel qu'en gémissant, et
« maintenant encore te voilà vaincu par l'ange des
« saintes amours ! »

Astarté répondit :

« O Satan ! calme ta colère. Si je n'ai pu l'emporter
« sur l'ange qui m'a remplacé au séjour du bonheur,
« ma défaite même va servir au succès de tes des-
« seins. J'ai un fils aux enfers ; mais je n'ose l'ap-
« procher, car ses fureurs m'intimident. Tu le con-
« nois : descends à sa prison ; ramène-le sur la terre ;
« je vais l'attendre auprès d'Hiéroclès, et quand ce
« mortel sera brûlé de mes feux et de ceux de mon
« fils, tu n'auras plus qu'à livrer les chrétiens au
« démon de l'homicide. »

Il dit, et Satan se précipite au fond du gouffre des tourments. Par-delà des marais croupissants et des lacs de soufre et de bitume, dans les vastes régions de l'enfer, s'ouvre un cachot, séjour du plus infortuné des habitants de l'abîme. C'est là que le démon de la jalousie fait entendre ses éternels hurlements. Couché parmi des vipères et d'affreux reptiles, jamais le sommeil n'approcha de ses yeux. L'inquiétude, le soupçon, la vengeance, le désespoir et une sorte d'amour féroce agitent ses regards, des chimères occupent et tourmentent son esprit : il tressaille; il croit entendre des bruits mystérieux, il croit poursuivre de vains fantômes. Pour éteindre sa soif brûlante, il boit dans une coupe d'airain un poison composé de ses sueurs et de ses larmes. Ses lèvres tremblantes respirent l'homicide : au défaut de la victime qu'il cherche sans cesse, il se frappe lui-même d'un poignard, oubliant qu'il est immortel.

Le prince des ténèbres, descendu vers ce monstre, s'arrête à l'entrée de la caverne.

« Archange puissant, dit-il, je t'ai toujours dis-
« tingué des innombrables esprits de mon empire.
« Aujourd'hui tu peux me prouver ta reconnois-
« sance : il faut allumer dans le sein d'un mortel
« cette flamme que tu mis autrefois dans le cœur
« d'Hérode. Il faut perdre les chrétiens; il faut
« reprendre le sceptre du monde : l'entreprise est
« digne de ton courage. Viens, ô mon fils! seconde
« les vastes desseins de ton roi. »

Le démon de la jalousie retire de sa bouche la coupe empoisonnée, et essuyant ses lèvres avec sa chevelure de serpents :

« O Satan, répondit-il avec un profond soupir, le

« poids de l'enfer ne courbera-t-il jamais ton front
« superbe? Veux-tu m'exposer encore aux coups de
« cette foudre qui t'a précipité dans le gouffre des
« pleurs? Que peux-tu contre la croix? une femme
« a écrasé ta tête orgueilleuse. Je hais la lumière du
« ciel. Les chastes amours des chrétiens ont détruit
« mon empire sur la terre. Poursuis, si tu le veux,
« tes projets, mais laisse-moi jouir en paix de ma
« rage, et ne viens plus troubler mes fureurs. »

Il dit, et d'une main forcenée il arrache les serpents attachés à ses flancs, et les déchire avec ses dents bruyantes.

Satan frémissant de colère :

« Ange pusillanime, d'où te vient aujourd'hui
« cette crainte? Le repentir, cette lâche vertu des
« chrétiens, seroit-il entré dans ton cœur? Regarde
« autour de toi : voilà ton éternelle demeure! A des
« maux sans fin sache opposer une haine sans terme,
« et bannis d'inutiles regrets. Ose me suivre : je
« ferai bientôt disparoître du monde ces chastes
« amours qui t'épouvantent. Je te rendrai ton empire sur l'homme abattu. Mais n'attends pas que
« mon bras te contraigne à m'accorder ce que j'ai
« daigné demander à ton zèle. »

A cette espérance, à cette menace, le démon de la jalousie se laisse entraîner.

Satan, plein de joie, monte aussitôt sur un char de feu, et fait placer à ses côtés le monstre qu'il appelle son fils; il l'instruit de ce qu'il doit faire, et lui nomme la victime qu'il doit frapper. Pour éviter l'importunité des esprits de ténèbres les deux chefs de l'enfer traversent invisibles le séjour de la douleur. La mort seule les voit sortir des portes de l'abîme et les salue par un sourire affreux. Bientôt ils touchent à la terre et descendent dans le vallon de l'Alphée. En proie à son fatal amour, le proconsul d'Achaïe étoit alors agité d'un sommeil pénible. Le démon de la jalousie se cache sous la figure d'un vieil augure, confident des peines secrètes d'Hiéroclès. Il prend le visage ridé de l'antique devin, sa voix sombre, son front chauve et sa pâleur religieuse. Sa tête est couverte d'un long voile ; les bandelettes sacrées descendent sur ses épaules ; il s'approche du lit de l'impie comme un songe funeste. Du rameau qu'il tient à la main il touche la poitrine d'Hiéroclès :

« Tu dors, lui dit-il, et ton ennemi triomphe !
« Cymodocée, conduite à Lacédémone, embrasse la
« religion des chrétiens, et va bientôt devenir l'é-
« pouse du fils de Lasthénès ! Réveille-toi, saisissons
« ta proie ; et pour l'enlever à ton rival, perdons,
« s'il le faut, la race entière des chrétiens. »

En achevant de prononcer ces mots, le démon de la jalousie arrache de sa tête le voile et les bandelettes sacerdotales. Il reprend son horrible forme : il se penche sur Hiéroclès ; il le serre étroitement dans ses bras et fait couler sur lui un sang impur. Rempli de terreur, l'infortuné se débat sous le poids du fantôme, et se réveille en poussant un cri : tel un homme enseveli vivant au champ des tombeaux sort avec effroi de sa léthargie, frappe du front son cercueil, et fait entendre une plainte dans le sein de la terre. Tous les poisons du monstre infernal ont passé dans l'âme de l'ennemi des fidèles. Il s'élance de son lit, les cheveux hérissés. Il appelle ses gardes : il veut devancer les ordres d'Auguste, il veut qu'on arrête les chrétiens, qu'on disperse leurs assemblées ; il parle de conspiration, d'un projet fatal à l'Empire.

« Il faut du sang !..... s'écrie-t-il. Un feu dévorant coule dans tous les cœurs.... Ne consultons point les entrailles des victimes : les vœux, les prières, les autels, ne peuvent rien pour nous ! »

L'insensé ! bientôt les délateurs arrivés de Lacédémone lui confirment la vérité du songe qui le poursuit.

Eudore, résigné aux décrets de la Providence, et désirant avec ardeur la gloire du martyre, ne croyoit pas toutefois l'orage si près de sa tête : il s'occupoit à perfectionner son âme pour se rendre digne à la fois, et des destinées que Paul lui avoit prédites, et de l'épouse que Dieu lui avoit choisie. Dans une terre dont le maître s'est éloigné, on voit un arbre de riche espérance devenir stérile ; le maître, après quelques années d'absence, rentre à sa demeure ; il retourne à son arbre chéri, il coupe les branches blessées par la chèvre, ou rompues par les vents ; l'arbre reprend une vigueur nouvelle, et bientôt sa tête s'incline sous le poids de ses fruits parfumés : ainsi le fils de Lasthénès, abandonné de Dieu, avoit langui faute de culture ; mais, quand le père de famille rentra dans son héritage, et donna ses soins à la plante de son amour, Eudore se couronnâ des vertus que son enfance avoit promises.

Il touchoit à l'accomplissement d'une partie de ses vœux; il alloit recevoir la foi de Cymodocée. La nouvelle catéchumène avoit mérité par son intelligence, sa pureté et sa douceur, d'être admise aux deux degrés d'auditrice et de postulante. Elle devoit paroître à l'église, pour la première fois, le jour d'une fête consacrée à la mère du Sauveur; fiancée après la célébration des mystères, elle étoit destinée à jurer dans le même moment fidélité à son Dieu et à son époux.

Les premiers chrétiens choisissoient surtout le silence des ombres pour accomplir les cérémonies de leur culte. Le jour qui précéda la nuit où Cymodocée triompha de l'enfer, ce jour se passa dans les méditations et les prières. Vers le soir, Séphora et ses deux filles commencèrent à parer la nouvelle épouse. Elle se dépouilla d'abord des ornements des Muses; elle déposa sur un autel domestique, consacré à la reine des anges, son sceptre, son voile et ses bandelettes : sa lyre étoit restée au temple d'Homère. Ce ne fut pas sans répandre des larmes que Cymodocée se sépara des marques gracieuses de la religion paternelle. Une tunique blanche, une couronne de lis, lui tinrent lieu des perles et des colliers que ne portoient point les chrétiennes. La pudeur évangélique remplaça sur ses lèvres le sourire des Muses, et lui donna des charmes dignes du ciel.

A la seconde veille de la nuit, elle sortit au milieu des flambeaux, portant un flambeau elle-même.

Elle étoit précédée de Cyrille, des prêtres, des veuves et des diaconesses ; le chœur des vierges l'attendoit à la porte. Quand elle parut, la foule qu'attiroit cette cérémonie poussa un cri d'admiration. Les païens disoient :

« C'est la fille de Tyndare, couronnée des fleurs
« du plataniste, et prête à passer dans le lit de Mé-
« nélas ! C'est Vénus, lorsqu'elle eut jeté ses brace-
« lets dans l'Eurotas, et qu'elle se montra à Ly-
« curgue sous les traits de Minerve ! »

Les chrétiens s'écrioient :

« C'est une nouvelle Ève ! c'est l'épouse du jeune
« Tobie ! c'est la chaste Suzanne ! c'est Esther ! »

Ce nom d'Esther, donné par la voix du peuple fidèle, devint aussitôt le nom chrétien de Cymodocée.

Près du Lesché, et non loin des tombeaux des rois Agides, les chrétiens de Sparte avoient bâti une église. Éloignée du bruit et de la foule, environnée de cours et de jardins, elle étoit séparée de tout monument profane. Après avoir passé un péristyle décoré de fontaines où les fidèles se purifioient avant la prière, on trouvoit trois portes qui conduisoient à la basilique. Au fond de l'église, à l'orient, on apercevoit l'autel, et derrière l'autel, le sanctuaire. Cet autel d'or massif, enrichi de pierreries, couvroit le corps d'un martyr ; quatre rideaux d'une étoffe précieuse l'environnoient. Une colombe d'ivoire, image de l'Esprit-Saint, étoit suspendue au-dessus de l'autel, et protégeoit de ses ailes le tabernacle. Les murs étoient décorés de tableaux qui représentoient des sujets tirés de l'Écriture. Le baptistère s'élevoit isolé à la porte de l'église, et faisoit soupirer l'impatient catéchumène.

Cymodocée s'avance vers les saints portiques. Un contraste étonnant se faisoit remarquer de toutes parts : les filles de Lacédémone, encore attachées à leurs dieux, paroissoient sur la route avec leurs tuniques entr'ouvertes, leur air libre, leurs regards hardis : telles elles dansoient aux fêtes de Bacchus ou d'Hyacinthe : les rudes souvenirs de Sparte, la fourberie, la cruauté, la férocité maternelle, se montroient dans les yeux de la foule idolâtre. Plus loin on découvroit des vierges chrétiennes chastement vêtues, dignes filles d'Hélène par leur beauté, plus belles que leur mère par leur modestie. Elles alloient avec le reste des fidèles célébrer les mystères d'un culte qui rend le cœur doux pour l'enfant, charitable pour l'esclave, et inspire l'horreur de la dissimulation et du mensonge. On eût cru voir deux peuples parmi ces frères : tant la religion peut changer les hommes !

Lorsqu'on fut arrivé au lieu de la fête, l'évêque, tenant l'Évangile à la main, monta sur son trône, qui s'élevoit au fond du sanctuaire, en face du peuple. Les prêtres, assis à sa droite et à sa gauche, remplirent le demi-cercle de l'abside. Les diacres se rangèrent debout derrière eux ; la foule occupoit le reste de l'église ; les hommes étoient séparés des femmes ; les premiers la tête découverte, les secondes la tête voilée.

Tandis que l'assemblée prenoit ses rangs, un

chœur chantoit le psaume de l'introduction de la fête. Après ce cantique, les fidèles prièrent en silence; ensuite l'évêque prononça l'oraison des vœux réunis des fidèles. Le lecteur monta à l'ambon, et choisit dans l'Ancien et le Nouveau Testament les textes qui se rapportoient davantage à la double fête que l'on célébroit. Quel spectacle pour Cymodocée! Quelle différence de cette sainte et tranquille cérémonie, aux sanglants sacrifices, aux chants impurs des païens! Tous les yeux se tournoient sur l'innocente catéchumène; elle étoit assise au milieu d'une troupe de vierges qu'elle effaçoit par sa beauté. Accablée de respect et de crainte, à peine osoit-elle lever un regard timide pour chercher dans la foule celui qui, après Dieu, occupoit alors uniquement son cœur.

Le lecteur fut remplacé par l'évêque dans la chaire de vérité. Il expliqua d'abord l'évangile du jour : il parla de la conversion des idolâtres, et du bonheur qu'auroit bientôt une fille vertueuse d'être unie à un époux chrétien, sous la protection de la mère du Sauveur. Il termina son discours par ces paroles :

« Habitants de Lacédémone, il est temps que je vous rappelle l'alliance qui vous unit avec Sion. Descendu d'Abraham comme le peuple fidèle, Arius votre roi réclama jadis auprès du pontife Onias les lois de cette parenté sainte. Dans la lettre qu'il adressa au peuple juif, il lui dit : « Nos troupeaux et tous « nos biens sont à vous, et les vôtres sont à nous. » Les Machabées, reconnoissant cette commune origine, envoyèrent aux Spartiates une députation amicale. Si donc, n'étant encore que gentils, vous fûtes distingués du Dieu de Jacob, entre tous les peuples de Javan, de Séthim et d'Élisa, que ne devez-vous pas faire pour le ciel, à présent que vous êtes marqués du sceau de la race élue! Voici l'instant de vous montrer dignes de votre berceau, qu'ombragèrent les palmes de l'Idumée. Les grands martyrs Judas, Jonathas et ses frères vous invitent à marcher sur leurs traces. Vous êtes appelés aujourd'hui à la défense de la patrie céleste. Troupeau chéri que le ciel a confié à mes soins, c'est peut-être la dernière fois que votre pasteur vous rassemble sous sa houlette! Combien peu d'entre nous se retrouveront au pied de cet autel, quand il nous sera permis de nous réunir! Servantes de Jésus-Christ, épouses vertueuses, vierges sans tache, c'est aujourd'hui qu'il faut vous glorifier d'avoir quitté les pompes du siècle, afin de ne vous attacher qu'à la pudeur. Ah! qu'il seroit à craindre que des pieds entravés par des bandelettes de soie ne pussent monter à l'échafaud! Ces colliers de perles, qui entourent un cou trop délicat, laisseraient-ils quelque place à l'épée? Réjouissons-nous donc, mes frères, le temps de notre délivrance approche; je dis délivrance, car sans doute vous n'appelez pas esclavage les cachots et les fers dont vous êtes menacés. Pour un chrétien persécuté la prison n'est point un lieu de souffrances, mais un lieu de délices; quand l'âme prie, le corps ne sent point le poids de ses chaînes : elle emporte avec soi tout l'homme. »

Cyrille descendit de la chaire. Un diacre s'écria :
« Priez, mes frères ! »

L'assemblée se leva, se tourna vers l'orient, et, les mains étendues vers le ciel, pria pour les chrétiens, pour les infidèles, pour les persécuteurs, pour les foibles, pour les malades, pour les affligés, pour tous ceux qui pleurent. Alors les diacres firent sortir du lieu saint tous ceux qui ne devoient point assister au sacrifice, les gentils, les possédés du démon, les pénitents. La mère d'Eudore, assistée de deux veuves, vint chercher la tremblante catéchumène ; elle la conduisit aux pieds de Cyrille. Alors le martyr lui adressant la parole, lui dit :

« Qui êtes-vous ? »

Elle répondit, selon l'instruction qu'elle avoit reçue :

« Je suis Cymodocée, fille de Démodocus. »

— « Que voulez-vous ? » dit le prélat.

« Sortir, repartit la jeune vierge, des ténèbres de l'idolâtrie, et entrer dans le troupeau de Jésus-Christ. »

— « Avez-vous, dit l'évêque, bien pensé à votre résolution ; ne craignez-vous ni la prison ni la mort ? Votre foi en Jésus-Christ est-elle vive et sincère ? »

Cymodocée hésita. Elle ne s'attendoit point à la première partie de cette question : elle vit la douleur de son père, mais elle songea qu'elle balançoit à accepter le sort d'Eudore ; elle se décida sur-le-champ, et prononça d'une voix ferme :

« Je ne crains ni la prison ni la mort, et ma foi en Jésus-Christ est vive et sincère. »

Alors l'évêque lui imposa les mains, et la marqua au front du signe de la croix. Une langue de feu parut à la voûte de l'église, et l'Esprit-Saint descendit sur la vierge prédestinée. Un diacre lui met une palme à la main, les jeunes chrétiennes lui jettent des couronnes; elle retourne au banc des femmes, précédée de cent flambeaux, et semblable à une martyre qui s'envole éclatante vers le ciel.

Le sacrifice commence. L'évêque salue le peuple, et un diacre s'écrie:

« Embrassez-vous les uns les autres. »

L'assemblée se donne le baiser de paix. Le prêtre reçoit les dons des fidèles, l'autel est comblé des pains offerts en sacrifice; Cyrille les bénit. Les lampes sont allumées, l'encens fume, les chrétiens élèvent leur voix : le sacrifice s'accomplit, l'hostie est partagée aux élus, l'agape suit la communion sainte, et tous les cœurs se tournent vers une cérémonie attendrissante.

L'épouse de Lasthénès annonce à Cymodocée qu'elle va promettre sa foi à Eudore. Cymodocée est soutenue dans les bras des vierges qui l'environnent. Mais qui peut dire où est le nouvel époux? Pourquoi marque-t-il si peu d'empressement? Quel lieu de ce temple le dérobe aux yeux de la fille d'Homère? On fait silence; les portes de l'église s'ouvrent, et l'on entend au dehors une voix qui disoit :

« J'ai péché devant Dieu et devant les hommes.
« A Rome, j'ai oublié ma religion, et j'ai été rejeté
« du sein de l'Église; dans les Gaules, j'ai donné la

« mort à l'innocence : priez pour moi, mes frères. »

Cymodocée reconnoît la voix d'Eudore! Le descendant de Philopœmen, revêtu d'un cilice, la tête couverte de cendres, prosterné sur le pavé du vestibule, accomplissoit sa pénitence, et se confessoit publiquement. Le prélat offre au Seigneur, en faveur du chrétien humilié, une prière de miséricorde que répètent tous les fidèles. Quel nouveau sujet d'étonnement pour Cymodocée! Elle est conduite une seconde fois à l'autel ; elle est fiancée à son époux, et répète, de la voix la plus touchante, les paroles que l'évêque récitoit avant elle. Un diacre s'étoit rendu auprès d'Eudore : debout à la porte de l'église, où il ne pouvoit pénétrer, le pénitent prononce de son côté les mots qui l'engagent à Cymodocée. Échangé de l'autel au vestibule, le serment des deux époux est reporté de l'un à l'autre par les prêtres : on eût cru voir l'union de l'innocence et du repentir. La fille de Démodocus consacre à la reine des anges une quenouille chargée d'une laine sans tache, symbole des occupations domestiques. Pendant cette cérémonie, qui faisoit répandre des larmes à tous les témoins, les vierges de la nouvelle Sion chantoient le cantique de l'épouse :

« Tel est le lis entre les épines, telle est ma bien-
« aimée entre les vierges. Que vous êtes belle, ô
« mon amie! votre bouche est une grenade entr'ou-
« verte, et vos cheveux ressemblent aux rameaux
« du palmier. L'épouse s'avance comme l'aurore :
« elle s'élève du désert comme la fumée de l'encens!
« Filles de Jérusalem, je vous conjure par les che-

« vreuils de la montagne de me soutenir avec des
« fruits et des fleurs; car mon âme s'est fondue à la
« voix de mon amie. Vent du milieu du jour, répan-
« dez les plus doux parfums autour de celle qui est
« les délices de l'époux! Ma bien-aimée, vous avez
« blessé mon âme! Ouvrez-moi vos portes de cèdre;
« mes cheveux sont mouillés de la rosée de la nuit.
« Que la myrrhe et l'aloès couvrent votre lit em-
« baumé! que votre main gauche soutienne ma tête
« languissante; mettez-moi comme un sceau sur
« votre cœur, car l'amour est plus fort que la
« mort. »

A peine les vierges chrétiennes avoient-elles cessé leur cantique, qu'on entendit au dehors d'autres voix et d'autres concerts. Démodocus avoit rassemblé une troupe de ses parents et de ses amis, et faisoit chanter à son tour l'union d'Eudore et de Cymodocée :

« L'étoile du soir a brillé : jeunes hommes, aban-
« donnez les tables du festin. Déjà la vierge paroît :
« chantons l'Hymen, chantons l'Hyménée.

« Fils d'Uranie, cultivateur des collines de l'Hé-
« licon, toi qui conduis à l'époux la vierge timide,
« Hymen, viens fouler ces tapis au son de ta voix
« harmonieuse, et secoue dans ta main la torche à
« la chevelure d'or.

« Ouvrez les portes de la chambre nuptiale, la
« vierge s'avance! La pudeur ralentit ses pas; elle
« pleure en quittant la maison paternelle. Viens,
« nouvelle épouse, un mari fidèle se veut reposer
« sur ton sein.

« Que des enfants plus beaux que le jour sortent
« de ce fécond hyménée. Je veux voir un jeune
« Eudore suspendu au sein de Cymodocée, tendre
« ses foibles mains à sa mère, et sourire doucement
« au guerrier qui lui donna le jour! »

Ainsi les deux religions se réunissoient pour célébrer l'union d'un couple qui sembloit heureux, à l'instant même où les plus grands périls menaçoient sa tête. A peine les chants d'allégresse avoient cessé, que l'on entend retentir le pas régulier des soldats et le bruit des armes. Une rumeur confuse s'élève dans les airs, des hommes farouches entrent dans l'asile de la paix, le fer et la flamme à la main. La foule épouvantée se précipite par toutes les portes de l'église. Étouffés dans les étroits passages de la nef et des vestibules, les femmes, les enfants, les vieillards poussent des cris lamentables; tout fuit, tout se disperse. Cyrille, revêtu de ses habits pontificaux, et tranquille devant le Saint des Saints, est arrêté à l'autel. Un centurion, chargé des ordres d'Hiéroclès, cherche Cymodocée, la reconnoît au milieu de la foule, et veut porter sur elle une main profane. A l'instant Eudore, cet agneau paisible, devient un lion rugissant. Il se précipite sur le centurion, lui arrache son épée, la brise; et saisissant dans ses bras la fille de Démodocus, il l'emporte à travers les ombres. Le centurion, désarmé, appelle ses soldats et poursuit le fils de Lasthénès. Eudore, redoublant de vitesse, touche déjà la tombe de Léonidas; mais il entend derrière lui la marche précipitée des satellites d'Hiéroclès. Ses forces épuisées trompent son amour; il ne peut plus porter son fardeau, il dépose son épouse derrière le monument sacré. Auprès du tombeau s'élevoit le trophée d'armes des guerriers des Thermopyles. Eudore saisit la lance du roi de Lacédémone : les soldats arrivent. Prêts à s'élancer sur le chrétien, ils croient voir, à la lueur de leurs torches, l'ombre magnanime de Léonidas, qui d'une main tient sa lance et de l'autre embrasse son sépulcre. Les yeux du fils de Lasthénès étincellent; il secoue dans la nuit sa noire chevelure; le fer de sa lance brise et renvoie en mille éclairs la lueur des flambeaux : moins terrible parut aux Perses Léonidas lui-même, dans cette nuit où, pénétrant jusqu'à la tente de Xerxès, il remplit de meurtre et d'épouvante le camp des Barbares. O surprise! plusieurs soldats reconnoissent leur général.

« Romains, s'écrie Eudore, c'est mon épouse que vous me voulez ravir; mais vous ne me l'arracherez qu'avec la vie! »

Touchés par la voix de leur ancien compagnon d'armes, effrayés de son air terrible, les soldats s'arrêtent. Quand une troupe rustique est entrée dans un champ de blé nouveau, les frêles épis tombent sans effort sous la faucille; mais arrivés au pied d'un chêne qui s'élève au milieu des gerbes, les moissonneurs admirent l'arbre puissant que pourroient seules abattre ou la tempête ou la cognée : ainsi, après avoir dispersé la foule des chrétiens, les soldats s'arrêtent devant le fils de Lasthénès. En vain le lâche centurion leur ordonne d'avancer : ils semblent attachés sur le sol par un charme. Dieu leur inspiroit secrètement cet effroi. Il fait plus : il ordonne à l'ange protecteur du fils de Lasthénès de se dévoiler aux yeux de la cohorte. La foudre gronde dans les cieux, l'ange paroît au côté d'Eudore, sous la forme d'un guerrier couvert d'armes étincelantes ; les soldats jettent leur bouclier sur leur dos, et s'enfuient dans les ténèbres, au milieu de la grêle et des éclairs. Eudore profite de cet instant : il enlève de nouveau sa bien-aimée. Suspendue au cou d'Eudore, Cymodocée presse dans ses bras la tête sacrée de son époux : la vigne s'attache avec moins de grâce au peuplier qui la soutient, la flamme embrasse avec moins de vivacité le tronc du pin qu'elle dévore; la voile est repliée moins étroitement autour du mât pendant la tempête. Le fils de Lasthénès, chargé de son trésor, arrive bientôt chez son père; et du moins, pour un moment, met à l'abri la vierge qui vient de lui consacrer ses jours.

En proie au démon de la jalousie, Hiéroclès s'étoit porté à cette violence contre les chrétiens, dans l'espoir de ravir Cymodocée à Eudore, avant qu'elle eût prononcé les mots qui l'engageoient à son époux; mais ses satellites arrivèrent trop tard, et le courage d'Eudore sauva l'innocente catéchumène. Le messager que le fils de Lasthénès avoit envoyé à Constantin revint à Lacédémone la nuit même de ce scandale. Il apporta des nouvelles à la fois heureuses et inquiétantes. Dioclétien avoit encore pris un de ces partis modérés convenables à son caractère. Sur le faux rapport envoyé par

Hiéroclès, l'empereur avoit ordonné de surveiller les prêtres, et de disperser les assemblées secrètes ; mais éclairé par Constantin, il n'avoit pu croire qu'Eudore se fût mis à la tête des rebelles, et il se contentoit de le rappeler à Rome. Constantin ajoutoit dans sa lettre :

« Venez donc auprès de moi ; nous aurons besoin
« de votre secours. J'envoie Dorothée à Jérusalem,
« afin de prévenir ma mère du sort qui menace les
« fidèles. Il doit toucher à Athènes. Si vous choi-
« sissiez le Pyrée pour vous embarquer, vous pour-
« riez apprendre de la bouche de votre ancien ami
« des choses importantes. »

La galère de Dorothée venoit en effet d'arriver au port de Phalère. La famille de Lasthénès et celle de Démodocus délibèrent sur le parti qui leur reste à prendre.

« Cymodocée, dit Eudore, ne peut demeurer dans la Grèce après mon départ, sans être exposée aux violences d'Hiéroclès ; elle ne peut me suivre à Rome, puisqu'elle n'est pas encore mon épouse. Il s'offre une circonstance favorable : Dorothée pourroit conduire Cymodocée à Jérusalem. Sous la protection de l'épouse de Constance, elle achèveroit de s'instruire des vérités du salut. Aussitôt que l'empereur m'en accorderoit la grâce, j'irois au tombeau de Jésus-Christ réclamer la foi que la fille de Démodocus m'a jurée. »

Les deux familles regardèrent ce dessein comme une inspiration du ciel : ainsi lorsque des marins ont embarqué sur leur galère cet oiseau belliqueux

et rustique qui réveille au matin les laboureurs;
si, pendant la nuit, au travers des sifflements d'une
tempête, il fait entendre son cri guerrier et villageois, je ne sais quel doux regret de la patrie pénètre avec un rayon d'espérance dans le cœur du
matelot réjoui : il bénit la voix qui, rappelant au
milieu des mers la vie pastorale, semble promettre
une terre prochaine. Démodocus lui-même est rassuré par le projet d'Eudore; sans songer à une
séparation douloureuse, il ne voit, au premier moment, qu'un moyen de sauver sa fille : il l'auroit voulu
suivre aux extrémités de la terre, mais son âge et ses
fonctions de pontife l'enchaînoient au sol de la Grèce.

«Eh bien, dit Lasthénès, que la volonté de Dieu
s'accomplisse! Démodocus conduira Cymodocée à
Athènes; Eudore s'y rendra de son côté. Les deux
époux s'embarqueront au même moment et au
même port, l'un pour Rome, l'autre pour la Syrie.
O mes enfants! le temps des épreuves est de peu de
durée et passe comme un courrier rapide! Soyez
chrétiens, et l'amour vous restera avec le ciel.»

Le départ fut fixé au jour suivant, dans la crainte
de quelque nouvelle fureur du proconsul. Avant
de quitter Lacédémone, Eudore écrivit à Cyrille,
qu'il ne put voir dans les prisons. Le confesseur,
accoutumé aux chaînes, envoya du fond de son cachot sa bénédiction au couple persécuté. Jeunes
époux, vous espériez encore le bonheur sur la terre,
et déjà le chœur des vierges et des martyrs commençoit pour vous dans le ciel des cantiques d'une
union plus durable et d'une félicité sans fin!

9.

LIVRE QUINZIÈME.

SOMMAIRE.

Athènes. Adieux de Cymodocée, d'Eudore et de Démodocus. Cymodocée s'embarque avec Dorothée pour Joppé. Eudore s'embarque en même temps pour Ostie. La mère du Sauveur envoie Gabriel à l'ange des mers. Eudore arrive à Rome. Il trouve le sénat prêt à se rassembler pour prononcer sur le sort des chrétiens. Il est choisi pour plaider leur cause. Hiéroclès arrive à Rome : les sophistes le chargent de défendre leur secte et d'accuser les chrétiens. Symmaque, pontife de Jupiter, doit parler au sénat en faveur des anciens dieux de la patrie.

MONTÉ sur un coursier de Thessalie, et suivi d'un seul serviteur, le fils de Lasthénès avoit quitté Lacédémone; il marchoit vers Argos, par le chemin de la montagne. La religion et l'amour remplissoient son âme de résolutions généreuses. Dieu, qui vouloit l'élever au plus haut degré de la gloire, le conduisoit à ces grands spectacles qui nous apprennent à mépriser les choses de la terre. Eudore, errant sur des sommets arides, fouloit le patrimoine du Roi des rois. Pendant trois soleils il presse les flancs de son coursier, et vient se reposer un moment dans Argos. Tous ces lieux encore remplis des noms d'Hercule, de Pélops, de Clytemnestre, d'Iphigénie, n'offroient que des débris silencieux. Il voit ensuite les portes solitaires de Mycènes et la tombe ignorée d'Agamemnon : il ne cherche à Corinthe que les monuments où l'Apôtre fit entendre sa voix. En traversant l'isthme dépeuplé, il se rappelle ces jeux chantés par Pindare, qui participoient en quelque sorte de l'éclat et de la toute-puissance des dieux; il cherche à Mégare les foyers de son aïeule qui recueillit les cendres de Phocion. Tout étoit désert à Éleusis; et dans le canal de Salamine, une seule barque de pêcheur étoit attachée aux pierres d'un môle détruit. Mais lorsque, suivant la Voie Sacrée, le fils de Lasthénès eut gravi le mont Pœcile, et que la plaine de l'Attique s'offrit à ses regards, il s'arrêta saisi d'admiration et de surprise : la citadelle d'Athènes, élégamment découpée dans la forme d'un piédestal, portoit au ciel le temple de Minerve et les Propylées : la ville s'étendoit à sa base, et laissoit voir les colonnes confuses de mille autres monuments. Le mont Hymette faisoit le fond du tableau, et un bois d'oliviers servoit de ceinture à la cité de Minerve.

Eudore traverse le Céphise, qui coule dans ce bois sacré : il demande la route des jardins d'Académe : des tombeaux lui tracent le chemin de cette retraite de la philosophie. Il reconnoît les pierres funèbres de Thrasybule, de Conon, de Timothée; il salue les sépulcres de ces jeunes hommes, morts pour la patrie dans la guerre du Péloponèse : Périclès, qui compara Athènes privée de sa jeunesse à l'année dépouillée de son printemps, repose lui-même au milieu de ces fleurs moissonnées.

La statue de l'Amour annonce au fils de Lasthénès l'entrée des jardins de Platon. Adrien, en rendant à l'Académie son ancienne splendeur, n'avoit fait qu'ouvrir un asile aux songes de l'esprit humain. Quiconque étoit parvenu au grade de sophiste sembloit avoir acquis le privilége de l'insolence et de l'erreur. Le cynique, à peine couvert d'une petite chlamyde sale et déchirée, insultoit, avec son bâton et sa besace, au platonicien enveloppé dans un large manteau de pourpre; le stoïcien, vêtu d'une longue robe noire, déclaroit la guerre à l'épicurien couronné de fleurs. De toutes parts retentissoient les cris de l'école, que les Athéniens appeloient le chant des cygnes et des sirènes; et les promenades qu'avoit immortalisées un génie divin, étoient abandonnées aux plus imposteurs, comme aux plus inutiles des hommes.

Eudore cherchoit dans ces lieux le premier officier du palais de l'empereur : il ne se put défendre d'un mouvement de mépris lorsqu'il traversa les groupes des sophistes qui le prenoient pour un adepte; désirant l'attirer à leurs systèmes, ils lui proposoient la sagesse dans le langage de la folie. Il pénètre enfin jusqu'à Dorothée : ce vertueux chrétien se promenoit au fond d'une allée de platanes que bordoit un canal limpide; il étoit environné d'une troupe de jeunes gens déjà célèbres par leurs talents ou par leur naissance. On remarquoit auprès de lui Grégoire de Nazianze, animé d'un souffle poétique; Jean, nouveau Démosthènes, que son éloquence prématurée avoit fait nommer *Bouche d'or;* Basile, et Grégoire de Nysse son frère : ceux-ci montroient un penchant décidé vers la religion qu'avoient professée Justin le philosophe et Denys l'Aréopagite. Julien, au contraire, neveu de Constantin, s'attachoit à Lampridius, ennemi déclaré du culte évangélique : des habitudes bizarres et des mouvements convulsifs déceloient dans le jeune prince une sorte de déréglement de l'esprit et du cœur.

Dorothée eut quelque peine à reconnoître Eudore : le visage du fils de Lasthénès avoit pris cette beauté mâle que donnent le métier des armes et l'exercice des vertus. Il se retirèrent à l'écart, et Dorothée ouvrit son cœur à l'ami de Constantin.

« J'ai quitté Rome, lui dit-il, à l'arrivée de votre messager. Le mal est encore plus grand que vous ne le croyez peut-être : Galérius l'emporte, et tôt ou tard Dioclétien sera obligé d'abdiquer la pourpre. On veut perdre d'abord les chrétiens, afin d'ôter à l'empereur son premier appui : c'est l'ancien projet d'Hiéroclès, aujourd'hui tout-puissant auprès de César. Celui-ci répète sans cesse que le dénombrement ordonné, en découvrant une multitude effrayante d'ennemis des dieux, a révélé le danger de l'Empire; qu'il faut en venir aux mesures les plus sévères pour réprimer une secte qui menace les autels de la patrie. Pour moi, presque tombé dans la disgrâce de Dioclétien, vous savez quel sujet me conduit en Syrie. Eudore, nos frères malheureux tournent les yeux vers vous. La gloire que vous vous êtes acquise dans les armes, et surtout votre repentir éclatant, sont l'objet de l'admiration et des discours de tous les fidèles. Le souverain pontife vous attend : Constantin vous appelle.

Ce prince, environné de délateurs, se soutient à peine à la cour; il a besoin d'un ami tel que vous, qui puisse l'aider de ses conseils, et, s'il le faut, le servir de son bras. »

Eudore raconte à son tour à Dorothée les événements qui s'étoient passés dans la Grèce. Dorothée s'engage avec joie à conduire vers Hélène l'épouse du fils de Lasthénès. Une galère napolitaine, prête à retourner en Italie, se trouvoit au port de Phalère, non loin du vaisseau de Dorothée : Eudore la retient pour son passage. Les deux voyageurs fixent ensuite le moment du départ au troisième jour de la fête des Panathénées. Démodocus arriva pour cette époque fatale avec la triste Cymodocée; il alla cacher ses pleurs dans la citadelle, où le plus ancien des Prytanes, son parent et son ami, lui donna l'hospitalité.

Le fils de Lasthénès avoit été reçu par le docte Piste, évêque d'Athènes, qui brilla depuis dans ce concile de Nicée, où l'on vit trois prélats ayant le don des miracles et ressuscitant les morts, quarante évêques confesseurs ou martyrs, des prêtres savants, des philosophes même, enfin les plus grands caractères, les plus beaux génies et les hommes les plus vertueux de l'Église.

La veille de la double séparation du père et de la fille, de l'épouse et de l'époux, Eudore fit savoir à Cymodocée que tout étoit prêt, et que le lendemain, vers le coucher du soleil, il iroit la chercher sous le portique du temple de Minerve.

Le jour fatal arrive : le fils de Lasthénès sort de

sa demeure; il passe devant l'Aréopage, où le Dieu que Paul annonça n'étoit plus inconnu; il monte à la citadelle, et se trouve le premier au rendez-vous, sous le portique du plus beau temple de l'univers.

Jamais si brillant spectacle n'avoit frappé les regards d'Eudore. Athènes s'offroit à lui dans toutes ses pompes, le mont Hymette s'élevoit à l'orient comme revêtu d'une robe d'or; le Pentélique se courboit vers le septentrion pour aller joindre le Permetta; le mont Icare s'abaissoit au couchant, et laissoit voir derrière lui la cime sacrée du Cythéron; au midi, la mer, le Pyrée, les rivages d'Égine, les côtes d'Épidaure, et, dans le lointain, la citadelle de Corinthe, terminoient le cercle entier de la patrie des arts, des héros et des dieux.

Athènes, avec tous ses chefs-d'œuvre, reposoit au centre de ce bassin superbe : ses marbres polis et non pas usés par le temps se peignoient des feux du soleil à son coucher; l'astre du jour, prêt à se plonger dans la mer, frappoit de ses derniers rayons les colonnes du temple de Minerve : il faisoit étinceler les boucliers des Perses, suspendus au fronton du portique, et sembloit animer sur la frise les admirables sculptures de Phidias.

Ajoutez à ce tableau le mouvement que la fête des Panathénées répandoit dans la ville et dans la campagne. Là, de jeunes Canéphores reportoient aux jardins de Vénus les corbeilles sacrées; ici, le Péplus flottoit encore au mât du vaisseau qui se mouvoit par ressorts; des chœurs répétoient les chansons d'Harmodius et d'Aristogiton; les chars rouloient vers le Stade; les citoyens couroient au Lycée, au Pœcile, au Céramique; la foule se pressoit surtout au théâtre de Bacchus, placé sous la Citadelle; et la voix des acteurs, qui représentoient une tragédie de Sophocle, montoit par intervalles jusqu'à l'oreille du fils de Lasthénès.

Cymodocée parut : à son vêtement sans tache, à son front virginal, à ses yeux d'azur, à la modestie de son maintien, les Grecs l'auroient prise pour Minerve elle-même, sortant de son temple, et prête à rentrer dans l'Olympe, après avoir reçu l'encens des mortels.

Eudore, saisi d'admiration et d'amour, faisoit des efforts pour cacher son trouble, afin d'inspirer plus de courage à la fille d'Homère.

« Cymodocée, lui dit-il, comment vous exprimer la reconnoissance et les sentiments de mon cœur ? Vous consentez à quitter pour moi la Grèce, à traverser les mers, à vivre sous des cieux étrangers, loin de votre père, loin de celui que vous avez choisi pour époux. Ah ! si je ne croyois vous ouvrir les cieux et vous conduire à des félicités éternelles, pourrois-je vous demander de pareilles marques d'attachement ? Pourrois-je espérer qu'un amour humain vous fît faire des choses si douloureuses ? »

— « Tu pourrois, repartit Cymodocée en larmes, me demander mon repos et ma vie : le bonheur de faire quelque chose pour toi me paieroit de tous mes sacrifices. Si je t'aimois seulement comme mon époux, rien encore ne me seroit impossible. Que dois-je donc faire à présent que ta religion m'apprend à t'aimer pour le ciel et pour Dieu même! Je ne pleure pas sur moi, mais sur les chagrins de mon père, et sur les dangers que tu vas courir. »

— « O la plus belle des filles de la nouvelle Sion! répondit Eudore, ne craignez point les périls qui peuvent menacer ma tête; priez pour moi : Dieu exaucera les vœux d'une âme aussi pure. La mort même, ô Cymodocée! n'est point un mal quand elle nous rencontre accompagnés de la vertu! D'ailleurs des destinées tranquilles et ignorées ne nous mettent point à l'abri de ses traits : elle nous surprend dans la couche de nos aïeux comme sur une terre étrangère. Voyez ces cigognes qui s'élèvent en ce moment des bords de l'Ilissus; elles s'envolent tous les ans aux rives de Cyrène, elles reviennent tous les ans aux champs d'Érechthée; mais combien de fois ont-elles retrouvé déserte la maison qu'elles avoient laissée florissante! combien de fois ont-elles cherché en vain le toit même où elles avoient accoutumé de bâtir leurs nids! »

— « Pardonne, dit Cymodocée, pardonne ces frayeurs à une jeune fille élevée par des dieux moins sévères, et qui permettent les larmes aux amants près de se quitter! »

A ces mots, Cymodocée, étouffant ses pleurs, se couvrit le visage de son voile. Eudore prit dans ses mains les mains de son épouse; il les pressa chastement sur ses lèvres et sur son cœur.

« Cymodocée, dit-il, bonheur et gloire de ma vie, que la douleur ne vous fasse pas blasphémer une religion divine. Oubliez ces dieux qui ne vous offroient aucune ressource contre les tribulations du cœur. Fille d'Homère, mon Dieu est le Dieu des âmes tendres, l'ami de ceux qui pleurent, le consolateur des affligés; c'est lui qui entend sous le buisson la voix du petit oiseau, et qui mesure le vent pour la brebis tondue. Loin de vouloir vous priver de vos larmes, il les bénit; il vous en tiendra compte quand il vous visitera à votre dernière heure, puisque vous les versez pour lui et pour votre époux. »

A ces dernières paroles, la voix d'Eudore s'altéra. Cymodocée se découvre le visage : elle aperçoit la noble figure du guerrier inondée des pleurs qui descendoient le long de ses joues brunies. La gravité de cette douleur chrétienne, ce combat de la religion et de la nature, donnoient au fils de Lasthénès une incomparable beauté. Par un mouvement involontaire, la fille de Démodocus alloit tomber aux genoux d'Eudore; il la retient entre ses bras, il la presse tendrement sur son cœur; tous les deux demeurent ravis dans une sainte et douce extase : tels parurent sans doute, à l'entrée de la tente de Laban, Rachel et Jacob se disant un triste adieu : le fils d'Isaac étoit obligé de garder les troupeaux durant sept nouvelles années, pour obtenir son épouse.

Démodocus sortit alors des bâtiments du temple; oubliant qu'il avoit consenti au départ de sa fille, les chagrins de son cœur s'exhalent aussitôt en plaintes amères.

« Comment, s'écrie-t-il, as-tu la barbarie d'arracher une fille à son père? Du moins, si ma Cymodocée étoit ton épouse, si vous me laissiez l'un et l'autre un aimable enfant qui pût sourire à ma douleur, et de ses mains innocentes se jouer avec mes cheveux blanchis!... Mais loin de toi, loin de moi, sous un ciel inhospitalier, errante sur une mer où des pirates barbares... ah! si ma fille alloit tomber entre leurs mains! S'il lui falloit servir un maître cruel, préparer son repas et son lit! Que la terre me cache dans son sein avant que j'éprouve un pareil malheur! Les chrétiens ont-ils donc un cœur plus dur que les rochers? Leur Dieu est-il donc inexorable? »

Cymodocée avoit volé dans les bras de son père, et mêloit ses larmes à celles du vieillard. Eudore écoutoit les reproches de Démodocus avec une fermeté qui n'avoit rien de dur, et une affliction qui n'avoit rien de foible.

« Mon père, répondit-il, permettez que je vous donne ce nom, car votre Cymodocée est déjà mon épouse aux yeux de l'Éternel; je ne l'arrache point de force à vos embrassements, elle est libre de suivre ou de rejeter ma religion; mon Dieu ne veut point obtenir les cœurs par contrainte : si cela doit vous coûter à tous deux trop de regrets et de pleurs, demeurez ensemble dans la Grèce. Puisse le ciel répandre sur vous ses faveurs! Pour moi, j'accomplirai ma destinée. Mais, Démodocus, si votre fille m'aime, si vous croyez que je la puisse rendre heureuse, si vous craignez pour elle les persécutions d'Hiéroclès, supportez une séparation qui, je l'espère, ne sera point de longue durée, et qui met Cymodocée à l'abri des plus grands malheurs. Démodocus, Dieu dispose de nous comme il lui plaît : notre devoir est de nous soumettre à sa volonté suprême. »

— « O mon fils ! repartit Démodocus, excuse ma douleur ; je le sens, je suis injuste : tu ne mérites pas les reproches que je te fais ; tu sauves, au contraire, ma Cymodocée des persécutions d'un impie ; tu la mets sous la protection d'une princesse magnanime ; tu lui apportes de grands biens et un nom illustre. Mais comment rester seul dans la Grèce ? Oh ! que ne suis-je libre de quitter les sacrifices que les peuples ont confiés à mes soins ! Que n'ai-je l'âge où je parcourois les villes et les pays étrangers pour apprendre à connoître les hommes ! Comme je suivrois ma Cymodocée ! Hélas ! je ne te verrai donc plus danser avec les vierges sur le sommet de l'Ithome ! Rose de Messénie, je te chercherai en vain dans les bois du temple ! Cymodocée, je n'entendrai plus ta douce voix retentir dans les chœurs des sacrifices ; tu ne me présenteras plus l'orge nouvelle ou le couteau sacré ; je contemplerai, suspendue à l'autel, ta lyre couverte de poussière et ses cordes brisées ; mes yeux pleins de larmes verront se dessécher au pied de la statue d'Homère les couronnes de fleurs qu'embellissoit ta chevelure. Hélas ! j'avois compté sur toi pour me fermer les yeux ; je mourrai donc sans pouvoir te bénir en quittant la vie ? Le lit où j'exhalerai mon dernier soupir sera solitaire ; car, ma fille, je n'espère plus te revoir; j'entends le vieux Nocher qui m'appelle; à mon âge, il ne faut pas compter sur les jours : lorsque la graine de la plante est mûre et séchée, elle devient légère, et le moindre vent l'emporte. »

Comme le prêtre d'Homère prononçoit ces mots, des applaudissements font retentir le théâtre de Bacchus; l'acteur qui représentoit Œdipe à Colone élève la voix, et ces paroles viennent frapper les oreilles d'Eudore, de Démodocus et de Cymodocée :

« O Thésée! unissez dans mes mains vos mains
« à celles de ma fille! promettez-moi de servir de
« père à ma chère Antigone! »

— « Je le promets, » s'écria Eudore, appliquant à ses destinées les vers du poëte.

« Elle est donc à toi, » dit Démodocus en lui tendant les bras.

Eudore s'y précipite, le vieillard presse ses deux enfants contre son cœur : ainsi l'on voit un saule creusé par les ans, dont le sein entr'ouvert porte quelques fleurs de la prairie; l'arbre étend son ombrage antique sur ces jeunes trésors, et semble n'implorer que pour eux le zéphyr et la rosée; mais bientôt un brûlant orage renverse et le saule et les fleurs, aimables enfants de la terre.

La lune parut à l'horizon; son front d'argent se couronnoit des rayons d'or du soleil, dont le disque élargi s'enfonçoit dans les flots. C'étoit l'heure qui ramène aux nautoniers le vent favorable pour sortir du port de l'Attique. Les chars et les esclaves de Démodocus l'attendoient au bas de la Citadelle, à l'entrée de la rue des Trépieds. Il fallut descendre, il fallut se soumettre à sa destinée; les chars entraînent les trois infortunés, qui n'avoient plus la force de gémir. Ils ont bientôt passé la porte du Pyrée, les tombeaux d'Antiope, de Ménandre et d'Euripide; ils tournent vers le temple ruiné de Cérès, et, après avoir traversé le champ d'Aristide, ils touchent au port de Phalère. Le vent venoit de se lever, les flots légèrement agités battoient le rivage, les galères déployoient leurs voiles, on entendoit les cris des matelots qui levoient l'ancre avec de grands efforts. Dorothée attendoit les passagers sur la grève, et les barques des vaisseaux étoient déjà prêtes à les recevoir. Eudore, Démodocus et Cymodocée descendent des chars arrêtés au bord des vagues. Le prêtre d'Homère ne pouvoit plus se soutenir, ses genoux se déroboient sous lui. Il disoit à sa fille d'une voix éteinte :

« Ce port me sera funeste comme au père de Thésée : je ne verrai point revenir ta voile blanche ! »

Le fils de Lasthénès et la jeune catéchumène s'inclinent devant Démodocus, et lui demandent sa dernière bénédiction : un pied dans la mer et le visage tourné vers la rive, ils avoient l'air d'offrir un sacrifice expiatoire, à la manière antique. Démodocus lève les mains et bénit ses deux enfants du fond de son cœur, mais sans pouvoir prononcer une parole. Eudore soutient Cymodocée, et lui remet un écrit pour la pieuse Hélène; ensuite, imprimant avec respect le baiser des adieux sur le front de la vierge éplorée :

« Mon épouse, lui dit-il, devenez bientôt chrétienne; souvenez-vous d'Eudore, et que du haut de la Tour du troupeau, la fille de Jérusalem jette quelquefois un regard sur la mer qui nous sépare. »

— « Mon père, dit Cymodocée d'une voix entrecoupée par les sanglots, mon tendre père, vivez pour moi, je tâcherai de vivre pour vous. O Eudore ! vous reverrai-je un jour ? reverrai-je mon père ? »

Alors Eudore inspiré :

« Oui, nous nous reverrons pour ne nous quitter jamais ! »

Les mariniers enlèvent Cymodocée, les esclaves entraînent Démodocus. Eudore se jette dans la barque qui le transporte à son vaisseau. La flotte sort de Phalère, et les matelots couronnés de fleurs font blanchir la mer sous l'effort des rames; ils invoquent les Néréides, et Palémon, et Thétys, et saluent en s'éloignant la tombe sacrée de Thémistocle.

Le vaisseau de Cymodocée prend sa course vers l'orient, et celui du fils de Lasthénès tourne la proue vers l'Italie.

La divine mère du Sauveur veilloit sur les jours de l'innocente pèlerine : elle envoie Gabriel à l'ange des mers, afin de lui commander de ne laisser souffler que la plus douce haleine des vents. Aussitôt Gabriel, après avoir détaché de ses épaules ses ailes blanches, bordées d'or, se plonge du ciel dans les flots.

Aux sources de l'Océan, sous des grottes profondes, toujours retentissantes du bruit des vagues, habite l'ange sévère qui veille aux mouvements de l'abîme. Pour l'instruire de ses devoirs, la sagesse le prit avec elle, lorsqu'à la naissance des temps elle se promena sous la mer. Ce fut lui qui, par l'ordre de Dieu, ouvrit au déluge les cataractes du ciel; c'est lui qui, dans les derniers jours du monde, doit une seconde fois rouler les flots sur le sommet des montagnes. Placé au berceau de tous les fleuves, il dirige leur cours, enfle ou fait décroître leurs ondes; il repousse dans la nuit des pôles, et retient sous des chaînes de glace les brouillards, les nuages et les tempêtes; il connoît les écueils les plus cachés, les détroits les plus déserts, les terres les plus lointaines, et les découvre tour à tour au génie de l'homme; il voit d'un regard et les tristes régions du nord, et les brillants climats des tropiques; deux fois par jour il soulève les écluses de l'Océan, et, rétablissant avec sa main l'équilibre du globe, à chaque équinoxe il ramène la terre sous les feux obliques du soleil.

Gabriel pénètre dans le sein des mers : des nations entières et des continents inconnus dorment engloutis dans le gouffre des ondes. Combien de monstres divers que ne verra jamais l'œil des mortels! Quel puissant rayon de vie jusque dans ces profondeurs ténébreuses! Mais aussi, que de débris et de naufrages! Gabriel plaint les hommes et admire la puissance divine. Bientôt il aperçoit l'ange des mers, attentif à quelques grandes révolutions des eaux : assis sur un trône de cristal, il tenoit à la main un frein d'or; sa chevelure verte descendoit humide sur ses épaules, et une écharpe d'azur enveloppoit ses formes divines. Gabriel le salue avec majesté.

« Esprit redoutable, lui dit-il, ô mon frère ! le
« pouvoir que l'Éternel vous a confié montre assez
« le haut rang que vous occupez dans les hiérarchies
« célestes ! Quel monde nouveau ! Quelle intelligence
« sublime ! Que vous êtes heureux de connoître ces
« merveilleux secrets ! »

— « Divin messager, répondit l'ange des mers,
« quel que soit le sujet qui vous amène, je reçois
« avec joie un hôte tel que vous. Pour mieux admi-
« rer la puissance de notre maître, il faudroit l'a-
« voir vu, comme moi, poser les fondements de
« cet empire : j'étois présent quand il divisa en deux
« parts les eaux de l'abîme; je le vis assujettir les
« flots aux mouvements des astres, et lier le destin
« de l'Océan à celui de la lune et du soleil; il cou-
« vrit Léviathan d'une cuirasse de fer, et l'envoya se
« jouer dans ces gouffres; il planta des forêts de
« corail sous les ondes; il les peupla de poissons et
« d'oiseaux; il fit sortir des îles riantes du sein d'un
« élément furieux; il régla le cours des vents; il
« soumit les orages à des lois; et, s'arrêtant sur le
« rivage, il dit à la mer : Tu n'iras pas plus loin, et
« tu briseras ici l'orgueil de tes flots. Illustre ser-
« viteur de Marie, hâtez-vous de m'apprendre quel

« ordre souverain vous a fait descendre dans ces « grottes mobiles. Les temps sont-ils accomplis ? « Faut-il rassembler les nuages ? Faut-il rompre les « digues de l'Océan ? Abandonnant l'univers au « chaos, dois-je remonter avec vous dans les cieux ? »

—« Je vous apporte un message de paix, dit « Gabriel avec un sourire : l'homme est toujours « l'objet des complaisances de l'Éternel; la croix va « triompher sur la terre; Satan va rentrer dans l'en-« fer. Marie vous ordonne de conduire aux ports « ces deux époux que vous voyez s'éloigner des « bords de la Grèce. Ne laissez souffler sur les ondes « que la plus douce haleine des vents. »

—« Qu'il soit fait selon la volonté de l'Étoile des « mers! » dit en s'inclinant respectueusement l'ange qui gouverne les tempêtes. « Puisse Satan être bien-« tôt renfermé dans les lieux de son supplice! sou-« vent il trouble mon repos et déchaîne malgré moi « les orages. »

En prononçant ces mots, le puissant esprit choisit les vents doux et parfumés qui caressent les rivages de l'Inde et de l'océan Pacifique, il les dirige dans les voiles d'Eudore et de Cymodocée, et fait avancer les deux galères, par un même souffle, à deux ports opposés.

Favorisé de cette bénigne influence du ciel, Eudore touche bientôt au rivage d'Ostie. Il vole à Rome. Constantin l'embrasse avec tendresse, et lui fait le récit des malheurs de l'Église et des intrigues de la cour.

Le sénat étoit convoqué pour délibérer sur le

sort des fidèles. Rome reposoit dans l'attente et dans la terreur. Toutefois Dioclétien, par un dernier acte de justice, en cédant aux violences de Galérius, avoit voulu que les chrétiens eussent un défenseur au sénat. Les prêtres les plus illustres de la capitale de l'Empire s'occupoient, dans ce moment, du choix d'un orateur digne de plaider la cause de la croix. Le concile, que présidoit Marcellin, étoit assemblé à la lueur des lampes dans les catacombes : ces Pères, assis sur les tombeaux des martyrs, ressembloient à de vieux guerriers délibérant sur le champ de bataille, ou à des rois blessés en défendant leurs peuples. Il n'y avoit pas un de ces confesseurs qui ne portât sur ses membres les marques d'une glorieuse persécution : l'un avoit perdu l'usage de ses mains, l'autre ne voyoit plus la lumière des cieux; la langue de celui-ci avoit été coupée, mais le cœur lui restoit pour louer l'Éternel; celui-là se montroit tout mutilé par le bûcher, comme une victime à demi dévorée des feux du sacrifice. Les saints vieillards ne pouvoient s'accorder sur le choix d'un défenseur : aucun d'eux n'étoit éloquent que par ses vertus, et chacun craignoit de compromettre le sort des fidèles. Le pontife de Rome proposa de s'en référer à la décision du ciel. On place le saint Évangile sur le sépulcre du martyr qui servoit d'autel : les Pères se mettent en prières, et demandent à Dieu d'indiquer, par quelques versets des Écritures, le défenseur agréable à ses yeux. Dieu, qui leur avoit inspiré cette pensée, fait descendre aussitôt l'ange chargé d'inscrire les décrets éternels dans le Livre de vie. L'esprit céleste, enveloppé d'un nuage, marque au milieu de la Bible les décrets demandés. Les Pères se lèvent; Marcellin ouvre la loi des chrétiens; il lit ces paroles des Machabées :

« Il se revêtit de la cuirasse comme un géant, il se
« couvrit de ses armes dans les combats, et son épée
« étoit la protection de tout le camp. »

Marcellin, surpris, ferme et rouvre une seconde fois le livre prophétique; il y trouve ces mots :

« Son souvenir sera doux comme un concert de
« musique dans un festin délicieux. Il a été destiné
« divinement pour faire rentrer le peuple dans la
« pénitence. »

Enfin le souverain pontife consulte une troisième fois l'oracle d'Israël; tous les Pères sont frappés de ce passage des Cantiques :

« Je me suis couvert d'un sac en jeûnant.... J'ai
« pris pour mon vêtement un cilice. »

Aussitôt une voix (on ne sait quelle voix) prononça le nom d'Eudore! Les vieux martyrs, subitement éclairés, font retentir d'un Hosanna prolongé les voûtes des catacombes. Ils relisent le texte sacré. Saisis d'étonnement, ils voient avec quelle justesse tous les mots s'appliquent au fils de Lasthénès. Chacun admire les conseils du Très-Haut; chacun reconnoît combien ce choix est saint et désirable. La renommée du jeune orateur, sa pénitence exemplaire, sa faveur à la cour, son habitude de parler devant les princes, les charges dont il a été revêtu, l'amitié dont Constantin l'honore, tout justifie l'arrêt du ciel. On se hâte de lui porter les vœux des Pères. Eudore s'humilie dans la poudre; il cherche à se soustraire à cet honneur si sublime, à ce fardeau si pesant! On lui montre les passages de l'Écriture : il se soumet. Il se retire aussitôt parmi les tombeaux des saints, et se prépare par des veilles, des prières et des larmes, à plaider la plus grande cause qui fut jamais portée au tribunal des humains.

Tandis qu'il ne songe qu'à remplir dignement l'effrayante mission dont il est chargé, Hiéroclès arrivoit à Rome, soutenu de toutes les puissances de l'enfer. Cet ennemi de Dieu avoit appris avec désespoir le mauvais succès de ses violences à Lacédémone, la fuite de Cymodocée et le départ d'Eudore pour l'Italie. Les ordres modérés qu'il reçut en même temps de Dioclétien lui firent comprendre que ses calomnies n'avoient pas réussi complétement à la cour. Il avoit cru renverser un rival, et ce rival étoit simplement rappelé sous l'œil vigilant du chef de l'Empire. Il tremble que le fils de Lasthénès ne parvienne à le perdre dans l'esprit de Dioclétien. Afin de prévenir quelque disgrâce soudaine, il se détermine à voler auprès de Galérius, qui ne cessoit de le redemander à ses conseils. L'esprit de ténèbres console en même temps l'apostat.

« Hiéroclès, lui dit-il secrètement, tu seras
« bientôt assez puissant pour atteindre Cymodocée
« jusque dans les bras d'Hélène. Cette vierge im-
« prudente, en changeant de religion, t'offre une
« espérance nouvelle. Si tu peux déterminer les

« princes à persécuter les chrétiens, ton rival se
« trouvera d'abord enveloppé dans le massacre; tu
« vaincras ensuite la fille d'Homère par la crainte
« des tourments, ou tu la réclameras comme une
« esclave chrétienne échappée à ton pouvoir. »

Le sophiste, qui prend ces conseils pour les inspirations de son cœur, s'applaudit de la profondeur de son génie : il ne sait pas qu'il n'est que l'instrument des projets de Satan contre la croix. Plein de ces pensées, le proconsul s'étoit précipité des montagnes de l'Arcadie, comme le torrent du Styx qui tombe de ces mêmes montagnes, et qui donne la mort à tous ceux qui boivent de ses eaux. Il passe en Épire, s'embarque au promontoire d'Actium, aborde à Tarente, et ne s'arrête qu'auprès de Galérius, qui profanoit alors à Tusculum les jardins de Cicéron.

César étoit environné dans ce moment des sophistes de l'école, qui se prétendoient aussi persécutés parce qu'on méprisoit leurs opinions. Ils s'agitoient pour être consultés sur la grande question que l'on alloit débattre. Ils se disoient juges naturels de tout ce qui concerne la religion des hommes. Ils avoient supplié Dioclétien de leur donner comme aux chrétiens un orateur au sénat. L'empereur, importuné de leurs cris, leur avoit accordé leur demande. L'arrivée d'Hiéroclès les remplit de joie. Ils le nomment orateur des sectes philosophiques. Hiéroclès accepte un honneur qui flatte sa vanité et lui fournit l'occasion de se rendre accusateur des chrétiens. L'orgueil d'une raison pervertie, et la fureur de l'amour, lui font déjà voir les fidèles terrassés, et Cymodocée dans ses bras. Galérius, dont il corrompt l'esprit et seconde les projets, lui accorde une protection éclatante, et lui permet de s'exprimer au Capitole avec toute la licence des opinions des faux sages. Symmaque, pontife de Jupiter, doit parler en faveur des anciens dieux de la patrie.

Le jour qui alloit décider du sort de la moitié des habitants de l'Empire, le jour où les destinées du genre humain étoient menacées dans la religion de Jésus-Christ, ce jour si désiré, si craint des anges, des démons et des hommes, ce jour se leva. Dès la première blancheur de l'aube, les gardes prétoriennes occupèrent les avenues du Capitole. Un peuple immense étoit répandu sur le Forum, autour du temple de Jupiter-Stator, et le long du Tibre jusqu'au théâtre de Marcellus : ceux qui n'avoient pu trouver place étoient montés jusque sur les toits voisins, et sur les arcs de triomphe de Titus et de Sévère. Dioclétien sort de son palais, il s'avance au Capitole par la voie Sacrée, comme s'il alloit triompher des Marcomans et des Parthes. On avoit peine à le reconnoître : depuis quelque temps, il succomboit sous une maladie de langueur et sous le poids des ennuis que lui donnoit Galérius. En vain le vieillard avoit pris soin de colorer son visage : la pâleur de la mort perçoit à travers cet éclat emprunté, et déjà les traits du néant paroissoient sous le masque à demi tombé de la puissance humaine.

Galérius, environné de tout le faste de l'Asie, suivoit l'empereur sur un char superbe, traîné par des tigres. Le peuple trembloit, effrayé de la taille gigantesque et de l'air furieux du nouveau Titan. Constantin s'avançoit ensuite, monté sur un cheval léger; il attiroit les vœux et les regards des soldats et des chrétiens; les trois orateurs marchoient après les maîtres du monde. Le pontife de Jupiter, porté par le collége des prêtres, précédé des aruspices, et suivi du corps des vestales, saluoit la foule, qui reconnoissoit avec joie l'interprète du culte de Romulus. Hiéroclès, couvert du manteau des stoïciens, paroissoit dans une litière; il étoit entouré de Libanius, de Jamblique, de Porphyre, et de la troupe des sophistes : le peuple, naturellement ennemi de l'affectation et de la vaine sagesse, lui prodiguoit les railleries et les mépris. Enfin, Eudore se montroit le dernier, vêtu d'un habit de deuil : il marchoit seul, à pied, l'air grave, les yeux baissés, et sembloit porter tout le poids des douleurs de l'Église : les païens reconnoissoient avec étonnement, dans ce simple appareil, le guerrier dont ils avoient vu les statues triomphales; les fidèles s'inclinoient avec respect devant leur défenseur : les vieillards le bénissoient, les femmes le montroient à leurs enfants, tandis qu'à tous les autels de Jésus-Christ les prêtres offroient pour lui le saint sacrifice.

Il y avoit au Capitole une salle appelée la salle Julienne : Auguste l'avoit jadis décorée d'une statue de la Victoire. Là se trouvoient la colonne milliaire, la poutre percée des clous sacrés, la louve de bronze, et les armes de Romulus. Autour des murs étoient suspendus les portraits des consuls, l'équitable Publicola, le généreux Fabricius, Cincinnatus le rustique, Fabius le temporiseur, Paul-Émile, Caton, Marcellus, et Cicéron, père de la patrie. Ces citoyens magnanimes sembloient encore siéger au sénat avec les successeurs des Tigellin et des Séjan, comme pour montrer d'un coup d'œil les extrémités du vice et de la vertu, et pour attester les affreux changements que le temps amène dans les empires.

Ce fut dans cette vaste salle que se réunirent les juges des chrétiens. Dioclétien monta sur son trône; Galérius s'assit à la droite, et Constantin à la gauche de l'empereur; les officiers du palais occupoient, chacun selon son rang, les degrés du trône. Après avoir salué la statue de la Victoire, et renouvelé devant elle le serment de fidélité, les sénateurs se rangèrent sur les bancs autour de la salle; les orateurs se placèrent au milieu d'eux. Le vestibule et la cour du Capitole étoient remplis par les grands, les soldats et le peuple. Dieu permit aux puissances de l'abîme et aux habitants des tabernacles divins de se mêler à cette délibération mémorable : aussitôt les anges et les démons se répandent dans le sénat, les premiers pour calmer, les seconds pour soulever les passions; ceux-ci pour éclairer les esprits, ceux-là pour les aveugler.

On immola d'abord un taureau blanc à Jupiter, auteur des bons conseils : pendant ce sacrifice,

156 LES MARTYRS. LIVRE XV.

Eudore se couvrit la tête, et secoua son manteau, qu'avoient souillé quelques gouttes d'eau lustrale. Dioclétien donne le signal, et Symmaque se lève au milieu des applaudissements universels : nourri dans les grandes traditions de l'éloquence latine, ces paroles sortirent de sa bouche, comme on voit les flots majestueux d'un fleuve rouler lentement dans une campagne qu'ils embellissent de leur cours :

LIVRE SEIZIÈME.

SOMMAIRE.

Harangues de Symmaque, d'Hiéroclès et d'Eudore. Dioclétien consent à donner l'édit de persécution, mais il veut que l'on consulte auparavant la sibylle de Cumes.

« Très CLÉMENT empereur Dioclétien, et vous, très heureux prince César Galérius, si jamais vos âmes divines donnèrent une preuve éclatante de leur justice, c'est dans l'affaire importante qui rassemble le très auguste sénat aux pieds de vos éternités.

« Proscrirons-nous les adorateurs du nouveau Dieu? Laisserons-nous les chrétiens jouir en paix du culte de leur divinité? Telle est la question que l'on propose au sénat.

« Que Jupiter et les autres dieux vengeurs de l'humanité me préservent de faire couler jamais le sang et les larmes! Pourquoi persécuterions-nous des hommes qui remplissent tous les devoirs du citoyen? Les chrétiens exercent des arts utiles; leurs richesses alimentent le trésor de l'État; ils servent avec courage dans nos armées; ils ouvrent souvent dans nos conseils des avis pleins de sens, de justesse et de prudence. D'ailleurs, ce n'est point par la violence que l'on parviendra au but désiré. L'expérience a démontré que les chrétiens se multiplient sous le fer des bourreaux. Voulez-vous les gagner à la religion de la patrie, appelez-les au temple de la Miséricorde, et non pas aux autels des Euménides.

« Mais, après avoir déclaré ce qui me semble conforme à la raison, je dois, avec la même justice, manifester la crainte que m'inspirent les chrétiens. C'est le seul reproche que l'on puisse légitimement leur faire : il est certain que nos dieux sont l'objet de leur dérision et quelquefois de leurs insultes. Que de Romains se sont déjà laissé entraîner par des raisonnements téméraires! Ah! nous parlons d'attaquer une divinité étrangère, songeons plutôt à défendre les nôtres! Rattachons-nous à leur culte par le souvenir de tout ce qu'elles ont fait pour nous. Quand nous serons bien convaincus de la grandeur et de la bonté de nos dieux paternels, nous ne craindrons plus de voir la secte des chrétiens s'accroître et se grossir des déserteurs de nos temples.

« C'est une vérité reconnue depuis long-temps, que Rome a dû l'empire du monde à sa piété envers les immortels. Elle a élevé des autels à tous les génies bienfaisants, à la petite fortune, à l'amour filial, à la paix, à la concorde, à la justice, à la liberté, à la victoire, au dieu Terme, qui, seul, ne se leva point devant Jupiter dans l'assemblée des dieux. Cette famille divine pourroit-elle déplaire aux chrétiens ? Quel homme oseroit refuser des hommages à de si nobles déités ? Voulez-vous remonter plus haut, vous trouverez les noms mêmes de notre patrie, nos traditions les plus antiques, liés à notre religion, et faisant partie de nos sacrifices; vous trouverez le souvenir de cet âge d'or, règne de bonheur et d'innocence, que tous les peuples envient à l'Ausonie. Y a-t-il rien de plus touchant que ce nom de Latium donné à la campagne de Laurente, parce qu'elle fut l'asile d'un dieu persécuté? Nos pères, en récompense de leur vertu, reçurent du ciel un cœur hospitalier, et Rome servit de refuge à tous les infortunés bannis. Que d'intéressantes aventures! que de noms illustres attachés à ces migrations des premiers temps du monde, Diomède, Philoctète, Idoménée, Nestor! Ah! quand une forêt couvroit la montagne où s'élève ce Capitole; lorsque des chaumières occupoient la place de ces palais, que ce Tibre si fameux ne portoit encore que le nom inconnu d'Albula, on ne demandoit point ici si le Dieu d'une obscure nation de la Judée étoit préférable aux dieux de Rome! Pour se convaincre de la puissance de Jupiter, il suffit de considérer la foible origine de cet empire. Quatre petites sources ont formé le torrent du peuple romain : Albe, le cher pays et le premier amour des Curiaces; les guerriers latins, qui s'unirent aux guerriers d'Énée; les Arcadiens d'Évandre, qui transmirent aux Cincinnatus l'amour des troupeaux et le sang des Hellènes, doux germe de l'éloquence chez les rudes nourrissons d'une louve; enfin les Sabins, qui donnèrent des épouses aux compagnons de Romulus; ces Sabins, vêtus de peaux de brebis, conduisant leurs troupeaux avec une lance, vivant de laitage et de miel, et se consacrant à Cérès et à Hercule, l'une le génie, et l'autre le bras du laboureur.

« Ces dieux, qui ont opéré tant de merveilles, ces dieux, qui ont inspiré Numa, Fabricius et Caton; ces dieux, qui protégent les cendres illustres de nos citoyens; ces dieux, au milieu desquels brillent aujourd'hui nos empereurs, sont-ils des divinités sans pouvoir et sans vertus?

« Dioclétien, je suppose que Rome chargée d'années apparoisse tout à coup à vos yeux sous les voûtes de ce Capitole, et qu'elle s'adresse ainsi à votre éternité :

« Grand prince, ayez égard à cette vieillesse où
« ma piété envers les dieux m'a fait parvenir. Libre
« comme je le suis, je m'en tiendrai toujours à la
« religion de mes ancêtres. Cette religion a mis l'uni-
« vers sous ma loi. Ses sacrifices ont éloigné An-
« nibal de mes murailles et les Gaulois du Capitole.
« Quoi! l'on renverseroit un jour cette statue de la
« Victoire sans craindre de soulever mes légions
« ensevelies aux champs de Zama! N'aurois-je été
« préservée des plus redoutables ennemis que pour
« être déshonorée par mes enfants dans ma vieil-
« lesse? »

« C'est ainsi, ô puissant empereur, que vous parle Rome suppliante. Voyez se lever de leurs tombeaux, sur le chemin d'Appius, ces républicains, vainqueurs des Volsques et des Samnites, dont nous révérons ici les images; ils montent à ce Capitole qu'ils remplirent de dépouilles opimes; ils viennent, couronnés de la branche du chêne, unir leurs voix à la voix de la patrie. Ces mânes sacrés n'avoient point rompu leur sommeil de fer pour la perte de nos mœurs et de nos lois; ils ne s'étoient point réveillés au bruit des proscriptions de Marius, ou des fureurs du triumvirat; mais la cause du ciel les arrache au cercueil, et ils viennent la plaider devant leurs fils. Romains séduits par la religion nouvelle, comment avez-vous pu changer pour un culte étranger nos belles fêtes et nos pieuses cérémonies!

« Princes, je le répète, nous ne demandons point la persécution des chrétiens. On dit que le Dieu qu'ils adorent est un Dieu de paix et de justice : nous ne refusons point de l'admettre dans le Panthéon, car nous souhaitons, très pieux empereur, que les dieux de toutes les religions vous protégent; mais que l'on cesse d'insulter Jupiter. Dioclétien, Galérius, sénateurs, indulgence pour les chrétiens, protection pour les dieux de la patrie ! »

En achevant de prononcer ces mots, Symmaque salue de nouveau la statue de la Victoire, et se rassied au milieu des sénateurs. Les esprits étoient différemment agités : les uns, charmés de la dignité du discours de Symmaque, se rappeloient les jours des Hortensius et des Cicéron; les autres blâmoient la modération du pontife de Jupiter. Satan n'avoit plus d'espoir que dans Hiéroclès, et cherchoit à détruire l'effet de l'éloquence du grand-prêtre; les anges de lumière profitoient au contraire de cette éloquence pour ramener le sénat à des sentiments plus humains. On voyoit s'agiter les casques des guerriers, les toges des sénateurs, les robes et les sceptres des augures et des aruspices ; on entendoit un murmure confus, signe équivoque du blâme et de la louange. Dans un champ ou l'ivraie et d'inutiles fleurs de pourpre et d'azur s'élèvent au milieu du froment d'or, si quelque zéphyr se glisse dans la forêt diaprée, d'abord les plus frêles épis courbent leurs têtes ; bientôt le souffle croissant balance en tumulte les gerbes fécondes et les plantes stériles : tel paroissoit dans le sénat le mouvement de tant d'hommes divers.

Les courtisans regardoient curieusement Dioclétien et Galérius, afin de régler leur opinion sur celle de leurs maîtres : César donnoit des signes d'emportement ; mais le visage d'Auguste étoit impassible.

Hiéroclès se lève : il s'enveloppe dans son manteau et garde quelque temps un air sévère et pensif. Initié à toutes les ruses de l'éloquence athénienne, armé de tous les sophismes, souple, adroit, railleur, hypocrite, affectant une élocution concise et sentencieuse, parlant d'humanité en demandant le sang de l'innocent, méprisant les leçons du temps et de l'expérience, voulant à travers mille maux conduire le monde au bonheur par des systèmes, esprit faux, s'applaudissant de sa justesse : tel étoit l'orateur qui parut dans la lice pour attaquer toutes les religions, et surtout celle des chrétiens. Galérius laissoit un libre cours aux blasphèmes de son ministre : Satan poussoit au mal l'ennemi des fidèles ; et l'espoir de perdre Eudore animoit l'amant de Cymodocée. Le démon de la fausse sagesse, sous la figure d'un chef de l'école, nouvellement arrivé d'Alexandrie, se place auprès d'Hiéroclès : celui-ci, après un moment de silence, déploie tout à coup ses bras; il rejette son manteau en arrière, pose les deux mains sur son cœur, s'incline jusqu'au pavé du Capitole en saluant Auguste et César, et prononce ce discours :

« Valérius Dioclétien, fils de Jupiter, empereur éternel, Auguste, huit fois consul, très clément, très divin, très sage; Valérius Maximianus Galérius, fils d'Hercule, fils adoptif de l'empereur, César, éternel et très heureux, Parthique, triomphateur, amateur de la science, et vérissime philosophe; sénat très vénérable et sacré, vous permettez donc que ma voix se fasse entendre ! Troublé par cet honneur insigne, comment pourrois-je m'exprimer avec assez de force ou de grâce? Pardonnez à la foiblesse de mon éloquence, en faveur de la vérité qui me fait parler.

« La terre, dans sa fécondité première, enfanta les hommes. Les hommes, par hasard et par nécessité, s'assemblèrent pour leurs besoins communs. La propriété commença : les violences suivirent; l'homme ne put les réprimer : il inventa les dieux.

« La religion trouvée, les tyrans en profitèrent. L'intérêt multiplia les erreurs, les passions y mêlèrent leurs songes.

« L'homme, oubliant l'origine des dieux, crut bientôt à leur existence. On prit pour le consentement unanime des peuples ce qui n'étoit que le consentement unanime des passions. Les tyrans, en écrasant les hommes, eurent soin de faire élever des temples à la piété et à la miséricorde, afin que les infortunés crussent aussi qu'il y avoit des dieux.

« Le prêtre, d'abord trompeur, ensuite trompé, se passionna pour son idole; le jeune homme, pour les grâces divinisées de sa maîtresse, le malheureux, pour les simulacres de sa douleur : de là le fanatisme, le plus grand des maux qui aient affligé l'espèce humaine.

« Ce monstre, portant un flambeau, parcourut les trois régions de la terre. Il brûla, par la main des mages, les temples de Memphis et d'Athènes. Il alluma la guerre sacrée qui livra la Grèce à Philippe. Bientôt, si une secte odieuse venoit à s'étendre, de nos jours même, et malgré l'accroissement des lumières, on verroit l'univers plongé dans un abîme de malheurs!

« C'est ici, princes, que je tâcherai de peindre les maux que le fanatisme a faits aux hommes, en vous dévoilant l'origine et les progrès de la religion la plus ridicule et la plus horrible que la corruption des peuples ait engendrée.

« Que ne m'est-il permis d'ensevelir dans un profond oubli ces honteuses turpitudes! Mais je suis appelé à la défense de la vérité : il faut sauver mon empereur, il faut éclairer le monde. Je sais que j'expose mes jours au ressentiment d'une faction dangereuse. Qu'importe? un ami de la sagesse doit fermer son cœur à toute crainte comme à toute pitié, quand il sagit du bonheur de ses frères et des droits sacrés de l'humanité.

« Vous connoissez ce peuple que sa lèpre et ses déserts séparent du genre humain, ce peuple odieux qu'extermina le divin Titus.

« Un certain fourbe, appelé Moïse, par une suite de crimes et de prestiges grossiers, délivra ce peuple de la servitude. Il le conduisit au milieu des sables de l'Arabie; il lui promettoit, au nom du dieu Jéhovah, une terre où couleroit le lait et le miel.

« Après quarante années les Juifs arrivèrent à cette terre promise, dont ils égorgèrent les habitants. Ce jardin délicieux étoit la stérile Judée, petite vallée de pierres, sans blé, sans arbres, sans eaux.

« Retirés dans leur repaire, ces brigands ne se firent remarquer que par leur haine contre le genre humain : ils vivoient au milieu des adultères, des meurtres, des cruautés.

« Que pouvoit-il sortir d'une pareille race ? (c'est ici le prodige) une race plus exécrable encore, les chrétiens : ils ont surpassé, en folie, en crimes, les Juifs leurs pères.

« Les Hébreux, que trompoient des prêtres fanatiques, attendoient dans leur impuissance et dans leur bassesse un monarque qui devoit leur soumettre le monde entier.

« Le bruit se répand un jour que la femme d'un vil artisan a donné naissance à ce roi si long-temps promis. Une partie des Juifs s'empresse de croire au prodige.

« Celui qu'ils appellent leur Christ vit trente ans caché dans sa misère. Après ces trente années, il commence à dogmatiser; il s'associe quelques pêcheurs, qu'il nomme ses apôtres. Il parcourt les villes, il se cache au désert, il séduit des femmes foibles, une populace crédule. Sa morale est pure, dit-on; mais surpasse-t-elle celle de Socrate?

« Bientôt il est arrêté pour ses discours séditieux, et condamné à mourir sur la croix. Un jardinier dérobe son corps; ses apôtres s'écrient que Jésus est ressuscité; ils prêchent leur maître à la foule étonnée. La superstition s'étend, les chrétiens deviennent une secte nombreuse.

« Un culte né dans les derniers rangs du peuple, propagé par des esclaves, caché d'abord en des lieux déserts, s'est chargé peu à peu des abominations que le secret et des mœurs basses et féroces doivent naturellement engendrer: aussi la cruauté et l'infamie font-elles la partie principale de ses mystères.

« Les chrétiens s'assemblent la nuit au milieu des morts et des sépulcres. La résurrection des cadavres est le plus absurde comme le plus doux de leurs entretiens. Assis à un festin abominable, après avoir juré haine aux dieux et aux hommes, après avoir renoncé à tous les plaisirs légitimes, ils boivent le sang d'un homme sacrifié, et dévorent les chairs palpitantes d'un enfant: c'est ce qu'ils appellent leur pain et leur vin sacré!

« Le repas fini, des chiens dressés aux crimes de leurs maîtres entrent dans l'assemblée, et renversent les flambeaux; alors les chrétiens se cherchent au milieu des ténèbres, s'unissent au hasard par d'horribles embrassements : les pères avec les filles, les fils avec les mères, les frères avec les sœurs : le nombre et la variété des incestes fait le mérite et la vertu.

« Quoi ! ce n'étoit pas assez d'avoir voulu amener les hommes au culte d'un séditieux justement puni du dernier supplice ! ce n'étoit pas un assez grand crime d'avoir essayé d'abrutir à ce point la raison humaine ! il falloit encore que les chrétiens fissent de leur religion l'école des mœurs les plus dépravées, des forfaits les plus inouïs !

« Ce que je viens d'avancer auroit-il besoin d'autres preuves que la conduite des chrétiens ? Partout où ils se glissent, ils font naître des troubles ; ils débauchent les soldats de nos armées ; ils portent la désunion dans les familles ; ils séduisent des vierges crédules ; ils arment le frère contre le frère, l'époux contre l'épouse. Puissants aujourd'hui, ils ont des temples, des trésors, et ils refusent de prêter serment aux empereurs dont ils tiennent ces bienfaits ; ils insultent aux sacrées images de Dioclétien, ils aiment mieux mourir que de sacrifier à ses autels. Dernièrement encore, n'ont-ils pas laissé la divine mère de Galérius offrir seule des victimes pour son fils aux génies innocents des montagnes ! Enfin, joignant le fanatisme à la dissolution, ils voudroient précipiter du Capitole la statue de la Victoire, arracher de leurs sanctuaires vos dieux paternels !

« Qu'on ne croie pas cependant que je défende ici ces dieux qui, dans l'enfance des peuples, ont pu paroître nécessaires à des législateurs habiles. Nous n'avons plus besoin de ces ressources. La raison commence son règne. Désormais on n'élèvera d'autel qu'à la vertu. Le genre humain se perfectionne chaque jour. Un temps viendra que tous les hommes, soumis à la seule pensée, se conduiront par les clartés de l'esprit. Je ne soutiens donc ni Jupiter, ni Mitra, ni Sérapis. Mais, si l'on conserve encore une religion dans l'Empire, l'ancienne réclame une juste préférence. La nouvelle est un mal qu'il faut extirper par le fer et par le feu. Il faut guérir les chrétiens eux-mêmes de leur propre folie. Eh bien, un peu de sang coulera! Nous nous attendrirons sans doute sur le sort des criminels ; mais nous admirerons, nous bénirons la loi qui frappera les victimes pour la consolation des sages et le bonheur du genre humain. »

Hiéroclès achevoit à peine son discours que Galérius donna le signal des applaudissements. L'œil en feu, le visage rouge de colère, César sembloit déjà prononcer l'arrêt fatal des chrétiens. Ses courtisans levoient les mains au ciel comme saisis d'horreur et de crainte ; ses gardes frémissoient de rage en songeant que des impies vouloient renverser l'autel de la Victoire ; le peuple redisoit avec effroi les incestes nocturnes et les repas de chair humaine. Les sophistes qui environnoient Hiéroclès le portoient au ciel : c'étoit l'intrépide ami des princes, le véritable ami des principes, le soutien de la vertu, un Socrate !

Satan échauffoit les préjugés et les haines ; ravi

des paroles du proconsul, il se flattoit d'aller plus
sûrement à son but par l'athéisme que par l'idolâtrie ; secondé de toutes les puissances de l'enfer, il
augmentoit le bruit et le tumulte, et donnoit au
mouvement du sénat quelque chose de prodigieux.
Comme le sabot circule sous le fouet de l'enfant ;
comme le fuseau descend et remonte entre les
doigts de la matrone ; comme l'ébène ou l'ivoire
roule sous le ciseau du tourneur : ainsi les esprits
étoient agités. Dioclétien seul paroissoit immobile ;
on ne voyoit sur son visage ni colère, ni haine, ni
amour. Les chrétiens répandus dans l'assemblée se
montroient abattus et consternés. Constantin surtout étoit plongé dans une douleur profonde ; il jetoit par intervalles un regard inquiet et attendri
sur Eudore.

Le fils de Lasthénès se leva sans paroître ému
de la défaveur de César, des bassesses des courtisans et des clameurs de la foule. Son habit de deuil,
sa noble figure, encore embellie par l'expression
d'une simple tristesse, attirèrent tous les regards.
Les anges du Seigneur, formant un cercle invisible
autour de lui, le couvroient de lumière, et lui donnoient une assurance divine. Du haut du ciel, les
quatre Évangélistes, penchés sur sa tête, lui dic-
toient secrètement les paroles qu'il alloit répéter.
On entendoit dire de toutes parts dans le sénat :
« C'est le chrétien ! Comment pourra-t-il répondre ? »
Chacun cherchoit vainement dans ses traits, à la
fois si calmes et si animés, l'expression des crimes
dont Hiéroclès avoit accusé les fidèles. Lorsque

des chasseurs, croyant surprendre au bord d'un fleuve un affreux vautour, découvrent tout à coup un cygne qui nage sur l'onde, charmés, ils s'arrêtent; ils contemplent l'oiseau chéri des Muses; ils admirent la blancheur de son plumage, la fierté de son port, la grâce de ses mouvements; ils prêtent déjà l'oreille à ses chants harmonieux. Le cygne de l'Alphée ne tarda pas à se faire entendre : Eudore s'incline devant Auguste et César; ensuite, sans saluer la statue de la Victoire, sans faire de gestes, sans chercher à séduire ou l'oreille ou les yeux, il parle en ces mots :

« Auguste, César, pères conscrits, peuple romain, au nom de ces hommes victimes d'une haine injuste, moi, Eudore, fils de Lasthénès, natif de Mégalopolis en Arcadie, et chrétien, salut!

« Hiéroclès a commencé son discours par excuser la foiblesse de son éloquence; je réclame à mon tour l'indulgence du sénat. Je ne suis qu'un soldat, plus accoutumé à verser mon sang pour mes princes qu'à demander en termes fleuris le massacre d'une foule de vieillards, de femmes et d'enfants.

« Je remercie d'abord Symmaque de la modération qu'il a montrée envers mes frères. Le respect que je dois au chef de l'Empire me force à me taire sur le culte des idoles. J'observerai cependant que les Camille, les Scipion, les Paul-Émile, n'ont point été de grands hommes parce qu'ils suivoient le culte de Jupiter, mais parce qu'ils s'éloignoient de la morale et des exemples des divinités de l'Olympe. Dans notre religion, au contraire, on ne peut atteindre au plus haut degré de la perfection qu'en imitant notre Dieu. Nous plaçons aussi de simples mortels dans les éternelles demeures; mais il ne suffit pas, pour acquérir cette gloire, d'avoir porté le bandeau royal, il faut avoir pratiqué la vertu : nous abandonnons à votre ciel les Néron et les Domitien.

« Toutefois l'effet d'une religion quelconque est si salutaire à l'âme, que le pontife de Jupiter a parlé des chrétiens avec douceur, tandis qu'un homme qui ne reconnoît point de Dieu demande notre sang au nom de l'humanité et de la vertu. Hé quoi ! Hiéroclès, c'est sous le manteau que vous portez que vous voulez semer la désolation dans l'Empire ! Magistrat romain, vous provoquez la mort de plusieurs millions de citoyens romains ! Car, pères conscrits, vous ne pouvez vous le dissimuler, nous ne sommes que d'hier, et déjà nous remplissons vos cités, vos colonies, vos camps, le palais, le sénat, le Forum : nous ne vous laissons que vos temples.

« Princes, notre accusateur est un apostat, et il se confesse athée : il sait lui-même quel titre je pourrois ajouter à ces titres. Symmaque est un homme pieux, dont l'âge, la science et les mœurs sont également respectables. Dans toute cause criminelle, on prend en considération le caractère des témoins : Symmaque nous excuse; Hiéroclès nous dénonce : lequel des deux doit être écouté ? Auguste, César, pères conscrits, peuple romain, daignez me prêter une oreille attentive, je vais reprendre la suite des accusations d'Hiéroclès, et défendre la religion de Jésus-Christ. »

A ce grand nom l'orateur s'arrêta; tous les chrétiens s'inclinèrent, et la statue de Jupiter trembla sur son autel. Eudore reprit :

« Je ne remonterai point, comme Hiéroclès, jusqu'au berceau du monde pour en venir à la question du moment. Je laisse aux disciples de l'école ce vain étalage de principes odieux, de faits altérés et de déclamations puériles. Il ne s'agit ici ni de la formation du monde, ni de l'origine des sociétés : tout se borne à savoir si l'existence des chrétiens est compatible avec la sûreté de l'État; si leur religion ne blesse ni les mœurs ni les lois; si elle ne s'oppose point à la soumission que l'on doit au chef de l'Empire; en un mot, si la morale et la politique n'ont rien à reprocher au culte de Jésus-Christ. Cependant, je ne puis m'empêcher de vous faire remarquer la singulière opinion d'Hiéroclès touchant les Hébreux.

« La raison politique de l'établissement de Jérusalem au centre d'un pays stérile étoit trop profonde pour être aperçue de l'accusateur des chrétiens. Le législateur des Israélites vouloit en faire un peuple qui pût résister au temps, conserver le culte du vrai Dieu, au milieu de l'idolâtrie universelle, et trouver dans ses institutions une force qu'il n'avoit point par lui-même : il les enferma donc dans la montagne. Leurs lois et leur religion furent conformes à cet état d'isolement : ils n'eurent qu'un temple, qu'un sacrifice, qu'un livre.

Quatre mille ans se sont écoulés et ce peuple existe encore. Hiéroclès, montrez-nous ailleurs un exemple d'une législation aussi miraculeuse dans ses effets, et nous écouterons ensuite vos railleries sur le pays des Hébreux. »

Un signe d'approbation échappé à Dioclétien interrompit le fils de Lasthénès. Insensible aux mouvements oratoires de Symmaque, et aux déclamations d'Hiéroclès, l'empereur fut frappé des raisons politiques présentées par le défenseur des fidèles. Eudore s'étoit étendu sur ce sujet avec adresse, afin de toucher le génie du prince avant de parler des chrétiens. Le parti modéré du sénat, qui redoutoit Galérius; Publius, préfet de Rome, dévoué à César, mais ennemi d'Hiéroclès; les courtisans, toujours attentifs aux impressions du maître; les chrétiens, dont le sort étoit encore suspendu, tous s'aperçurent des sentiments favorables de Dioclétien : ils donnèrent de grandes louanges à l'orateur. Les soldats, les centurions, les tribuns, s'étoient laissé toucher à la vue de leur général obligé de défendre sa vie contre les accusations d'un rhéteur; cette noble race d'hommes revient facilement à des opinions généreuses. Tant de raison unie à tant de beauté et de jeunesse avoit intéressé la foule toujours passionnée. La douleur de Constantin s'étoit changée en allégresse; il encourageoit son ami par ses gestes et ses regards. Les anges de lumière, redoublant de zèle autour de l'orateur chrétien, lui donnoient à chaque moment de nouvelles grâces, et prolongeoient les sons de sa voix comme d'harmonieux échos. Lorsqu'une neige éclatante tombe de la voûte éthérée, souvent l'aquilon s'apaise; les champs, muets, reçoivent avec joie les flocons nombreux qui vont mettre les plantes à l'abri des glaces de l'hiver : ainsi, quand le fils de Lasthénès recommença son discours, l'assemblée fit un profond silence afin de recueillir ces paroles pures qui sembloient descendre du ciel pour prévenir la désolation de la terre.

« Princes, dit-il, je n'entrerai point dans les preuves de la religion chrétienne : une longue suite de prophéties, toutes vérifiées, des miracles éclatants, des témoins sans nombre, ont depuis long-temps attesté la divinité de celui que nous appelons le Sauveur. Sa vertu sublime est reconnue de l'univers; plusieurs empereurs romains, sans être soumis à Jésus-Christ, l'ont honoré de leurs hommages; des philosophes fameux ont rendu justice à la beauté de sa morale, et Hiéroclès lui-même ne la conteste pas.

« Il seroit bien étrange que ceux qui adorent un tel. Dieu fussent des monstres dignes du bûcher. Quoi ! Jésus-Christ seroit un modèle de douceur, d'humanité, de chasteté, et nous penserions l'honorer par des mystères de cruauté et de débauches ! Même dans le paganisme, célèbre-t-on la fête de Diane par les prostitutions des fêtes de Vénus ? Le christianisme, dit-on, est sorti de la dernière classe du peuple, et de là les infamies de son culte. Reprochez donc à cette religion ce qui fait sa beauté et sa gloire. Elle est allée chercher, pour les consoler, des hommes auxquels les hommes ne pensoient point et dont ils détournoient les regards; et vous le lui imputez à crime ! Pense-t-on qu'il n'y ait de douleurs que sous la pourpre, et qu'un Dieu consolateur n'est fait que pour les grands et les rois ? Loin d'avoir pris la bassesse et la férocité des mœurs du peuple, notre religion a corrigé ces mœurs. Dites : est-il un homme plus patient dans ses maux qu'un vrai chrétien, plus résigné sous un maître, plus fidèle à sa parole, plus ponctuel dans ses devoirs, plus chaste dans ses habitudes ? Nous sommes si éloignés de la barbarie, que nous nous retirons de vos jeux où le sang des hommes est une partie du spectacle. Nous croyons qu'il y a peu de différence entre commettre le meurtre et le voir commettre avec plaisir. Nous avons une telle horreur d'une vie dissolue, que nous évitons vos théâtres comme une école de mauvaises mœurs et une occasion de chute.... Mais en justifiant les chrétiens sur un point, je m'aperçois que je les expose sur un autre. Nous fuyons la société, dit Hiéroclès, nous haïssons les hommes !

« S'il en est ainsi, notre châtiment est juste. Frappez nos têtes; mais auparavant venez reprendre dans nos hôpitaux les pauvres et les infirmes que vous n'avez point secourus; faites appeler ces femmes romaines qui ont abandonné les fruits de leur honte. Elles croient peut-être qu'ils sont tombés dans ces lieux infâmes, seul asile offert par vos dieux à l'enfance délaissée ? Qu'elles viennent reconnoître leurs nouveau-nés entre les bras de nos épouses !

Le lait d'une chrétienne ne les a point empoisonnés : les mères selon la grâce les rendront, avant de mourir, aux mères selon la nature.

« Quelques-uns de nos mystères, mal entendus et faussement interprétés, ont donné naissance à ces calomnies. Princes, que ne m'est-il permis de vous dévoiler ces secrets d'innocence et de pureté! Rome se lève, dit Symmaque, et vous supplie de lui laisser les divinités de ses pères. Oui, princes, Rome se lève, mais non pour réclamer des dieux impuissants : elle se lève pour vous demander Jésus-Christ, qui rétablira parmi ses enfants la pudeur, la bonne foi, la probité, la modération et le règne des mœurs.

« Donnez-moi, s'écrie-t-elle, ce Dieu qui a déjà cor-
« rigé les vices de mes lois, ce Dieu qui n'autorise
« point l'infanticide, la prostitution du mariage, le
« spectacle du meurtre des hommes, ce Dieu qui
« couvre mon sein des monuments de sa bienfai-
« sance, ce Dieu qui conserve les lumières des lettres
« et des arts, et qui veut abolir l'esclavage sur la terre.
« Ah! si un jour je devois encore voir les Barbares à
« mes portes, ce Dieu, je le sens, pourroit seul me
« sauver, et changer ma vieillesse languissante en une
« immortelle jeunesse. »

« Reste donc à repousser la dernière et la plus effrayante des accusations d'Hiéroclès, si les chrétiens pouvoient s'effrayer de perdre les biens et la vie. Nous sommes, dit notre délateur, des séditieux; nous refusons d'adorer les images de l'empereur, et d'offrir des sacrifices aux dieux pour le père de la patrie.

« Les chrétiens, des séditieux ! Poussés à bout par leurs persécuteurs, et poursuivis comme des bêtes féroces, ils n'ont pas même fait entendre le plus léger murmure; neuf fois ils ont été massacrés, et, s'humiliant sous la main de Dieu, ils ont laissé l'univers se soulever contre les tyrans. Que Hiéroclès nomme un seul fidèle engagé dans une conspiration contre son prince ! Soldats chrétiens que j'aperçois ici, Sébastien, Pacôme, Victor, dites-nous où vous avez reçu les nobles blessures dont vous êtes couverts. Est-ce dans les émeutes populaires, en assiégeant le palais de vos empereurs, ou bien en affrontant, pour la gloire de vos princes, la flèche du Parthe, l'épée du Germain et la hache du Franc ? Hélas ! généreux guerriers, mes compagnons, mes amis, mes frères, je ne m'inquiète point de mon sort, bien que j'aie quelque raison de regretter à présent la vie, mais je ne puis m'empêcher de m'attendrir sur votre destinée. Que n'avez-vous choisi un défenseur plus éloquent ! J'aurois pu mériter une couronne civique en vous sauvant des mains des Barbares, et je ne pourrai vous dérober au fer d'un proconsul romain !

« Finissons ce discours. Dioclétien, vous trouverez chez les chrétiens des sujets respectueux, qui vous seront soumis sans bassesse, parce que le principe de leur obéissance vient du ciel. Ce sont des hommes de vérité : leur langage ne diffère point de leur conduite; ils ne reçoivent point les bienfaits d'un maître en le maudissant dans leur cœur. Demandez à de tels hommes leur fortune, leur vie, leurs enfants, ils vous les donneront, parce que tout cela vous appartient. Mais voulez-vous les forcer à encenser les idoles, ils mourront! Pardonnez, princes, à cette liberté chrétienne : l'homme a aussi ses devoirs à remplir envers le ciel. Si vous exigez de nous des marques de soumission qui blessent ces devoirs sacrés, Hiéroclès peut appeler les bourreaux : nous rendrons à César notre sang, qui est à César, et à Dieu notre âme, qui est à Dieu. »

Eudore reprend sa place, rejette sur son épaule sa toge à demi-tombée, et se hâte de recouvrir avec une modeste rougeur les cicatrices de son sein.

Pourrai-je exprimer la diversité des sentiments que le discours du fils de Lasthénès excita dans l'assemblée? C'étoit un mélange d'admiration, de crainte, de fureur : chacun éclatoit en mouvements de haine ou d'amour. Ceux-ci admiroient la beauté de la religion accusée, ceux-là n'y voyoient qu'un reproche fait à leurs mœurs et à leurs dieux. Les guerriers étoient émus et vivement intéressés en faveur d'Eudore.

« Que nous servira donc, disoient-ils, de verser notre sang pour la patrie, de souffrir l'esclavage chez les Barbares, de triompher des ennemis du prince, si un sophiste nous peut égorger au Capitole ? »

Pour la première fois de sa vie, Dioclétien paroissoit ému : même en laissant persécuter les fidèles, Dieu se servoit de l'éloquence chrétienne pour semer les germes de la foi dans le sénat romain. La mâle simplicité du discours d'Eudore triomphoit et des calomnies d'Hiéroclès, et des touchants souvenirs dont Symmaque avoit environné la statue de la Victoire; tout semble annoncer que l'empereur va prononcer une sentence favorable aux chrétiens.

Hiéroclès, alarmé, vouloit paroître calme et victorieux; mais la rage et la frayeur perçoient malgré lui dans ses regards : lorsqu'un tigre s'est précipité dans la fosse escarpée que creusa sous ses pas un berger de Libye, la bête féroce, après s'être long-temps débattue, se couche avec une apparente tranquillité au milieu de l'enceinte fatale; mais à l'agitation de ses yeux et de ses lèvres sanglantes, on voit qu'elle ressent vivement la crainte et la douleur du piége où elle est tombée.

Galérius rendit bientôt l'espérance à son ministre. Ce fougueux César, accoutumé au langage déshonoré de ses flatteurs, s'indigne des accents de la vertu et de la noble assurance d'un homme de bien. Il déclare que si l'on ne punit pas les fidèles, il quittera la cour, et se mettra à la tête des légions d'Orient :

« Car ces ennemis du ciel porteroient sur moi leurs mains sacriléges. »

Hiéroclès, reprenant son audace, fait observer qu'il y avoit des mystères sur lesquels on ne s'expliquoit point; qu'après tout, les factieux refusoient de sacrifier à l'empereur, et cherchoient par une éloquence séditieuse à soulever les soldats.

Trop accoutumé à céder à la violence de Galérius, Dioclétien fut effrayé de ses menaces. Il savoit qu'en proscrivant les chrétiens il se privoit d'un grand appui contre l'ambition de César; mais le vieillard n'avoit plus la force d'envisager sans frémir les hasards d'une guerre civile. Satan achève d'épouvanter par un prodige l'esprit superstitieux de Dioclétien. Tout à coup le bouclier de Romulus se détache de la voûte du Capitole, tombe, blesse le fils de Lasthénès, et va couvrir, en roulant, la louve de bronze qui fut frappée de la foudre à la mort de Jules-César. Galérius s'écrie :

« Vous le voyez, ô Dioclétien ; le père des Romains n'a pu supporter les blasphèmes de ce chrétien ! Imitez son exemple; écrasez les impies, et protégez au Capitole le génie de l'Empire. »

Alors Dioclétien, malgré les remords de sa conscience et les lumières de sa politique, promet de donner un édit contre les fidèles : mais, par une dernière ressource de son génie, il voulut que les dieux prononçassent dans leur propre cause, et l'aidassent, avec Galérius, à porter le poids de l'exécration de l'avenir.

« Si la sibylle de Cumes, dit-il, approuve la résolution que vous me faites prendre, on publiera l'édit que vous demandez. Mais en attendant la réponse de l'oracle, je veux qu'on laisse à tous les citoyens la jouissance de leurs droits et la liberté de leur culte. »

En prononçant ces derniers mots, l'empereur quitta brusquement le Capitole. Galérius et Hiéroclès sortirent triomphants; le premier, méditant les projets les plus ambitieux; le second, mêlant à ces mêmes projets des desseins d'amour et de vengeance. Constantin, accablé de douleur, se dérobe avec Eudore de la curiosité de la foule. L'enfer pousse un cri de joie, et les anges du Seigneur, dans une sainte tristesse, s'envolent aux pieds de l'Éternel.

LIVRE DIX-SEPTIÈME.

SOMMAIRE.

Navigation de Cymodocée. Elle arrive à Joppé. Elle monte à Jérusalem. Hélène la reçoit comme sa fille. Semaine sainte. Réponse de la sibylle de Cumes. Hiéroclès fait partir un centurion pour réclamer Cymodocée. Dioclétien donne l'édit de persécution.

EMPORTÉE par le souffle de l'ange des mers, Cymodocée versoit des torrents de larmes. Euryméduse, qui accompagnoit la fille de Démodocus, faisoit retentir la galère de ses plaintes et de ses gémissements.

« O terre de Cécrops, disoit-elle, terre où règnent un souffle divin et des génies amis des hommes, faut-il donc vous quitter sans retour? Qui me donnera des ailes pour revoir des lieux si agréables à mon cœur? J'arrêterois mon vol sur le temple d'Homère, je porterois à mon cher maître des nouvelles de sa Cymodocée! Vains désirs! Nous franchissons les plaines azurées d'Amphitrite, où les Néréides font entendre leurs concerts. Est-ce le désir des richesses qui nous oblige à braver la fureur de Neptune? L'intérêt a ses douceurs. Non, c'est un dieu plus puissant: le dieu qui fit mourir Ariadne loin des foyers de Minos, sur une rive déserte, le dieu qui força Médée à visiter les tours d'Iolchos, et à suivre un héros volage. »

Le vaisseau s'avançoit vers le dernier promontoire de l'Attique. Déjà Sunium élevoit sur la pointe d'un rocher son beau temple : les colonnes de marbre blanc sembloient se balancer dans les flots avec la lumière dorée des étoiles. Cymodocée étoit assise sur la poupe ornée de fleurs, entre les statues d'ivoire de Castor et de Pollux. Sans les larmes qui couloient de ses yeux, on l'eût prise pour la sœur de ces dieux charmants, prête à descendre avec Pâris dans l'île où la fille de Tyndare célébra son hymen avant d'aborder à Troie. Le vaisseau vole à la gauche des Cyclades blanchissantes, rangées au loin sur la mer comme une troupe de cygnes; dirigeant sa course au midi, il vient chercher les rivages de l'île de Chypre. On célébroit alors la fête de la déesse d'Amathonte : l'onde molle et silencieuse baignoit le pied du temple de Dionée, bâti sur un promontoire au milieu des vagues tranquilles. De jeunes filles demi-nues dansoient dans un bois de myrtes, autour du voluptueux édifice; de jeunes garçons, qui brûloient de dénouer la ceinture des Grâces, chantoient en chœur la veillée des fêtes de Vénus. Ces paroles, apportées par le souffle des Zéphyrs, parvenoient sur la mer jusqu'au vaisseau :

« Qu'il aime demain, celui qui n'a point aimé!
« Qu'il aime encore demain, celui qui a aimé!

« Ame de l'univers, volupté des hommes et des
« dieux, belle Vénus, c'est toi qui donnes la vie à
« toute la nature! Tu parois : les vents se taisent,
« les nuages se dissipent, le printemps renaît, la

« terre se couvre de fleurs, et l'Océan sourit. C'est
« Vénus qui place sur le sein de la jeune fille la
« rose teinte du sang d'Adonis; c'est Vénus qui force
« les nymphes à errer avec l'Amour, la nuit, sous
« les yeux de Diane rougissante. Nymphes, craignez
« l'Amour : il a déposé ses armes; mais il est armé
« quand il est nu! Le fils de Cythérée naquit dans
« les champs, il fut nourri parmi les fleurs. Phi-
« lomèle a chanté sa puissance, ne cédons point à
« Philomèle.

« Qu'il aime demain, celui qui n'a point aimé !
« Qu'il aime encore demain, celui qui a aimé !

« Ile heureuse, tout sur tes bords délicieux atteste
« les prodiges de l'Amour. Nautoniers, fatigués des
« périls, attachez l'ancre à nos ports et ployez à ja-
« mais vos voiles. Dans les bosquets d'Amathonte,
« vous ne livrerez que de doux combats, vous ne
« craindrez plus les pirates, hors l'ingénieux Amour,
« qui vous prépare des liens de fleurs. Ce sont les
« Grâces qui filent ici les instants des mortels. Vénus,
« par un charme invincible, assoupit un jour les
« Parques au fond du Tartare : aussitôt Aglaé enlève
« la quenouille à Lachésis, Euphrosyne le fil à Clo-
« tho; mais Atropos s'éveilla au moment où Pasithée
« alloit lui dérober ses ciseaux. Tout cède à la puis-
« sance des Grâces et de Vénus!

« Qu'il aime demain, celui qui n'a point aimé!
« Qu'il aime encore demain, celui qui a aimé ! »

Ces chants portoient le trouble dans l'âme des
nautoniers. La proue d'airain fendoit les vagues
avec un bruit harmonieux : chargée des parfums

de la fleur de l'oranger et de l'encens des sacrifices, la brise enfloit doucement les voiles, et les arrondissoit comme le sein d'une jeune mère.

Une langueur dangereuse s'emparoit peu à peu de Cymodocée. Docile aux projets de Satan, Astarté, cet esprit impur qui triomphe dans les temples d'Amathonte, combat secrètement la fille d'Homère. Émue par les chants corrupteurs, elle descend au fond du vaisseau; elle rêve à son époux; elle ne sait comment régler les mouvements de son amour pour ne pas blesser sa religion nouvelle. Elle va consulter Dorothée : il lui conseille d'avoir recours au ciel; le couple fidèle tombe à genoux, et adresse ses vœux au Tout-Puissant : le vent s'est élevé, les flots battent les deux flancs de la galère ; c'est le seul bruit qui accompagne la prière de l'amour : passion orageuse, que le matelot nourrit au milieu de la solitude des mers, comme le pâtre dans la profondeur des bois.

Dorothée et la fille de Démodocus étoient encore troublés par les souvenirs d'Amathonte, lorsqu'ils découvrirent le sommet du Carmel. Peu à peu la plaine de la Palestine sort de l'onde, et se dessine le long de la mer; les montagnes de la Judée se montrent derrière cette plaine : le vaisseau vint en silence, au milieu de la nuit, jeter l'ancre dans le port de Joppé : plus sacré que le vaisseau d'Hiram chargé des cèdres du temple, il portoit le temple vivant de Jésus-Christ, et l'innocence préférable au bois parfumé. Les passagers chrétiens descendent au rivage; ils se prosternent et baisent avec transport la terre où s'accomplit leur salut. Dorothée et la jeune catéchumène se réunissent à une troupe de pèlerins qui devoient partir au point du jour pour Jérusalem.

L'aube avoit à peine blanchi les cieux, que l'on entendit la voix de l'Arabe conducteur de la troupe : il entonnoit le chant du départ de la caravane. Aussitôt les pèlerins s'apprêtent, les dromadaires fléchissent les genoux, et reçoivent sur leurs dos voûtés les pesants fardeaux; les ânes robustes, les cavales légères, portent les voyageurs. Cymodocée, qui attiroit tous les regards, étoit assise, avec sa nourrice, sur un chameau orné de tapis, de plumes et de banderoles : Rebecca montra moins de pudeur quand elle se voila la tête en apercevant Isaac qui venoit au-devant d'elle; Rachel parut moins belle aux yeux de Jacob lorsqu'elle quitta ses pères, emportant ses dieux domestiques. Dorothée et ses serviteurs marchoient aux côtés de la fille de Démodocus, et veilloient aux pas de son chameau.

On quitte les murs de Joppé, qu'embellissent des bois de lentisques et de grenadiers semblables à des rosiers chargés de pommes rouges; on traverse la plaine de Saron, qui, dans l'Écriture, partage avec le Carmel et le Liban l'honneur d'être l'image de la beauté : elle étoit couverte de ces fleurs dont Salomon, dans toute sa pompe royale, ne pouvoit égaler la magnificence. Bientôt on pénètre dans les montagnes de Judée par le hameau qui vit naître l'heureux coupable à qui Jésus-Christ promit le ciel sur la croix. Les pieux voyageurs vous saluèrent aussi, berceau de Jérémie, vous qui respirez encore la tristesse du prophète des douleurs ! Ils franchissent le torrent qui fournit au berger de Bethléem les pierres dont il frappa le Philistin ; ils s'enfoncent dans un désert où des figuiers sauvages, clair-semés, étaloient au vent brûlant du midi leurs feuilles noircies : la terre, qui jusque-là avoit conservé quelque verdure, se dépouille ; les flancs des monts s'élargissent et prennent à la fois un air plus grand et plus stérile : peu à peu la végétation se retire et meurt ; les mousses même disparoissent ; une teinte rouge et ardente succède à la pâleur des rochers. Parvenus à un col élevé, tout à coup les pèlerins découvrent un vieux mur surmonté de la cime de quelques édifices nouveaux. Le guide s'écrie : « Jérusalem ! » et la troupe, soudain arrêtée par un mouvement involontaire, répète : « Jérusalem ! Jérusalem ! »

A l'instant les chrétiens se précipitent de leurs cavales ou de leurs chameaux. Ceux-ci se prosternent trois fois ; ceux-là se frappent le sein en poussant des sanglots ; les uns apostrophent la ville sacrée dans le langage le plus pathétique ; les autres restent muets d'étonnement, le regard attaché sur Jérusalem. Mille souvenirs accablent à la fois le cœur et l'esprit : souvenirs qui n'embrassent rien moins que la durée du monde ! ô muse de Sion, toi seule pourrois peindre ce désert qui respire la divinité de Jéhovah, et la grandeur des prophètes !

Entre la vallée du Jourdain et les plaines de l'Idumée s'étend une chaîne de montagnes qui commence aux champs fertiles de la Galilée, et va se perdre dans les sables de l'Yémen. Au centre de ces montagnes se trouve un bassin aride, fermé de toutes parts par des sommets jaunes et rocailleux ; ces sommets ne s'entr'ouvrent qu'au levant, pour laisser voir le gouffre de la mer Morte et les montagnes lointaines de l'Arabie. Au milieu de ce paysage de pierres, sur un terrain inégal et penchant, dans l'enceinte d'un mur jadis ébranlé sous les coups du bélier, et fortifié par des tours qui tombent, on aperçoit de vastes débris ; des cyprès épars, des buissons d'aloès et de nopals, quelques masures arabes, pareilles à des sépulcres blanchis, recouvrent cet amas de ruines : c'est la triste Jérusalem.

Au premier aspect de cette région désolée, un grand ennui saisit le cœur. Mais lorsque, passant de solitude en solitude, l'espace s'étend sans bornes devant vous, peu à peu l'ennui se dissipe ; le voyageur éprouve une terreur secrète qui, loin d'abaisser l'âme, donne du courage et élève le génie. Des aspects extraordinaires décèlent de toutes parts une terre travaillée par des miracles : le soleil brûlant, l'aigle impétueux, l'humble hysope, le cèdre superbe, le figuier stérile, toute la poésie, tous les tableaux de l'Écriture sont là : chaque nom renferme un mystère, chaque grotte déclare l'avenir, chaque sommet retentit des accents d'un prophète. Dieu même a parlé sur ces bords : les torrents desséchés, les rochers fendus, les tombeaux entr'ouverts attestent le prodige ; le désert paroît encore muet de terreur, et l'on diroit qu'il n'a osé rompre le silence depuis qu'il a entendu la voix de l'Éternel.

La pieuse Hélène a porté ses pas à cette terre sacrée : elle veut arracher le tombeau de Jésus-Christ aux profanations de l'idolâtrie ; elle veut renfermer dans de majestueux édifices tant de lieux consacrés par les paroles et les douleurs du Fils de Dieu. Elle appelle de toutes les parties du monde les chrétiens à son secours ; ils descendent en troupes aux rivages de la Syrie : les pieds nus, les yeux baignés de pleurs, ils s'avancent, en chantant des cantiques, vers la montagne où s'opéra le salut des hommes. Dorothée conduit aussi à ce sanctuaire la catéchumène que la mère de Constantin doit instruire et protéger.

La caravane entre par la porte du château qui vit depuis s'élever la tour des Pisans et l'hospice des braves chevaliers du Temple. Le bruit se répand aussitôt que le premier officier de la maison de l'empereur est arrivé avec une catéchumène plus belle que Mariamne, et qui semble aussi malheureuse. Hélène fait appeler Dorothée. Elle frémit au récit des maux qui menacent l'Église : elle reçoit l'épouse du défenseur des chrétiens avec la noblesse d'une impératrice, la bonté d'une mère et le zèle d'une sainte.

« Esther, lui dit-elle, j'aime à trouver dans vos traits une jeune femme que j'ai vue souvent en songe assise à la droite de la divine Marie. Vous n'avez point connu de mère, je vous en servirai. Remerciez Dieu, ma fille, de vous avoir conduite au tombeau de Jésus-Christ. Ici les plus hautes, vérités de la foi semblent s'abaisser, et devenir sensibles aux cœurs les plus simples. »

A ces touchantes paroles, Cymodocée verse des pleurs d'attendrissement et de respect. Comme on voit une vigne qu'un violent orage a détachée de l'ormeau qui la soutenoit dans les airs, ces tendres rameaux couvrent la terre; mais, si on lui présente un autre appui, elle embrasse aussitôt l'arbre secourable, et présente de nouveau aux rayons du soleil son feuillage délicat; ainsi la fille de Démodocus, séparée de son père, s'attache étroitement à la mère de l'ami d'Eudore.

Cependant Hélène fait partir des messagers qui vont porter aux sept églises d'Asie l'annonce de la persécution prochaine; elle daigne en même temps montrer elle-même à l'épouse d'Eudore et à Dorothée les immenses travaux qui doivent faire renaître la cité de Salomon. Le bois consacré à Vénus sur le mont Calvaire étoit abattu; la vraie croix étoit retrouvée. Un homme que la présence de cette croix miraculeuse avoit arraché au cercueil racontoit les choses d'une autre vie dans cette Jérusalem tant de fois instruite par les morts des secrets du tombeau.

Au pied de la montagne de Sion, qui porte à son sommet le monument en ruine de David, s'élève une colline à jamais célèbre sous le nom de Calvaire. Au bas de cette colline sacrée, Hélène avoit fait enfermer le sépulcre de Jésus-Christ dans une basilique circulaire de marbre et de porphyre. Éclairé par un dôme de bois de cèdre, placé au centre de l'église, et revêtu d'un catafalque de marbre blanc, le saint tombeau servoit d'autel dans les grandes solennités. Une obscurité favorable au recueillement de l'âme régnoit au sanctuaire, dans les galeries et les chapelles de l'édifice. Des cantiques s'y faisoient entendre à toutes les heures du jour et de la nuit. On ne sait d'où partent ces concerts; on respire l'odeur de l'encens sans apercevoir la main qui le brûle : on voit passer dans l'ombre, et s'enfoncer dans les détours du temple, le pontife qui va célébrer les redoutables mystères, aux lieux mêmes où ils se sont accomplis.

Cymodocée contemple en silence les merveilles chrétiennes : fille de la Grèce, elle admire les chefs-d'œuvre des arts créés par la puissance de la foi, au milieu des déserts. Les portes du nouvel édifice attirent surtout ses regards. Elles étoient de bronze, et rouloient sur des gonds d'argent et d'or. Un solitaire des rives du Jourdain, animé de l'esprit prophétique, avoit donné le dessin de ces portes à deux célèbres sculpteurs de Laodicée. On voyoit la ville sainte, tombée au pouvoir d'un peuple infidèle, assiégée par des héros chrétiens : on les reconnoissoit à la croix qui brilloit sur leurs habits. Le vêtement et les armes de ces héros étoient étrangers; mais les soldats romains croyoient retrouver quelques traits des Francs et des Gaulois parmi ces guerriers à venir. Sur leur front éclatoient l'audace, l'esprit d'entreprise et d'aventure, avec une noblesse, une franchise, un honneur, ignorés des Ajax et des Achille. Ici le camp paroissoit ému à la vue d'une femme séduisante, qui sembloit implorer le secours d'une troupe de jeunes princes ; là, cette même enchanteresse enlevoit un héros sur les nuages, et le transportoit dans des jardins délicieux ; plus loin, une assemblée d'esprits de ténèbres étoit convoquée dans les salles brûlantes de l'enfer : le rauque son de la trompette du Tartare appelle les habitants des ombres éternelles ; les noires cavernes en sont ébranlées, et le bruit, d'abîme en abîme, roule et retombe. Avec quel attendrissement Cymodocée aperçut une femme mourante sous l'armure d'un guerrier! Le chrétien qui lui perça le sein va tout en pleurs puiser de l'eau dans son casque, et revient donner une vie éternelle à la beauté qu'il priva d'un jour passager. Enfin la cité sainte est attaquée de toutes parts, et l'étendard de la croix flotte sur les murs de Jérusalem. L'artiste divin avoit aussi représenté, parmi tant de merveilles, le poëte qui devoit un jour les chanter : il paroissoit écouter au milieu d'un camp le cri de la religion, de l'honneur et de l'amour ; et plein d'un noble enthousiasme, il écrivoit ses vers sur un bouclier.

Cependant le temps, qui fuit sans cesse, avoit ramené la veille du jour douloureux où Jésus-Christ expira sur la croix. Cymodocée, avec une troupe de vierges choisies, accompagne Hélène au tombeau du Sauveur. La nuit étoit au milieu de son cours ; le saint sépulcre étoit rempli de fidèles, et pourtant un profond silence régnoit dans ce lieu sacré. Le chandelier à sept branches brûloit devant l'autel ; quelques lampes éclairoient à peine le reste de l'édifice; toutes les images des martyrs et des anges étoient voilées; le sacrifice étoit suspendu, et l'hostie déposée dans le saint tombeau. Hélène se place au milieu de la foule : elle avoit quitté son diadème; elle ne vouloit pas ceindre son front d'une couronne de diamants dans ces lieux où le Rédempteur avoit porté une couronne d'épines. L'habileté de Cymodocée dans l'art des chants étoit déjà connue de ses compagnes; elles avoient invité la fille d'Homère à soupirer les plaintes de Jérémie. Hélène l'encourage d'un regard. Cymodocée s'avance au pied de l'autel : elle étoit vêtue d'une robe de bysse aurore, attachée par une ceinture de soie, et bordée de grenades d'or, à la manière des filles juives; ses cheveux, son cou et ses bras étoient chargés, pour un moment, de croissants, de bandelettes de cinq couleurs, de bracelets, de pendants d'oreilles et de colliers : telle parut aux yeux des Israélites Michol, épouse promise à David pour prix de sa victoire sur les Philistins; tel un palmier de Syrie orne sa tête de ses fruits enchaînés comme des cristaux de corail à des filets d'ambre. Cymodocée, élevant une voix pure, fait entendre ces lamentations :

« Comment la ville, autrefois pleine de peuple,
« est-elle assise dans la solitude? Comment l'or est-il
« obscurci? Comment les pierres du sanctuaire
« ont-elles été dispersées? La maîtresse des nations
« est veuve; la reine des provinces est sujette au
« tribut. Les rues de Sion pleurent, les portes sont
« détruites, les prêtres gémissent, les vierges sont

« désolées. O race de Juda, vous avez été traitée
« comme un vase d'argile! Jérusalem, Jérusalem,
« dans un moment tu vis tomber l'orgueil de tes
« tours, et tes ennemis plantèrent leurs tentes à
« l'endroit même où le juste pleurant sur toi avoit
« prédit ta ruine. »

Ainsi chantoit Cymodocée sur un mode pathétique, transmis aux chrétiens par la religion des Hébreux. De temps en temps des trompettes d'airain mêloient leurs gémissements aux plaintes de Jérémie. Quelle éloquence dans ces leçons, redites sur les ruines de Jérusalem, près du temple dont il ne restoit pas pierre sur pierre, et à la veille d'une persécution! La voix émue d'une jeune fille séparée de son père, et tremblant pour les jours de son époux, ajoutoit un charme à ces cantiques. Les prières continuent jusqu'au lever de l'aurore : alors se prépare la procession solennelle qui doit parcourir la Voie douloureuse.

La vraie croix, portée par quatre évêques, confesseurs et martyrs, marche à la tête du troupeau. Allongé sur deux files, un nombreux clergé, en silence et en habits de deuil, suit le signe de la rédemption des hommes. Viennent ensuite les chœurs des vierges et des veuves, les catéchumènes qui doivent entrer dans le sein de l'Église, les pécheurs qui vont être réconciliés. L'évêque de Jérusalem, la tête découverte, une corde au cou en signe d'expiation, termine la pompe. Hélène marche derrière lui, appuyée sur l'épouse du défenseur des chrétiens : la troupe innombrable des fidèles, l'orphelin, l'aveugle, le boiteux, accompagnent, pleins d'espérance, cette croix qui guérit l'infirme et console l'affligé.

On sort par la porte de Bethléem, et tournant au levant, le long de la piscine de Bethsabée, on descend vers le puits de Néphi pour remonter à la fontaine de Siloé. A l'aspect de la vallée de Josaphat remplie de tombeaux, de cette vallée où la trompette de l'ange du jugement doit rassembler les morts, une sainte terreur saisit l'âme des fidèles. La pompe religieuse passe au pied du mont Moria, et traverse le torrent de Cédron, qui rouloit une eau fangeuse et rougie; elle laisse à droite les sépulcres de Josaphat et d'Absalon, et vient prier au jardin des Oliviers, à l'endroit même que le Fils de l'homme arrosa d'une sueur de sang. A chaque station un prêtre explique au peuple, ou le miracle, ou la parole, ou l'action dont ce lieu sacré fut témoin. La porte des Palmes s'ouvre, et la procession rentre dans Jérusalem. Au travers des décombres entassés, elle parvient aux ruines du palais du Prétoire, près de l'enceinte du temple : c'est là que commence le chemin du Calvaire. Le prêtre qui doit parler à la foule ne peut lire l'Évangile, à cause des pleurs qui tombent de ses yeux : à peine on entend sa voix altérée :

« Mes frères, s'écrie-t-il, là s'élevoit la prison où
« il fut couronné d'épines ! De ce portique en ruine,
« Pilate le montra aux Juifs, en leur disant : « Voilà
« l'homme ! »

A ces paroles, les chrétiens éclatent en sanglots.

On marche vers le Calvaire : le prêtre décrit de nouveau la Voie douloureuse :

« Là fut la maison du riche ; là Jésus-Christ « tomba sous sa croix; plus loin l'Homme-Dieu dit « aux femmes : « Ne pleurez pas sur moi, mais sur « vous et sur vos fils. »

On arrive au sommet du Calvaire; on y plante le signe du salut des hommes : à l'instant le soleil se couvre de ténèbres, la terre tremble, le voile du nouveau temple se déchire. Immortels témoins de la passion du Sauveur, vous vous rassemblâtes autour de la vraie croix : on vit descendre du ciel Marie mère de pitié, Madeleine pénitente, Pierre qui pleura son péché, Jean qui n'abandonna pas son maître, l'esprit redoutable qui présenta le calice amer au Rédempteur du monde, et l'ange de la mort encore épouvanté du coup qu'il porta au Fils de l'Éternel.

Bien différent fut le jour de triomphe qui suivit ce jour de deuil! Les images des saints sont dévoilées, le feu nouveau est béni devant l'autel, l'antique Alleluia de Jacob ébranle les voûtes de l'église :

« O fils, ô filles de Sion, le Roi des cieux, le Roi « de gloire va sortir du tombeau ! Quel est cet ange « vêtu de blanc assis à l'entrée du sépulcre ? Apô-« tre, accourez! Heureux ceux qui croiront sans « avoir vu ! »

Le peuple répète en chœur cet hymne des bénédictions et des louanges.

Mais rien n'égale la félicité des catéchumènes qui

dans ce jour solennel passent au rang des élus. Tous, vêtus de blanc et couronnés de fleurs, reçoivent sur le front l'eau pure qui les rend à l'innocence des premiers jours du monde. Cymodocée contemploit avec envie la félicité de ces nouveaux chrétiens ; mais la fille d'Homère n'étoit point encore assez instruite des vérités de la foi. Cependant elle touchoit à l'heureux moment de son baptême, elle ne devoit plus acheter que par une dernière épreuve le bonheur de partager la religion de son époux.

Tandis que, sous la protection d'Hélène, elle se croit à l'abri de tous les dangers, déjà s'avance vers Jérusalem le centurion qui poursuit la colombe fugitive. L'aruspice qui devoit consulter la sibylle de Cumes sur le sort des chrétiens avoit quitté Rome ; il étoit accompagné d'un satellite d'Hiéroclès, chargé secrètement au nom de Galérius de se rendre l'oracle favorable : aussitôt que la prêtresse auroit prononcé l'arrêt fatal, le ministre du proconsul avoit ordre de s'embarquer pour la Syrie, de saisir Cymodocée dans la ville sainte, de réclamer cette nouvelle Virginie au tribunal d'un nouvel Appius, comme une esclave chrétienne échappée à son maître.

Le prince des ténèbres, poursuivant ses desseins, avoit volé de Rome à Cumes, afin d'inspirer à la sibylle l'oracle trompeur qui devoit perdre les fidèles. Il découvre avec complaisance le lac Averne, environné d'une sombre forêt. C'est par une ouverture voisine de ces lieux que souvent les démons s'élancent du sein des ombres : du fond de ce soupirail empesté, ils se plaisent à répandre chez les peuples mille fables obscures touchant les vastes demeures de la nuit et du silence. Mais ces anges criminels trahissent malgré eux le secret de leurs douleurs : car ils placent sur le chemin de leur empire les remords couchés sur un lit de fer; la Discorde aux crins de couleuvres, rattachés par des bandelettes sanglantes ; les vains songes suspendus aux branches d'un orme antique; le travail, les chagrins, l'épouvante, la mort et les joies coupables du cœur.

L'Éternel, qui voit Satan s'avancer vers l'antre de la sibylle, s'oppose à l'entier accomplissement des projets de l'enfer. Si Dieu, dans la profondeur de ses conseils, souffre que son Église soit persécutée, il ne permet pas que les démons puissent s'en attribuer la coupable gloire; même en châtiant les chrétiens il songe à humilier les esprits rebelles. Il veut que les faux oracles se taisent, et que les idoles, s'avouant vaincues, reconnoissent enfin le triomphe de la croix.

Un ange, chargé des ordres du Très-Haut, descend aussitôt sur la colline où Dédale, après avoir franchi les cieux, consacra, dit la fable, ses ailes au génie de la lumière. Le messager céleste pénètre dans le temple de la sibylle. L'aruspice envoyé par Dioclétien offroit dans ce moment même un sacrifice. Quatre taureaux tombent égorgés en l'honneur d'Hécate; on immole une brebis noire à la Nuit, mère des Euménides ; le feu est allumé sur les autels de Pluton ; les victimes entières sont précipitées dans la flamme, et des flots d'huile inondent leurs entrailles brûlantes. On invoque le Chaos, le Styx, le Phlégéton, les Parques, les Furies, divinités infernales : on leur dévoue la tête des chrétiens. A peine l'odieux sacrifice est consommé, que la sibylle, hors d'elle-même, s'écrie :

« Il est temps de consulter l'oracle! Le Dieu! « Voilà le Dieu! »

Tandis qu'elle parle à l'entrée du sanctuaire, Satan agite tout à coup la prêtresse des idoles. Les traits de la sibylle s'altèrent, son visage change de couleur, ses cheveux se hérissent, sa poitrine se soulève, sa taille s'agrandit, sa voix n'a plus rien d'une mortelle. Assise sur le trépied, elle lutte encore contre l'inspiration du prince des ténèbres.

« Puissant Apollon, s'écrie l'aruspice, dieu de « Sminthe et de Délos, vous que le destin a choisi « pour dévoiler l'avenir aux mortels, daignez m'apprendre quel sera le sort des chrétiens! Le pieux « empereur doit-il faire disparoître de la terre les « sacriléges ennemis des dieux? »

A ces mots, la prêtresse se lève trois fois avec violence; trois fois une force surnaturelle la rasseoit sur le trépied : les cent portes du sanctuaire s'ouvrent pour laisser passer les paroles prophétiques. O prodige! la sibylle reste muette. En vain, fatiguée par le démon, elle cherche à rompre le silence; elle ne rend que des sons confus et inarticulés. L'ange du Seigneur s'est dévoilé aux yeux de la prêtresse : la bouche entr'ouverte, les yeux égarés, les cheveux épars, elle le montre de la main aux spectateurs ; ils ne voient point l'apparition céleste, mais ils sont saisis d'épouvante. Domptée par l'esprit de l'abîme, et faisant un dernier effort, la sibylle veut ordonner la proscription des chrétiens, et elle ne prononce que ces mots :

« Les justes qui sont sur la terre m'empêchent de parler. »

Satan, vaincu par cet oracle, s'envole plein de honte et de douleur, sans perdre toutefois l'espérance et sans abandonner ses projets. Ce qu'il n'a pu faire lui-même, il le fera par les passions des hommes. L'aruspice confie la réponse des dieux à un cavalier numide, plus léger que les vents ; Dioclétien la reçoit ; le conseil s'assemble.

« Ces prétendus justes, s'écrie Hiéroclès, ce sont les chrétiens. L'oracle les désigne, par dérision, sous le nom qu'ils se donnent eux-mêmes. Auguste, ce sont donc les chrétiens qui font taire la voix du ciel ! Tant ces monstres sont en horreur aux dieux et aux hommes ! »

Dioclétien, secrètement troublé par l'antique serpent, est frappé de l'explication d'Hiéroclès. Il ne voit plus ce que l'oracle a de favorable aux fidèles. La superstition étouffe la sagesse : il craint de favoriser des hommes dévoués aux Furies. Cependant il hésite encore. Alors un bruit se répand dans le conseil, que les chrétiens ont mis le feu au palais. Galérius, par l'avis d'Hiéroclès, avoit préparé cet incendie, afin de triompher des incertitudes de l'empereur. Aussitôt César affectant un air consterné :

« Il est bien temps de délibérer quand des scélérats vont vous faire périr au milieu des flammes ! »

A ces mots, tout le conseil, ou séduit ou trompé, demande la mort des impies, et l'empereur, effrayé lui-même, ordonne de publier l'édit de persécution.

LIVRE DIX-HUITIÈME.

SOMMAIRE.

Joie de l'enfer. Galérius, conseillé par Hiéroclès, force Dioclétien à abdiquer. Préparation des chrétiens au martyre. Constantin, aidé par Eudore, échappe de Rome et fuit vers Constance. Eudore est jeté dans les cachots. Hiéroclès, premier ministre de Galérius. Persécution générale. Le démon de la tyrannie porte à Jérusalem la nouvelle de la persécution. Le centurion envoyé par Hiéroclès met le feu aux lieux saints. Dorothée sauve Cymodocée. Rencontre de Jérôme dans la grotte de Bethléem.

Depuis le jour où Satan vit la première femme porter à sa bouche le fruit de mort, il n'avoit pas ressenti une telle joie. « Enfer, « s'écrioit-il, ouvrez vos abîmes pour recevoir les « âmes que le Christ vous avoit arrachées ! Le Christ « est vaincu, son empire est détruit, l'homme m'ap- « partient sans retour. »

Ainsi parloit le prince des ténèbres : sa voix pénètre dans le gouffre des douleurs. Les réprouvés crurent entendre de nouveau la sentence fatale, et poussèrent des cris affreux au milieu des flammes. Tout ce qui restoit de démons au fond de la nuit éternelle accourut sur la terre. L'air fut obscurci de cet essaim d'esprits immondes. Le Chérubin qui dirige le cours du soleil recula d'horreur, et couvrit son front d'un nuage sanglant; des voix lamentables sortirent du sein des forêts; sur les autels des faux dieux, les idoles laissèrent échapper un effroyable sourire; les méchants de toutes les parties du globe sentirent au même moment un nouvel attrait vers le mal, et enfantèrent des projets de révolutions.

Hiéroclès surtout est emporté par une ardeur irrésistible; il veut mettre la dernière main à son ouvrage. Tandis que Dioclétien règne encore, l'apostat ne peut jouir d'une autorité absolue. Le sophiste saisit donc le moment favorable; et s'adressant à Galérius, dont il connoît les passions :

« Prince, voulez-vous régner, vous n'avez pas un instant à perdre. Auguste vient de se priver de l'appui des chrétiens. En exterminant ces factieux, vous serez à couvert de la haine qu'entraîne quelquefois une mesure sévère, puisque l'édit est donné sous le nom de l'empereur. Dioclétien est effrayé de la résolution qu'il a prise, profitez de ce moment de crainte; représentez au vieillard qu'il est temps pour lui de goûter le repos, et de laisser à un héros plus jeune le soin d'exécuter des ordres d'où dépend le salut de l'Empire. Vous nommerez des Césars de votre choix; vous ferez régner la sagesse : le présent vous devra son bonheur, et les siècles futurs retentiront de vos vertus.

Galérius approuva le zèle d'Hiéroclès; il appela le lâche conseiller son digne ami, son fidèle ministre. Tous les favoris de César applaudirent, même Publius, qui, rival de la faveur de l'apostat, ne cherchoit que le moyen de le perdre; mais, en habile courtisan, il se garda bien de s'opposer à un crime qui flattoit l'ambition de Galérius. Préfet de

Rome, il se chargea de gagner les prétoriens et les légions campées au Champ-de-Mars.

Galérius se rend au palais des Thermes. Dioclétien étoit enfermé seul dans le lieu le plus reculé de sa vaste demeure. A l'instant où l'empereur avoit prononcé l'arrêt des chrétiens, Dieu avoit prononcé l'arrêt de l'empereur : le règne avoit fini avec la justice. Rongé de remords et d'inquiétudes, Auguste se sentoit abandonné du ciel, et des pensées amères occupoient son âme : tout à coup on annonce Galérius. Dioclétien le salue du nom de César.

« Toujours César ! s'écrie le prince avec violence. Ne serai-je jamais que César ? »

En même temps il ferme les portes, et s'adressant à l'empereur :

« Auguste, on vient d'afficher votre édit dans Rome, et les chrétiens ont eu l'insolence de le déchirer. Je prévois que cette race impie causera bien des maux à votre vieillesse; souffrez que je punisse vos ennemis, et déchargez-vous sur moi du fardeau de l'Empire : votre âge, vos longs travaux, votre santé chancelante, tout vous fait une loi de chercher le repos. »

Dioclétien, sans paroître surpris, répliqua :

« C'est vous qui plongez ma vieillesse dans ces malheurs; sans vous j'aurois laissé après moi l'Empire tranquille. Irai-je, après vingt années de gloire, languir dans l'obscurité ? »

— « Eh bien, dit Galérius en fureur, si vous ne voulez pas renoncer à l'Empire, c'est à moi de me consulter. Depuis quinze ans je combats les Barbares sur des frontières sauvages, tandis que les autres Césars règnent en paix sur des provinces fertiles : je suis las du dernier rang. »

—« Songez-vous, répondit le vieillard, que vous êtes dans mon palais ? Gardien de troupeaux ! tout foible que je suis, je puis encore vous faire rentrer dans votre néant ; mais j'ai trop d'expérience pour être étonné de l'ingratitude, et je suis trop las de gouverner les hommes pour vous disputer ce triste honneur. Infortuné Galérius, savez-vous ce que vous demandez? Depuis vingt ans que je tiens les rênes de l'Empire, un sommeil paisible n'a point encore fermé mes yeux ; je n'ai vu autour de moi que bassesses, intrigues, mensonges, trahisons; je n'emporterai du trône que le vide des grandeurs, et un profond mépris pour la race humaine. »

—« Je saurai bien, dit Galérius, me mettre à couvert de l'intrigue, de la bassesse, du mensonge et de la trahison : je rétablirai les Frumentaires, que vous avez si imprudemment supprimés ; je donnerai des fêtes à la foule ; et, maître du monde, je laisserai, par des choses éclatantes, une longue opinion de ma grandeur. »

—« Ainsi, repartit Dioclétien avec mépris, vous ferez bien rire le peuple romain. »

—« Eh bien, dit le farouche César, si le peuple romain ne veut pas rire, je le ferai pleurer ! Il faudra ou servir ma gloire, ou mourir. J'inspirerai la terreur pour me sauver du mépris. »

—« Le moyen n'est pas aussi sûr que vous le pensez, répliqua Dioclétien. Si l'humanité ne vous arrête pas, que votre propre sûreté vous touche : un règne violent ne sauroit être long. Je ne prétends pas que vous soyez exposé à une chute soudaine; mais il y a dans les principes des choses un certain degré de mal que la nature ne peut passer. On voit bientôt, quelle qu'en soit la cause, disparoître les éléments de ce mal. De tous les mauvais princes, Tibère seul a paru long-temps au timon de l'État; mais Tibère ne fut violent que dans les dernières années de sa vie. »

— « Tous ces discours sont inutiles, s'écria Galérius fatigué : je ne demande pas des leçons, mais l'Empire. Vous dites que le pouvoir souverain n'a plus d'attraits à vos yeux, laissez-le donc passer aux mains de votre gendre. »

— « Ce titre, repartit Dioclétien, ne peut vous servir auprès de moi. Avez-vous fait le bonheur de ma fille? Infidèle à son amour, persécuteur de la religion qu'elle aime, vous n'attendez peut-être que ma retraite pour exiler Valérie sur quelque rivage désert. Et voilà comme vous m'avez payé de mes bienfaits! Mais je serai vengé : je vous laisse ce pouvoir que vous voulez m'arracher au bord de ma tombe. Je ne cède point à vos menaces, mais j'obéis à une voix du ciel, qui me dit que le temps des grandeurs est passé. Je vous le donne ce lambeau de pourpre qui n'est plus pour moi qu'un linceul funèbre : avec lui je vous fais le présent de tous les soucis du trône. Gouvernez un monde qui se dissout, où mille principes de mort germent de tous les côtés; guérissez des mœurs corrompues; accordez des religions qui se combattent ; faites disparoître un esprit de sophisme qui ronge jusqu'aux entrailles de la société ; repoussez dans leurs forêts des barbares qui tôt ou tard dévoreront l'Empire romain. Je pars : je vous verrai, de mon jardin de Salone, devenir l'exécration de l'univers. Vous-même, fils ingrat, vous ne mourrez point sans être la victime de l'ingratitude de vos fils. Régnez donc ; hâtez la fin de cet État dont j'ai retardé la chute de quelques instants. Vous êtes de la race de ces princes qui paroissent sur la terre à l'époque des grandes révolutions, lorsque les familles et les royaumes se perdent par la volonté des dieux. »

Ainsi le sort de l'Empire se décidoit dans le palais de Dioclétien : les chrétiens délibéroient entre eux sur les tribulations de l'Église. Eudore étoit l'âme de tous leurs conseils. L'édit, publié au son des trompettes, ordonnoit de brûler les livres saints et d'abattre les églises; il déclaroit les chrétiens infâmes ; il les privoit des droits de citoyen ; il défendoit aux magistrats de recevoir leurs plaintes pour cause de mauvais traitements, de vol, de rapt et d'adultère; il autorisoit toute sorte de personnes à les dénoncer, soumettoit aux tortures, et condamnoit à la mort quiconque refusoit de sacrifier aux dieux.

Cet édit sanguinaire, dicté par Hiéroclès, laissoit un libre cours aux crimes du disciple des sages, et menaçoit les fidèles d'une entière destruction. Chacun, selon son caractère, se préparoit à fuir ou à combattre.

Ceux qui craignoient de succomber dans les tourments s'exiloient chez les Barbares; plusieurs se retiroient dans les bois et les lieux déserts; on voyoit les fidèles s'embrasser dans les rues, et se dire un tendre adieu en se félicitant de souffrir pour Jésus-Christ. De vénérables confesseurs, échappés aux persécutions précédentes, se mêloient à la foule pour encourager la foiblesse ou modérer l'ardeur du zèle. Les femmes, les enfants et les jeunes hommes entouroient les vieillards qui rappeloient les exemples donnés par les plus fameux martyrs : Laurent de l'Église romaine, exposé sur des charbons ardents; Vincent de Saragosse, s'entretenant dans la prison avec les anges; Eulalie de Mérida, Pélagie d'Antioche, dont la mère et les sœurs se noyèrent en se tenant embrassées; Félicité et Perpétue combattant dans l'amphithéâtre de Carthage; Théodote et les sept vierges d'Ancyre; les deux jeunes époux ensevelis dans des tombes différentes, et qui se trouvèrent réunis dans le même cercueil. Ainsi parloient les vieillards; et les évêques cachoient les livres saints; et les prêtres renfermoient le viatique dans des boîtes à double fond: on rouvroit les catacombes les plus solitaires et les plus ignorées, afin de remplacer les églises dont on alloit être privé; on nommoit les diacres qui devoient se déguiser pour porter des secours aux martyrs au fond des mines, dans les prisons et sur le chevalet; on apprêtoit le lin et le baume comme à la veille d'un grand combat; on payoit ses dettes; on se réconcilioit avec ses ennemis. Toutes ces choses se faisoient sans bruit, sans ostentation, sans tumulte ; l'Église se préparoit à souffrir avec simplicité : comme la fille de Jephté, elle ne demandoit à son père qu'un moment pour pleurer son sacrifice sur la montagne.

Les soldats chrétiens répandus dans les légions viennent avertir Eudore qu'un nouveau complot est près d'éclater, que l'on fait au nom de Galérius des largesses à l'armée, que les troupes doivent s'assembler le lendemain au Champ-de-Mars, et que l'on parle de l'abdication de l'empereur.

Le fils de Lasthénès se fait mieux instruire : ensuite il vole à Tibur, demeure accoutumée de Constantin. Ce prince habitoit, loin des piéges de la cour, une petite retraite au-dessus de la cascade de l'Anio, tout auprès des temples de Vesta et de la sibylle. Les maisons d'Horace et de Properce se montroient abandonnées sur les bords du fleuve, parmi des bois d'oliviers devenus sauvages. Le riant Tibur, qui tant de fois inspira la muse latine, n'offroit plus que des monuments de plaisirs détruits, et des tombeaux de tous les siècles. En vain l'on cherchoit sur les coteaux de Lucrétile le souvenir du poëte voluptueux qui renfermoit dans un espace étroit ses longues espérances, et consacroit du vin et des fleurs au génie qui nous rappelle la brièveté de nos jours.

Tout à coup, au milieu de la nuit, on annonce à Constantin l'arrivée d'Eudore ; le prince se lève, prend son ami par la main et le conduit sur une terrasse qui, circulant au pied du temple de Vesta, dominoit la chute de l'Anio. Le ciel étoit couvert de nuages, l'obscurité profonde; le vent gémissoit dans les colonnes du temple, une voix triste s'élevoit dans l'air; on croyoit entendre par intervalle le mugissement de l'antre de la sibylle, ou ces paroles funèbres que les chrétiens psalmodient pour les morts.

« Fils de César, dit Eudore, non-seulement on va massacrer les chrétiens, mais Dioclétien remet le sceptre à Galérius. C'est demain, au Champ-de-Mars, en présence des légions, que se passera cette grande scène. Vous ne serez point appelé au partage de la puissance; vos crimes sont votre gloire, celle de votre père, et votre penchant pour une religion divine. Daïa, ce pâtre, fils de la sœur de Galérius, et Sévère le soldat, tels sont les Césars que l'on réserve au peuple romain. Dioclétien désiroit vous nommer, mais vous avez été rejeté avec menace. Prince, cher espoir de l'Église et du monde, il faut céder à l'orage. Galérius vous craint et il en veut à vos jours. Demain, aussitôt que votre sort sera connu, vous fuirez vers votre père, tout sera préparé pour votre départ. Vous aurez soin, à chaque mansion, de faire mutiler les chevaux derrière vous, afin qu'on ne puisse vous poursuivre. Vous attendrez auprès de Constance le moment de sauver les chrétiens et l'Empire; et, quand il en sera temps, ces Gaulois qui ont déjà vu de près le Capitole, vous en ouvriront le chemin. »

Constantin reste un moment en silence : mille pensées violentes s'élèvent dans son cœur. Indigné des outrages qu'on lui prépare, animé de l'espoir de venger le sang des justes, peut-être touché de l'éclat d'un trône, qui tente toujours les grandes âmes, il ne se peut résoudre à la fuite ; son respect, sa reconnoissance pour Dioclétien, arrêtoient seuls son ardeur ; la nouvelle de l'abdication de ce prince a brisé tous les liens qui retenoient le fils de Constance : il veut aller soulever les légions au Champ-de-Mars ; il ne respire que la vengeance et les combats : tel, dans les déserts de l'Arabie, on voit un coursier attaché au milieu d'un sable brûlant ; pour trouver un peu d'ombre contre les ardeurs du soleil, il baisse et cache sa tête entre ses jambes rapides ; ses crins descendent épars ; il laisse tomber de son œil sauvage un regard oblique sur son maître : mais ses pieds sont-ils dégagés des entraves, il frémit, il dévore la terre ; la trompette sonne, il dit : « Allons ! »

Eudore calme les transports guerriers de Constantin.

« Les légions sont vendues, lui dit-il, tous vos pas sont surveillés, et vous tenteriez une entreprise qui précipiteroit l'Empire dans des maux incalculables. Fils de Constance, vous règnerez un jour sur le monde, et les hommes vous devront leur bonheur. Mais Dieu retient encore entre ses mains votre couronne, et il veut éprouver son Église. »

— « Eh bien ! dit le jeune prince avec une touchante vivacité, vous m'accompagnerez dans les Gaules, et nous marcherons ensemble à Rome, à la tête de ces soldats tant de fois témoins de votre valeur. »

14.

— « Prince, répond Eudore d'une voix émue, nos obligations ne sont pas les mêmes : vous vous devez à la terre pour le ciel; je me dois au ciel pour la terre. Votre devoir est de partir, le mien de rester. La jalousie que j'ai inspirée à Hiéroclès a sans doute précipité le sort des chrétiens : ma fortune, mes conseils, ma vie, leur appartiennent; je ne puis quitter un champ de bataille où j'ai appelé l'ennemi; mon épouse et son père réclament aussi ma présence en Orient. Enfin, s'il faut des exemples de fermeté à mes frères, Dieu m'accordera peut-être les vertus qui me manquent. »

Dans ce moment une flamme surnaturelle vient éclairer au bord de l'Anio les tombes de Symphorose et de ses sept enfants martyrs.

« Voyez, s'écrie Eudore en montrant à Constantin le monument sacré, voyez quelle force Dieu peut inspirer, quand il lui plaît, à des femmes et à des enfants! Combien ces cendres me paroissent plus illustres que la dépouille des Romains fameux qui reposent ici! Prince, ne me ravissez point la gloire d'une semblable destinée; permettez-moi seulement de nous jurer par le tombeau de ces saints une fidélité qui n'aura de terme que mes jours. »

A ces mots, le fils de Lasthénès voulut s'incliner avec respect sur la main qui devoit porter le sceptre du monde; mais Constantin se jette au cou d'Eudore, et presse long-temps dans ses bras un ami si noble et si magnanime.

Le prince demande son char : il y monte avec Eudore; ils roulent, à travers les ombres, le long des portiques déserts du temple d'Hercule. L'Anio retentissoit dans les débris du palais de Mécènes. Le descendant de Philopœmen et l'héritier de César réfléchissoient en silence sur le destin des hommes et des empires. Là s'étendoit cette forêt d'Albunée où les rois du Latium consultoient des dieux champêtres; là vivoient les peuples agrestes du mont Soracte et des vallons d'Utique; là fut le berceau de ces Sabines qui, courant échevelées entre les armées de Tatius et de Romulus, disoient aux uns : « Vous êtes nos fils et nos époux; » et aux autres : « Vous êtes nos frères et nos pères. » Le chantre de Lalagée et le ministre d'Auguste les remplacèrent sur ces bords que devoit venir fouler à son tour la reine descendue du trône de Palmyre. Le char passe rapidement la villa de Brutus, les jardins d'Adrien, et s'arrête à la tombe de la famille Plotia. Eudore se sépara de Constantin au pied de cette tour funèbre, et rentra dans Rome par un sentier désert, afin de préparer la fuite du prince. Constantin, dévorant mal ses soucis, et cachant à peine sa colère, prit le chemin du palais des Thermes.

L'attaque de Galérius avoit été si brusque, et la résolution de Dioclétien si prompte, que le fils de Constance, occupé tout entier du sort des chrétiens, s'étoit laissé surprendre par son ennemi. Il savoit bien que depuis long-temps César cherchoit à forcer Auguste à quitter l'Empire; mais, ou trompé ou trahi, il avoit cru cette catastrophe encore assez éloignée. Il voulut pénétrer chez Dioclétien; déjà tout étoit changé avec la fortune. Un officier de

Galérius refusa l'entrée du palais au jeune prince, en lui disant d'une voix menaçante:

« L'empereur vous ordonne de vous rendre au camp des légions. »

A l'extrémité du Champ-de-Mars, au pied du tombeau d'Octave, s'élevoit un tribunal de gazon surmonté d'une colonne qui portoit une statue de Jupiter. C'étoit à ce tribunal que Dioclétien devoit paroître au lever de l'aurore, pour abdiquer la pourpre au milieu des soldats sous les armes. Depuis le jour où Sylla se dépouilla de la dictature, jamais plus grand spectacle n'avoit frappé les regards des Romains. La curiosité, la crainte, l'espoir, avoient conduit au Champ-de-Mars une foule immense. Toutes les passions, émues à l'approche du règne nouveau, attendoient l'issue de cette scène extraordinaire. Quels seront les Augustes? Quels seront les Césars? Les courtisans dressoient au hasard des autels aux dieux inconnus; ils auroient craint de blesser, même en pensée, le pouvoir qui n'existoit pas encore. Ils adoroient le néant d'où la servitude alloit sortir; ils s'épuisoient à deviner quelle seroit la passion du prince à venir, afin de se pourvoir promptement de la bassesse qui seroit le plus en faveur sous ce règne. Tandis que les méchants pensoient à montrer leurs vices, les bons songeoient à cacher leurs vertus. Le peuple seul, avec une indifférence stupide, venoit voir des soldats étrangers lui nommer des maîtres, aux mêmes lieux où ce peuple libre donnoit jadis son suffrage pour l'élection de ses magistrats.

Dioclétien parut bientôt au tribunal. Les légions firent silence, et l'empereur prenant la parole :

« Soldats, mon âge m'oblige de remettre le pouvoir souverain à Galérius, et de créer de nouveaux Césars. »

A ces mots tous les yeux se tournent vers Constantin, qui venoit d'arriver. Mais tout à coup Dioclétien proclame Césars Daïa et Sévère. On demeure interdit ; on se demande quel est ce Daïa, et si Constantin a changé de nom. Alors Galérius, repoussant de la main le fils de Constance, saisit Daïa par le bras, et le présente aux légions. L'empereur se dépouille de son manteau de pourpre, et le jette sur les épaules du jeune pâtre. Il donne en même temps à Galérius son poignard, symbole de la puissance absolue sur la vie des citoyens.

Dioclétien, redevenu Dioclès, descend de son tribunal, monte sur son char, traverse Rome sans proférer un mot, sans regarder son palais, sans tourner la tête ; et, prenant le chemin de Salone sa patrie, il laisse l'univers entre l'admiration du règne qui finit et la terreur qui commence.

Tandis que les soldats saluoient le nouvel Auguste et le nouveau César, Eudore se glisse dans la foule, et parvient jusqu'à Constantin. Ce prince flottoit encore indécis entre l'étonnement, l'indignation et la douleur.

« Fils de Constance, lui dit Eudore à voix basse, que faites-vous ? Vous connoissez votre sort ; le tribun des prétoriens a déjà l'ordre de vous arrêter : suivez-moi, ou vous êtes perdu. »

Il entraîne l'héritier de l'Empire; ils arrivent hors des portes de Rome, en un lieu désert, où Constantin bâtit depuis la basilique de Sainte-Croix.

Là, quelques serviteurs attendoient le prince fugitif; il veut encore, en fondant en larmes, engager Eudore à se sauver avec lui; mais le martyr en espérance demeure inflexible, et supplie le fils d'Hélène de s'éloigner. Déjà l'on entendoit le bruit des soldats qui cherchoient Constantin. Eudore adresse cette prière à l'Éternel:

« Grand Dieu, si tu réserves ce prince pour ré-
« gner sur ton peuple, force ce nouveau David à
« se cacher devant Saül, et daigne lui montrer le
« chemin du désert de Zéïla!»

Aussitôt le tonnerre gronde sous un ciel serein, la foudre frappe les remparts de Rome, un ange trace une voie lumineuse dans l'occident.

Constantin obéit aux ordres du ciel: il embrasse son ami, et s'élance sur son coursier. Il fuit; Eudore lui crie:

« Souvenez-vous de moi quand je ne serai plus! Prince, servez de protecteur et de père à Cymodocée!»

Vœux inutiles! Constantin disparoît. Eudore, abandonné, sans protecteur, reste seul chargé de la colère de l'empereur, de la haine d'un rival, devenu premier ministre, de la destinée des fidèles, et, pour ainsi dire, de tout le poids de la persécution. Dès le soir même, dénoncé comme chrétien par un esclave d'Hiéroclès, il est plongé dans les cachots.

Satan, Astarté, l'esprit de la fausse sagesse, poussent tous trois un cri de triomphe dans les airs, et livrent le monde au démon de l'homicide.

Lorsque cet ange furieux, quittant le séjour des douleurs, contriste la terre par sa présence, il fait sa résidence ordinaire non loin de Carthage, dans les ruines d'un temple où l'on brûloit jadis en son honneur des victimes humaines. Des hydres aux regards funestes, des dragons semblables à celui qui combattit l'armée entière de Caton, des monstres inconnus tels que l'Afrique en engendre chaque année, les fléaux de l'Égypte, les vents empoisonnés, les maladies, les guerres civiles, les lois injustes qui dépeuplent la terre, la tyrannie qui la ravage, rampent aux pieds du démon de l'homicide. Il se réveille au cri de Satan; il s'envole du milieu des débris, en laissant après lui un long tourbillon de poussière; il franchit la mer; il arrive en Italie. Enveloppé dans un nuage ardent, il s'arrête au-dessus de Rome. D'une main il élève une torche, et de l'autre un glaive : tel autrefois il donna le signal du carnage, lorsque le premier Hérode fit massacrer les enfants d'Israël.

Ah! si la Muse sainte soutenoit mon génie, si elle m'accordoit un moment le chant du cygne ou la langue dorée du poëte, qu'il me seroit aisé de redire dans un touchant langage les malheurs de la persécution! Je me souviendrois de ma patrie : en peignant les maux des Romains, je peindrois les maux des François. Salut, épouse de Jésus-Christ, Église affligée, mais triomphante! Et nous aussi, nous vous avons vue sur l'échafaud et dans les catacombes. Mais c'est en vain qu'on vous tourmente, les portes de l'enfer ne prévaudront point contre vous ; dans vos plus grandes douleurs, vous apercevez toujours sur la montagne les pieds de celui qui vient vous annoncer la paix ; vous n'avez pas besoin de la lumière du soleil, parce que c'est la lumière de Dieu qui vous éclaire : c'est pourquoi vous brillez dans les cachots. La beauté du Basan et du Carmel s'efface, les fleurs du Liban se flétrissent ; vous seule restez toujours belle !

La persécution s'étend dans un moment des bords du Tibre aux extrémités de l'Empire. De toutes parts on entend les églises s'écrouler sous les mains des soldats ; les magistrats, dispersés dans les temples et dans les tribunaux, forcent la multitude à sacrifier ; quiconque refuse d'adorer les dieux est jugé et livré aux bourreaux ; les prisons regorgent de victimes ; les chemins sont couverts de troupeaux d'hommes mutilés, qu'on envoie mourir au fond des mines ou dans les travaux publics. Les fouets, les chevalets, les ongles de fer, la croix, les bêtes féroces, déchirent les tendres enfants avec leurs mères ; ici l'on suspend par le pied des femmes nues à des poteaux, et on les laisse expirer dans ce supplice honteux et cruel ; là on attache les membres du martyr à deux arbres rapprochés de force : les arbres, en se redressant, emportent les lambeaux de la victime. Chaque province a son supplice particulier ; le feu lent en Mésopotamie, la roue dans le Pont, la hache en Arabie, le plomb fondu en Cappadoce. Souvent, au milieu des tourments, on apaise la soif du confesseur, et on lui jette de l'eau au visage, dans la crainte que l'ardeur de la fièvre ne hâte sa mort. Quelquefois, fatigué de brûler séparément les fidèles, on les précipite en foule dans le bûcher : leurs os sont réduits en poudre, et jetés au vent avec leurs cendres.

Galérius trouvoit ses délices dans ces tourments; il fait venir à grands frais des ours d'une taille prodigieuse, et aussi féroces que lui. Ces bêtes ont chacune un nom terrible. Pendant ses repas, le successeur du sage Dioclétien leur fait jeter des hommes à dévorer. Le gouvernement de ce monstre avare et débauché, en répandant le trouble dans les provinces, augmente encore l'activité de la persécution. Les villes sont soumises à des juges militaires, sans connoissances et sans lettres, qui ne savent que donner la mort. Des commissaires font les recherches les plus rigoureuses sur les biens, et les propriétés des sujets; on mesure les terres; on compte les vignes et les arbres; on tient registre des troupeaux. Tous les citoyens de l'Empire sont obligés de s'inscrire dans le livre du cens, devenu un livre de proscription. De crainte qu'on ne dérobe quelque partie de sa fortune à l'avidité de l'empereur, on force, par la violence des supplices, les enfants à déposer contre leurs pères, les esclaves contre leurs maîtres, les femmes contre leurs maris. Souvent les bourreaux contraignent des malheureux à s'accuser eux-mêmes et à s'attribuer des richesses qu'ils n'ont pas. Ni la caducité, ni la maladie, ne sont une excuse pour se dispenser de se rendre aux ordres de l'exacteur; on fait comparoître la douleur même et l'infirmité; afin d'envelopper tout le monde dans des lois tyranniques, on ajoute des années à l'enfance, on en retranche à la vieillesse : la mort d'un homme n'ôte rien au trésor de Galérius, et l'empereur partage la proie avec le tombeau : cet homme, rayé du nombre des humains, n'est point effacé du rôle du cens, et il continue de payer pour avoir eu le malheur de vivre. Les pauvres, de qui l'on ne pouvoit rien exiger, sembloient seuls à l'abri des violences par leur propre misère; mais ils ne sont point à l'abri de la pitié dérisoire du tyran : Galérius les fait entasser dans des barques, et jeter ensuite au fond de la mer, afin de les guérir de leurs maux.

Il ne manquoit aux chrétiens qu'un genre d'outrages, et Hiéroclès ne voulut pas le leur épargner. Au milieu des prêtres égorgés sur le corps de Jésus-Christ percé de coups, le disciple des sages publia généreusement deux livres de blasphèmes contre le Dieu qu'il avoit lui-même adoré, et qui fut le Dieu de sa mère : tant l'orgueil de l'impie est à la fois lâche et féroce! Infatigable dans sa haine et dans son amour, l'apostat attendoit avec impatience le moment où la fille d'Homère viendroit orner son triomphe. Il suspendoit exprès le supplice de son rival, afin que l'espoir de sauver la vie de ce rival aimé fût une tentation pour la vierge de Messénie.

« J'emploierai, disoit-il en lui-même avec un

mélange de honte, de désespoir et de joie, j'emploierai ce dernier moyen de vaincre la résistance d'une insolente beauté; je la verrai tomber dans mes bras pour racheter les jours d'Eudore ; comblant ensuite ma double vengeance, je lui montrerai mon rival entre les mains des bourreaux, et ce chrétien apprendra en mourant que son épouse est déshonorée. »

Enivré de son pouvoir, Hiéroclès ne peut gouverner ses passions. Cet impie qui renioit l'Éternel, par une contradiction déplorable, croyoit au génie du mal et à tous les secrets de la magie.

Il y avoit à Rome un Hébreu, déserteur de la foi de ses pères : il vivoit parmi les sépulcres ; et la voix du peuple l'accusoit d'entretenir un commerce secret avec l'enfer. Cet homme faisoit sa demeure accoutumée dans les souterrains du palais en ruine de Néron. Hiéroclès charge un de ses confidents d'aller trouver au milieu de la nuit l'infâme Israélite. L'esclave, instruit de ce qu'il doit demander, part, et à travers des décombres descend au fond du souterrain. Il aperçoit un vieillard couvert de lambeaux, réchauffant ses mains à un feu d'ossements humains.

« Vieillard, dit l'esclave tremblant d'épouvante, peux-tu transporter dans un moment de Jérusalem à Rome une chrétienne échappée au pouvoir d'Hiéroclès ? Reçois cet or, et parle sans crainte. »

L'éclat de l'or et le nom de Jérusalem arrachent un sourire affreux à l'Israélite.

« Mon fils, dit-il, je connois ton maître : il n'y a

rien que je ne tente pour le satisfaire; je vais interroger l'abîme. »

Il dit, et creuse la terre ; il découvre l'urne sanglante qui renfermoit les restes de Néron; des plaintes s'échappoient de cette urne. Le magicien répand sur un autel de fer les cendres du premier persécuteur des chrétiens. Trois fois il se tourne vers l'Orient, trois fois il frappe dans ses mains, trois fois il ouvre la Bible profanée. Il prononce des mots mystérieux, et du sein des ombres il évoque le démon des tyrans. Dieu permet à l'enfer de répondre; le feu qui brûloit la dépouille des morts s'éteint; la terre tremble; la frayeur pénètre jusqu'aux os de l'esclave; le poil de sa chair se hérisse; un esprit se présente devant lui; il voit quelqu'un dont il ne connoît pas le visage; il entend une voix foible comme un petit souffle.

« Pourquoi, dit l'Hébreu, as-tu tardé si long-temps à venir? Dis-moi, peux-tu transporter de Jérusalem à Rome une chrétienne échappée à son maître? »

— « Je ne le puis, répondit l'esprit de ténèbres: « Marie défend cette chrétienne contre ma puis-
« sance; mais, si tu le veux, je porterai dans un
« instant en Syrie l'édit de la persécution et les
« ordres d'Hiéroclès. »

L'esclave accepte la proposition de l'enfer, et se hâte d'aller rendre compte de son message à l'impatient Hiéroclès. Transformé en messager rapide, l'esprit de ténèbres descend à Jérusalem chez le centurion qui devoit réclamer Cymodocée. Il le presse, au nom du ministre de Galérius, de remplir promptement sa mission, et il remet l'édit fatal au gouverneur de la cité de David : aussitôt les portes des saints lieux sont fermées, et les soldats dispersent les fidèles. En vain l'épouse de Constance veut protéger les chrétiens; Constantin fugitif, Galérius triomphant, changent en un moment la fortune d'Hélène : pour les souverains, la prospérité est mère de l'obéissance; le malheur des rois délie les sujets du serment de fidélité.

C'étoit l'heure où le sommeil fermoit les yeux des mortels; l'oiseau reposoit dans son nid, et le troupeau dans la vallée; les travaux étoient suspendus; à peine la mère de famille tournoit encore ses fuseaux près des feux assoupis de son humble foyer : Cymodocée, après avoir long-temps prié pour son époux et pour son père, s'étoit endormie. Démodocus lui apparoît au milieu d'un songe. Sa barbe étoit négligée; de larges pleurs tomboient de ses yeux; il agitoit lentement son sceptre augural, et de profonds soupirs échappoient de sa poitrine. Cymodocée croyoit lui adresser ces paroles :

« O mon père, comment as-tu si long-temps abandonné ta fille ! Où est Eudore ? Vient-il réclamer la foi jurée ? Pourquoi ces pleurs qui baignent ton visage ? Ne veux-tu pas presser ta Cymodocée sur ton cœur ? »

Le fantôme :

« Fuis, ma fille, fuis ! Les flammes t'environnent; Hiéroclès te poursuit. Les dieux que tu as abandonnés te livrent à sa puissance. Ton nouveau Dieu triomphera; mais que de larmes il fera verser à ton père! »

Le spectre s'évanouit, et emporte le flambeau que Cymodocée reçut à l'autel le jour de son union avec Eudore : Cymodocée se réveille. La lueur d'un incendie rougissoit les murs de son appartement et les voiles de son lit. Elle se lève; elle aperçoit l'église du Saint-Sépulcre embrasée. Les flammes, parmi des tourbillons de fumée, montoient jusqu'au ciel, et réfléchissoient une lumière sanglante sur les ruines de Jérusalem et les montagnes de la Judée.

Depuis que la nouvelle de la persécution s'étoit répandue en Syrie, Cymodocée n'avoit plus quitté la princesse Hélène; renfermée dans un oratoire, avec les autres femmes chrétiennes, elle soupiroit les malheurs de la nouvelle Sion. Le ministre d'Hiéroclès, désespérant de rencontrer la jeune catéchumène, et n'osant, par un reste de respect, violer l'asile de l'épouse d'un César, avoit mis le feu au Saint-Sépulcre. Le palais d'Hélène touchoit à l'édifice sacré; le centurion espéroit forcer ainsi Cymodocée à sortir de son inviolable asile, et il l'attendoit avec des soldats pour la saisir au milieu du tumulte.

Dorothée avoit démêlé ces complots; il s'ouvre un passage à travers les murs croulants et les poutres embrasées qui tombent de toutes parts, il pénètre dans le palais d'Hélène. Déjà les galeries étoient désertes, seulement quelques femmes éperdues étoient rassemblées dans une cour intérieure, autour d'un autel des rois de Juda. Il rencontre Cymodocée, qui cherchoit vainement sa nourrice : elle ne devoit plus la revoir. Euryméduse, votre sort est resté inconnu !

« Fuyons, dit Dorothée à la fille de Démodocus, Hélène même ne vous pourroit sauver; vos ennemis vous arracheroient de ses bras; je connois une porte secrète, et un souterrain qui nous conduira hors des murs de Jérusalem : la Providence fera le reste. »

A l'extrémité du palais, du côté de la montagne de Sion, s'ouvroit une porte cachée qui conduisoit au Calvaire : c'étoit par là qu'Hélène se déroboit aux hommages des peuples lorsqu'elle alloit prier au pied de la croix. Dorothée, suivi de Cymodocée, entr'ouvre doucement cette porte, il avance la tête et n'aperçoit rien au dehors. Il prend la main de Cymodocée : ils sortent du palais; tantôt ils se glissent lentement au travers des ruines; tantôt ils précipitent leurs pas dans des lieux moins embarrassés; quelquefois ils entendent marcher sur leurs traces, et ils se cachent parmi des débris; quelquefois ils sont arrêtés par l'éclat des armes d'un soldat qui rôde au milieu des ténèbres. Le bruit de l'incendie et les clameurs confuses de la foule s'élèvent au loin derrière eux; ils franchissent la vallée déserte qui sépare la colline du Calvaire de la montagne de Sion.

Dans les flancs de cette montagne s'ouvroit une route inconnue : l'entrée en étoit fermée par des buissons d'aloès et des racines d'oliviers sauvages. Dorothée écarte ces obstacles, et pénètre dans le souterrain : il frappe les veines d'un caillou, allume une branche de cyprès, et, à la clarté de cette torche, il s'enfonce sous des voûtes ténébreuses avec Cymodocée. David avoit jadis pleuré son péché dans ces lieux : de toutes parts on voyoit sur les murs des vers écrits de la main du monarque pénitent, lorsqu'il versa ses larmes immortelles. Sa tombe occupoit le milieu du souterrain, et portoit encore gravées sur sa base une houlette, une harpe et une couronne. La terreur du présent, les souvenirs du passé, cette montagne dont le sommet vit le sacrifice d'Abraham, et dont les flancs gardent le cercueil du roi-prophète, tout agitoit le cœur des deux chrétiens; ils sortent bientôt de ces détours, et se trouvent au milieu des montagnes, dans le chemin de Bethléem ; ils traversent les champs silencieux de Rama, où Rachel ne voulut point être consolée, et viennent se reposer au berceau du Messie.

Bethléem étoit entièrement désert : les chrétiens avoient été dispersés. Cymodocée et son guide entrent dans la Crèche : ils admirent cette grotte où le Roi des cieux voulut naître, où les anges, les bergers et les mages le vinrent adorer, où toute la terre doit un jour apporter ses hommages. Des offrandes, laissées dans ce lieu par les pasteurs de la Judée, nourrirent abondamment les deux infortunés. Cymodocée versoit des larmes de tendresse. Les miracles du berceau de Jésus parloient à son cœur.

«C'est donc là, disoit-elle, que l'Enfant divin a souri à sa divine Mère! O Marie, protégez Cymodocée! Comme vous, elle est fugitive à Bethléem!»

La fille de Démodocus remercioit ensuite le généreux Dorothée, qui s'exposoit pour elle à tant de fatigues et de périls.

«Je suis un vieux chrétien, répondit l'homme éprouvé : les tribulations font ma joie.»

Dorothée se prosternoit devant la Crèche.

«Père des miséricordes, disoit-il, prenez pitié de nous, et souvenez-vous que votre Fils offrit en ces lieux ces premiers pleurs pour le salut des hommes!»

Le soleil approche de la fin de son cours. Dorothée sort avec la fille de Démodocus, dans l'espoir de rencontrer quelque berger; il aperçoit un homme qui descendoit de la montagne d'Engaddi : une ceinture de joncs étoit nouée autour de ses reins; sa barbe et ses cheveux croissoient en désordre; ses épaules étoient chargées d'une corbeille pleine de sable qu'il portoit péniblement à l'entrée d'une grotte. Aussitôt qu'il découvre les voyageurs, il jette son fardeau, et fixant sur eux des regards indignés :

«Délices de Rome, s'écrie-t-il, venez-vous me troubler jusque dans le désert? Évanouissez-vous! Armé de la pénitence, je découvre vos piéges, et je me ris de vos efforts.»

Il dit, et, comme l'aigle marin qui plonge au fond des eaux, il s'élance dans la grotte. Dorothée reconnoît un chrétien; il s'avance, et parle à travers l'ouverture du rocher :

« Nous sommes des chrétiens fugitifs : daignez nous donner l'hospitalité. »

— « Non, non, s'écrie le solitaire, cette femme est trop belle pour être une simple fille des hommes. »

— « Cette femme, reprit Dorothée, est une catéchumène, qui fait l'apprentissage des pleurs que Jésus-Christ demande à ses servantes. Elle est Grecque, elle se nomme Cymodocée; elle est fiancée à Eudore, défenseur des chrétiens, dont le nom sera peut-être parvenu jusqu'à vous; je suis Dorothée, premier officier de Dioclétien. »

Le solitaire s'élance hors de la grotte comme un athlète qui, le front ceint d'une couronne d'olivier, paroît tout à coup aux jeux d'Olympie.

« Entrez dans ma grotte, s'écrie-t-il, épouse de mon ami ! »

Le solitaire se nomme. Cymodocée reconnoît cet ami d'Eudore, qui s'entretenoit avec lui au tombeau de Scipion. Dorothée, qui avoit connu Jérôme à la cour, contemple avec étonnement cet anachorète, exténué de veilles et d'austérités, jadis brillant disciple d'Épicure. Il le suit au fond de son antre : on n'y voyoit que la Bible, une tête de mort, et quelques feuilles éparses de la tradition des Livres Saints. Bientôt tout est éclairci entre les deux chrétiens et la jeune pèlerine. Mille souvenirs les attendrissent, mille histoires touchantes font couler leurs pleurs : ainsi des ruisseaux, descendus de diverses montagnes, mêlent leurs eaux dans une même vallée.

« Mes erreurs, dit Jérôme, ont amené ma pénitence, et désormais je ne sortirai plus de Bethléem. Le berceau du Sauveur sera ma tombe. »

L'anachorète demande ensuite à Dorothée ce qu'il veut faire.

« J'irai, répond Dorothée, chercher quelques amis à Joppé... »

— « Quoi ! dit Jérôme en l'interrompant, vous êtes malheureux, et vous comptez sur des amis ! Un Moabite descend de ses rochers pour aller à Jéricho. C'étoit au printemps; l'air étoit frais et serein. Le Moabite n'étoit point altéré : il trouve des torrents pleins d'eau à chaque pas. Il revient chez lui dans la saison des orages, sous les feux dévorants de l'été : la soif consume le Moabite; il cherche quelques gouttes de cette eau qu'il avoit vue dans les montagnes : tous les torrents sont desséchés ! »

Jérôme demeure quelque temps en silence, ensuite il s'écrie :

« O grande destinée ! Eudore, tu es donc le défenseur des chrétiens ! O mon ami ! que pourrois-je faire pour toi ! »

Tout à coup le solitaire se lève, frappé d'une lumière surnaturelle :

« Qu'est-ce que ces craintes ? s'écrie-t-il. Femme, tu aimes, et tu fuis ! Ton époux peut-être dans ce moment confesse la foi, et tu n'es pas là pour lui disputer la gloire du bûcher ! Crois-tu que, quand il sera monté au rang des martyrs, il te veuille recevoir sans couronne ? Roi, il ne pourra prendre qu'une reine à ses côtés! Fais ton devoir, marche à Rome, va réclamer ton époux, va cueillir la palme qui doit orner ta pompe nuptiale.... Mais, que dis-je! tu n'es pas encore au nombre des brebis choisies. »

Le solitaire s'interrompt de nouveau; il hésite, et bientôt il s'écrie :

« Tu seras chrétienne; ma main versera sur ton front l'eau salutaire. Le Jourdain est près d'ici; viens recevoir dans ses eaux la force qui te manque : tes jours sont exposés, il te faut mettre à l'abri de la mort. Oui, tu es assez instruite. La persécution est la doctrine : quiconque pleure pour Jésus-Christ n'a plus rien à savoir. »

Ainsi parle Jérôme avec l'autorité d'un docteur et d'un prêtre. La douce et timide Cymodocée répond :

« Seigneur, qu'il soit fait selon votre parole. Donnez-moi le baptême : je ne serai point une reine auprès de mon époux, je ne serai que sa servante. Si je regrette quelque chose dans la vie, ce sera de ne plus aller sur le mont Ithome voir les troupeaux avec mon père, de ne pouvoir nourrir l'auteur de mes jours dans sa vieillesse, comme il me nourrit dans mon enfance. »

Cymodocée rougit, et pleura en parlant de la sorte. On reconnoissoit dans son langage les accents confus de son ancienne religion et de sa religion nouvelle : ainsi, dans le calme d'une nuit pure, deux harpes, suspendues aux souffles d'Éole, mêlent leurs plaintes fugitives; ainsi frémissent ensemble deux lyres dont l'une laisse échapper les tons graves du mode dorien, et l'autre les accords voluptueux de la molle Ionie ; ainsi, dans les savanes de la Floride, deux cigognes argentées, agitant de concert leurs ailes sonores, font entendre un doux bruit au haut du ciel ; assis au bord de la forêt, l'Indien prête l'oreille aux sons répandus dans les airs, et croit reconnoître dans cette harmonie la voix des âmes de ses pères.

REMARQUES

SUR LE NEUVIÈME LIVRE.

PREMIÈRE REMARQUE.

Page 3. Si Hiéroclès avoit pu voir...

Transition par laquelle on retourne de l'action au récit. Les *derniers moments de paix* de la famille chrétienne motivent la continuation du récit : on peut écouter ce récit, puisque le calme règne encore ; mais on voit qu'à l'instant où le récit finira, les maux commenceront.

11ᵉ.

Page 4. Sont assis à la porte du verger.

Le lieu de la scène est changé. Les familles sont à présent rassemblées dans l'endroit où Eudore et Cymodocée ont chanté sur la lyre.

111ᵉ.

Page 4. Constance se trouvoit alors à Lutèce.

Selon divers auteurs, le nom de Lutèce (Paris) vient du latin *lutum*, qui veut dire fange ou boue, ou de deux mots celtiques qui signifient la belle pierre, ou la pierre blanche. (DUPLESSIS, *Ann. de Paris,* pag. 2.)

1vᵉ.

Page 4. Les Belges de la Sequana.

Sequana, la Seine.

Il y avoit trois Gaules : la Gaule Celtique, la Gaule Aquitanique et la Gaule Belgique. Celle-ci s'étendoit depuis la Seine et la Marne jusqu'au Rhin et à l'Océan. (CÆS., l. 1, p. 2.)

Vᵉ.

Page 4. Le premier objet qui me frappa dans les marais des Parisii, ce fut une tour octogone, consacrée à huit dieux gaulois.

Les Parisii étoient les peuples qui environnoient Lutèce, et ils composoient un des soixante ou des soixante-quatre peuples des Gaules : *Optima gens flexis in gyrum Sequana frenis.* Ils se battirent contre Labienus, lieutenant de César. Le vieillard Camulogènes, qui les commandoit, fut tué dans l'action, et Lutèce, que les Parisii avoient mis en cendres de leurs propres mains, subit le joug des vainqueurs. (Cæsar, *de Bell. Gall.*, lib. vii, c. x; *Ess. sur Paris*, pag. 5.) On croit que cette tour octogone, consacrée à huit dieux gaulois, étoit celle du cimetière des Innocents. (Voyez Félibien et Saint-Foix.) Ce fut Philippe-le-Bel qui fit murer le cimetière des Saints-Innocents. (Guill. Le Breton, dans sa *Philippid., apud Dubreuil,* 830.)

VIᵉ.

Page 4. Du côté du midi, à deux mille pas de Lutèce..., on découvroit le temple d'Hésus.

Le temple d'Hésus, ou de Mercure, occupoit l'emplacement des Carmélites du faubourg Saint-Jacques. (*Traité de la police*, par La Mare, tom. i, pag. 2.)

VIIᵉ.

Page 4. Plus près, dans une prairie... s'élevoit un second temple dédié à Isis.

Ce temple d'Isis est aujourd'hui l'abbaye de Saint-Germain-des-Prés. Le collége des prêtres d'Isis étoit à Issy. (Voyez La Mare, *loc. cit.*, et Saint-Foix, *Essais*, t. i, p. 2.)

VIIIe.

Page 4. Et vers le nord, sur une colline.

C'est Montmartre. (Voyez la note xv du livre vii.) Le temple de Teutatès est marqué par La Mare. (*Ibid.*)

IXe.

Page 4. En approchant de la Sequana, j'aperçus, à travers un rideau de saules et de noyers, etc.

Tout cela est de Julien (*in Misopogon*). Il y a bien loin de ces saules au Louvre. Ce qu'on dit ici de la Seine est précisément l'opposé de ce qui existe aujourd'hui. On trouve, dans Grégoire de Tours et dans les *Chroniques*, divers débordements de la Seine : ainsi il ne faut pas croire Julien trop implicitement.

X[e].

Page 5. Deux ponts de bois, défendus par deux châteaux, etc.

Ces ponts étoient de bois du temps de l'empereur Julien (*in Misopogon*), et Duplessis montre très bien qu'ils devoient être encore de bois avant cet empereur. (*Ann. de Paris,* p. 5.) Quant aux châteaux où l'on paie le tribut à César, Saint-Foix les retrouve dans le petit et le grand Châtelet. La Mare et Félibien prétendent que ces châteaux furent bâtis par César. (*Traité de la Police,* t. i ; Félibien, tom. i, p. 2, 13.) Du temps de Corrozet, on lisoit encore, sur une des portes du grand Châtelet : *Tributum Cæsaris.* (Corrozet, *Antiquités de Paris,* éd. in-8°, pag. 1550, fol. 12, verso.) Abbon, dans son poëme sur *le Siége de Paris,* parle du grand et du petit Châtelet.

..... Horum (pontium) hinc inde tutrices
Cis urbem speculare phalas (turres), citra quoque flumen.
(Lib. i, *Bellorum Parisiacæ urbis,* v. 18-19.)

On demande si ces tours étoient bâties au bout du Pont-au-Change et du Petit-Pont, où étoient le grand et le petit Châtelet, ou si elles étoient sur le pont que Charles-le-Chauve avoit fait construire à l'extrémité occidentale de la ville. (Voyez *Annales de Paris,* pag. 171-172.)

XIe.

Page 5. Et je ne vis dans l'intérieur du village, etc.

C'est toujours Julien qui est ici l'autorité.

XIIe.

P. 5. Je n'y remarquai qu'un seul monument, etc.

Les Nautes étoient une compagnie de marchands établis par les Romains à Lutèce, *Nautæ parisiaci.* Ils présidoient au commerce de la Seine : ils avoient élevé un temple ou un autel à Jupiter, à l'extrémité orientale de l'île. On trouva des débris de ce monument en 1710, ou le 15 mars 1711, en fouillant dans le chœur de la cathédrale. (Voyez *Mémoires de l'Académie des Inscriptions,* tom. III, p. 243 et 296 ; Félibien, *Histoire de Paris,* tom. I, pag. 14; Piganiol de la Force, *Description de Paris,* tom. I, pag. 360.)

XIIIe.

Page 5. Mais hors de l'île, de l'autre côté... de la Sequana, on voyoit sur la colline Lucotitius un aquéduc romain, un cirque, un amphithéâtre, et le palais des Thermes habité par Constance.

La colline Lucotitius ; *mons* ou *collis Lucotitius.*—C'est la montagne Sainte-Geneviève. On trouve ce nom employé pour la première fois dans les *Actes des Saints de l'ordre de Saint-Benoît,* par Gislemar, écrivain du neuvième siècle.

Un aquéduc romain. — C'est l'aquéduc d'Arcueil, qui, selon les meilleurs critiques, fut bâti avant l'arrivée de

Julien dans les Gaules. L'aquéduc moderne est peut-être élevé sur l'emplacement de l'ancien. (*Mémoires de l'Académie des Inscriptions,* tom. XIV, pag. 268.)

Un cirque, un amphithéâtre. — On avoit cru ce cirque bâti par Chilpéric Ier; mais il est prouvé qu'il ne fut que le restaurateur d'un ancien cirque romain. Outre ce cirque, il y avoit au même lieu un amphithéâtre. Tous ces monuments occupoient la place de l'abbaye de Saint-Victor, ou l'espace qui s'étendoit depuis les murs de l'Université jusqu'à la rue Villeneuve-Saint-René. On appela long-temps ce terrain le Clos-des-Chênes. (*Annales de Paris,* pag. 67 et 68; VALES, *Not. Gall. Paris,* pag. 432, etc.)

Et le palais des Thermes. — L'opinion vulgaire est que le palais des Thermes, dont on voit encore les voûtes rue de la Harpe, fut bâti par Julien. C'est une erreur, Julien agrandit peut-être ce palais, mais il ne le bâtit pas. Les meilleurs critiques en font remonter la fondation au moins à Constantin-le-Grand, et je crois qu'il est plus naturel encore de l'attribuer à Constance son père, qui fit un bien plus long séjour dans les Gaules. (VALES, *de Basilic. reg.,* cap. V; TILL., *Hist. des Emp.,* tom. IV, pag. 426.)

XIVe.

Page 5. Je remarquai avec douleur, etc.

Constance mourut d'une maladie de langueur. On lui avoit donné le surnom de Chlore, à cause de la pâleur de son visage.

XVe.

Page 5. Là brilloient Donatien et Rogatien.

L'auteur continue à faire passer sous les yeux du lecteur les évêques, les saints et les martyrs de cette époque, partout où se trouve Eudore, afin de compléter le tableau de l'Église.

Donatien et Rogatien étoient de Nantes. Donatien fut l'apôtre de son frère; il le convertit à la foi. Ils eurent la tête tranchée ensemble, après avoir été long-temps tourmentés. On les retrouvera à Rome dans la prison d'Eudore. (*Actes des Martyrs,* tom. I, pag. 398.)

XVIe.

Page 6. Gervais et Protais.

On connoît l'admirable tableau du martyre de ces deux jeunes hommes, par Lesueur. Procula fut évêque de Marseille, et Just le fut de Lyon. Quant à saint Ambroise, il étoit en effet fils d'un préfet des Gaules ; mais il y a ici anachronisme, de même que pour saint Augustin, dont saint Ambroise fut le père spirituel.

XVIIe.

P. 6. Il me fit bientôt appeler dans les jardins, etc.

Ces jardins étoient ceux du palais des Thermes, et ils le furent dans la suite du palais de Chilpéric Ier. Ils occupoient le terrain des rues de la Harpe, Pierre-Sarrasin, Hautefeuille, du Jardinet, et descendoient jusqu'à l'église de Saint-Germain-des-Prés. Saint-Germain-des-Prés, comme je l'ai dit, étoit le temple d'Isis. (*Annales de Paris,* pag. 26.)

XVIIIe.

Page 6. Vous vous souvenez peut-être, etc.

Voici encore l'action dans le récit : elle fait même ici un pas considérable. Galérius est presque le maître ; il épouse Valérie, et il est gendre de Dioclétien. On entrevoit l'abdication de celui-ci. Constantin est persécuté. Hiéroclès est devenu proconsul d'Achaïe, et c'est dans ce commandement funeste qu'il a connu Cymodocée. Le lecteur apprend des faits importants, et il n'a plus rien à savoir de nécessaire lorsque le récit finira. Si j'insiste là-dessus, on doit me le pardonner, parce que je réponds à une critique grave, et qui (du moins je le crois) est peu fondée. Jamais, encore une fois, récit épique ne fut plus lié à l'action que le récit d'Eudore ne l'est au fond des Martyrs. Au reste, ce que Constance rapporte de la victoire de Galérius sur les Parthes, de son mariage avec Valérie, du combat de Constantin contre un lion et contre les Sarmates, de la rivalité de Constantin et de Maxence, est conforme à l'histoire.

XIXe.

Page 7. Les Pictes avoient attaqué la muraille d'Agricola, etc.

Agricola, beau-père de Tacite, et dont ce grand historien nous a laissé la vie.

La muraille dont il est ici question est appelée plus justement la muraille de Sévère. Ce fut lui qui la fit élever sur les anciennes fortifications bâties par Agricola. Elle s'étendoit du golfe de Glote, aujourd'hui la rivière de Clyde, au golfe de Bodotrie, maintenant la rivière de Forth. On en voit encore quelques ruines. Les Pictes étoient une nation de l'Écosse ou de la Calédonie. On les appeloit ainsi parce qu'ils se peignoient le corps, comme font encore les sauvages de l'Amérique. Ce fut en allant combattre cette nation, qui s'étoit soulevée, que Constance mourut à York d'une maladie de langueur, et ce fut dans cette ville que les légions proclamèrent Constantin César.

XXe.

Page 7. D'une autre part, Carrausius...

Carrausius étoit un habile officier de marine qui servoit sous Maximien dans les Gaules. Il se révolta, s'empara de la Grande-Bretagne, et garda sur le continent le port de Boulogne. Maximien, ne pouvant le punir, fut obligé de le reconnoître en lui laissant le titre d'Auguste. Constance Chlore l'attaqua, et fut plus heureux : il reprit sur lui Boulogne. Carrausius ayant été tué par Allectus (autre tyran qui lui succéda), Constance passe en Angleterre, défait

Allectus, et fait rentrer l'île sous la domination des Romains. On voit en quoi je me suis écarté de la vérité historique. (Eum., *Paneg. Const.*)

XXIe.

Page 7. Le reste des anciennes factions de Caractacus et de la reine Boudicée.

Le reste de ces anciennes factions n'étoit autre chose que l'amour de la liberté, qui força plusieurs fois les Bretons de se révolter contre leurs maîtres. Sous l'empire de Claude, Caractacus, prince Breton, défendit sa patrie contre Plautius, général des Romains. Il fut pris, conduit à Rome, parla noblement à l'empereur, et dit, à la vue des palais de Rome, ce mot que j'ai mis dans la bouche de Chlodéric, liv. VII. (Voyez la note L^e du même livre.)

La reine Boudicée défendit aussi courageusement les Bretons contre les Romains. Son nom n'est pas harmonieux, mais la gloire et Tacite l'ont ennobli. (Voyez *Vita Agric.*)

XXIIe.

Page 8. Maître de la cavalerie.

Magister equitum; grande charge militaire chez les Romains.

XXIIIe.

Page 8. Colonie que les Parisii des Gaules, etc.

Les Parisiens ne se doutent guère qu'ils ont fait des conquêtes en Angleterre. César nous apprend d'abord que les Belges, c'est-à-dire les Gaulois de la Gaule Belgique, s'emparèrent autrefois des côtes de la Grande-Bretagne, et qu'ils y conservèrent le nom des peuples dont ils étoient sortis (*de Bello Gallic.*, lib. v, cap. 12). Les Parisii, qui étoient une des nations de la Gaule Belgique, s'établirent, selon Ptolémée, dans le pays des Bragantes, aujourd'hui l'Yorkshire. Ils fondèrent une colonie qui, selon le même

Ptolémée, s'appeloit *Petuaria* (*Geogr.*, lib. II, pag. 51). Le savant Campden fixe cette colonie de Parisiens sur la rivière de Hull, et près de l'embouchure du Humber. Il retrouve Petuaria dans le bourg de Beverley. (Campden, *Britann.*, pag. 576 et 577.)

XXIVe.

Page 8. Sur le Thamésis... Londinum.

Les anciens sont d'une grande exactitude dans leur description du climat de l'Angleterre, et l'on peut remarquer qu'il n'a pas varié depuis le temps de César et de Tacite. (Cæsar, lib. VI, cap. 12; Tac., *in Vit. Agric.*) Et quand on lit ce passage de Strabon, on croit être transporté à Londres. « Aer apud eos imbribus magis est quam nivibus ob- « noxius : ac sereno etiam cœlo caligo quædam multum « temporis obtinet; ita ut toto die non ultra tres aut qua- « tuor quæ sunt circa meridiem horas, conspici sol possit. » (*Geogr.*, lib. IV, pag. 200.)

XXVe.

Page 8. Là s'élevoit une vieille tour.

C'est une fiction par laquelle l'auteur, suivant son sujet, fait voir le triomphe de la croix, et l'Angleterre convertie au christianisme. Cette fiction a de plus l'avantage de rappeler l'antique abbaye où se rattache toute l'histoire des Anglois.

XXVIe.

Page 8. Il envoya à l'empereur mes lettres couronnées.

C'étoit l'usage après une victoire. Tacite raconte qu'Agricola, après ses conquêtes sur les Bretons, évita de joindre des feuilles de laurier à ses lettres, dans la crainte d'éveiller la jalousie de Domitien. (*In Agric.*)

XXVIIe.

Page 8. Il sollicita et obtint pour moi la statue.

Cette phrase porte avec elle son explication. Lorsque le triomphe ne fut plus en usage, ou qu'il fut réservé pour les empereurs, on accorda aux généraux vainqueurs des statues et différents honneurs militaires.

XXVIIIe.

Page 8. Me créa commandant des contrées armoricaines.

Les contrées armoricaines comprenoient la Normandie, la Bretagne, la Saintonge, le Poitou. Le centre de ces contrées étoit la Bretagne, dite par excellence l'Armorique. Lorsque les dieux des Romains et les ordonnances des empereurs eurent chassé des Gaules la religion des Druides, elle se retira au fond des bois de la Bretagne, où elle exerça encore long-temps son empire. On croit que le grand collége des druides y fut établi. Ce qu'il y a de certain, c'est que la Bretagne est remplie de pierres druidiques. Pomponius Mela et Strabon placent sur les côtes de la Bretagne l'île de Sayne, consacrée au culte des dieux gaulois. Nous reviendrons sur ce sujet.

XXIXe.

Page 9. Nous nous retrouverons.

Nouveau regard sur l'action. Prédiction qui s'accomplit.

XXXe.

Page 9. Vous apercevez les plus beaux monuments.

Le pont du Gard, l'amphithéâtre de Nîmes, la Maison-Carrée, et le Capitole de Toulouse, etc.

XXXIe.

Page 9. Les huttes arrondies des Gaulois, leurs forteresses de solives et de pierres.

« Muris autem omnibus gallicis hæc fere forma est. Tra-
« bes directæ, perpetuæ in longitudinem, paribus inter-
« vallis, distantes inter se binos pedes, in solo collocantur.
« Hæ revinciuntur introrsus et multo aggere vestiuntur ; ea
« autem quæ diximus, intervalla, grandibus in fronte saxis
« effarciuntur, etc. » (*In Bell. Gall.*, lib. VII.) Aux pierres près, les paysans de la Normandie bâtissent encore ainsi leurs chaumières, et, comme le remarque César, cela fait un effet assez agréable à la vue.

XXXIIe.

Page 9. A la porte desquelles sont cloués des pieds de louves.

« Ils pendent au cou de leurs chevaux les têtes des sol-
« dats qu'ils ont tués à la guerre. Leurs serviteurs portent
« devant eux les dépouilles encore toutes couvertes du
« sang des ennemis... Ils attachent les trophées aux portes
« de leurs maisons, comme ils le font à l'égard des bêtes
« féroces qu'ils ont prises à la chasse. » (Diod., liv. V, trad. de Terras.) De là les pieds de loup, de renard, les oiseaux de proie, que l'on cloue encore aujourd'hui à la porte des châteaux.

XXXIIIe.

Page 9. La jeunesse gauloise.

On a déjà parlé des écoles des Gaules. (Voy. la note XLVIIe du livre VII.)

XXXIVe.

Page 9. Un langage grossier, semblable au croassement des corbeaux.

C'est Julien qui le dit. (*In Misopog.*)

16.

XXXVe.

Page 10. Où l'eubage, etc.

On parlera plus bas de ces sacrifices.

XXXVIe.

Page 10. Le Gaulois devenu sénateur.

Si l'on en croit Suétone, César reçut dans le sénat des demi-barbares, «qui se dépouillèrent de leurs brayes pour «prendre le laticlave.» (Suet., *in Vita Cæsar.*) Ce ne fut pourtant que sous le règne de Claude que les Gaulois furent admis légalement dans le sénat.

XXXVIIe.

Page 10. J'ai vu les vignes de Falerne, etc.

L'empereur Probus fit planter des vignes aux environs d'Autun, et c'est à lui que nous devons le vin de Bourgogne. (Vopisc., *in Vita Prob.*) Mais il y avoit des vignes dans les Gaules bien avant cette époque; car Pline dit que de son temps on aimoit le vin gaulois en Italie : *in Italia gallicam placere* (*uvam*) (lib. xiv). Il ajoute même qu'on avoit trouvé près d'Albi, dans la Gaule Narbonnoise, une vigne qui prenoit et perdoit sa fleur dans un seul jour, et qui par conséquent étoit presque à l'abri des gelées. On la cultivoit avec succès. (*Ibid.*) Domitien avoit fait arracher les vignes dans les provinces, et particulièrement dans les Gaules. L'olivier fut apporté à Marseille par les Phocéens. Ainsi l'olivier croissoit dans les Gaules avant qu'il fût répandu en Italie, en Espagne et en Afrique; car, selon Fenestella, cité par Pline, cet arbre étoit encore inconnu à ces pays sous le règne de Tarquin-le-Superbe. (Plin., l. xv.) Marseille fut fondée 600 ans avant Jésus-Christ, et Tarquin régnoit à Rome 590 avant Jésus-Christ.

XXXVIIIe.

P. 10. Ce que l'on admire partout dans les Gaules... ce sont les forêts.

Que les forêts étoient remarquables dans les Gaules, je le tire de plusieurs faits :

1°. Les Gaulois avoient une grande vénération pour les arbres. On sait le culte qu'ils rendoient au chêne. Pline cite le bouleau, le frêne et l'orme gaulois pour la bonté (lib. XVI).

2°. Les Gaulois apprirent des Marseillois à labourer, et à cultiver la vigne et l'olivier (JUSTIN., XLIII). Ils ne vivoient auparavant que de lait et de chasse, ce qui suppose des forêts.

3°. Strabon, parlant des Gaulois, met au nombre de leurs récoltes les glands, par lesquels il faut entendre, comme les Grecs et les Latins, tous les fruits des arbres glandifères. (STRABON, liv. IV.)

4°. Pline, en parlant des foins, cite la faux des Gaulois comme plus grande, et propre aux vastes pâturages de ce pays (lib. XVIII, 27, 30). Or, tout pays abondant en pâturages est presque toujours entrecoupé de forêts.

5°. Pomponius Mela dit expressément que la Gaule étoit semée de bois immenses consacrés au culte des dieux. (lib. III, cap. XI).

6°. On voit souvent, dans César et dans Tacite, les armées traverser des bois.

7°. On remarque la même chose dans l'expédition d'Annibal, lorsqu'il passa d'Espagne en Italie.

8°. Parmi les bois connus, je citerai celui de Vincennes, consacré dans toute l'antiquité au dieu Sylvain. (*Mém. de l'Acad. des Inscript.*, tome XIII, pag. 329.)

9°. Marseille fut fondée dans une épaisse forêt.

10°. Selon saint Jérôme, les bois des Gaules étoient remplis d'une espèce de porcs sauvages très dangereux.

11°. La terminaison *oel*, si fréquente en langue celtique,

veut dire *boïs*. Quelques auteurs ont cru que le mot gaulois venoit du celte *galt*, qui signifie *forêt :* j'ai adopté une autre étymologie de ce nom.

12°. Presque tous les anciens monastères des Gaules furent pris sur des terres du désert, *ab eremo*, comme le prouve une foule d'actes cités par Du Cange, au mot *eremus*. Ces déserts étoient des bois, comme je l'ai prouvé dans le *Génie du Christianisme*.

13°. Strabon fait mention de grandes forêts qui s'étendoient dans les pays des Morins, des Suessiones, des Caleti, depuis Dunkerque jusqu'à l'embouchure de la Seine, quoique, dit-il, les bois ne soient pas aussi grands ni les arbres aussi élevés qu'on l'a écrit (lib. IV).

14°. Enfin, si nous jugeons des Gaules par la France, je n'ai point vu en Amérique de plus belles forêts que celles de Compiègne et de Fontainebleau. Nemours, qui touche à cette dernière, indique encore dans son nom son origine.

XXXIXe.

Page 10. On voit çà et là, dans leur vaste enceinte, quelques camps romains abandonnés.

Il y a une multitude de ces camps, connus par toute la France sous le nom de *Camps de César*. Le plus célèbre est en Flandre.

XLe.

Page 10. Les graines que les soldats, etc.

J'ai vu aussi dans les forêts d'Amérique de grands espaces abandonnés, où des colons avoient semé des graines d'Europe. Ces colons étoient morts loin de leur patrie, et les plantes de leur pays, qui leur avoient survécu, ne servoient qu'à nourrir l'oiseau des déserts.

XLIe.

Page 10. Je me souviens encore aujourd'hui d'avoir, etc.

J'ai été témoin d'une scène à peu près semblable : c'étoit au milieu des ruines de la villa Adriana, près de Tibur ou Tivoli, à quatre lieues de Rome. J'ai mis ici la musette, qui est gauloise, et que Diodore semble avoir voulu indiquer comme instrument de musique guerrière. Les montagnards écossois s'en servent encore aujourd'hui dans leurs régiments.

XLIIe.

Page 11. Porte décumane.

On l'appeloit encore porte questorienne. Les camps romains avoient quatre portes : extraordinaire ou prétorienne, droite principale, gauche principale, questorienne ou décumane.

XLIIIe.

Page 11. Lorsqu'il porta la guerre chez les Vénètes.

« Hos ego Venetos existimo Venetiarum in Adriatico sinu « esse auctores. » (STRAB., lib. IV, pag. 195.) D'après cet auteur, les Vénitiens seroient une colonie des Bretons de Vannes. Les Vénètes avoient une forte marine, et César eut beaucoup de peine à les soumettre. (*De Bell. Gall.*)

On retrouve le nom des Curiosolites dans celui de Corsent, petit village de Bretagne, où l'on a découvert des antiquités romaines. On y voit aussi des fragments d'une voie romaine, qui n'est pas tout-à-fait détruite.

XLIVe.

Page 12. Cette retraite me fut utile.

Préparation qui annonce à la fois et le retour d'Eudore à la religion, et la chute qui doit l'y ramener.

XLVe.

Page 12. Les soldats m'avertirent, etc.

Ici commence l'épisode de Velléda, qui n'est point oiseux

comme celui de Didon, puisqu'il est intimement lié à l'action, et qu'il produit la conversion d'Eudore.

XLVIe.

Page 12. Je n'ignorois pas que les Gaulois confient aux femmes, etc.

Saint-Foix a bien réuni les autorités :
« L'administration des affaires civiles et politiques avoit « été confiée pendant assez long-temps à un sénat de femmes « choisies par les différents cantons. Elles délibéroient de « la paix, de la guerre, et jugeoient les différends qui sur- « venoient entre les vergobrets, ou de ville à ville. Plu- « tarque dit qu'un des articles du traité d'Annibal avec les « Gaulois portoit : Si quelque Gaulois a sujet de se plain- « dre d'un Carthaginois, il se pourvoira devant le sénat de « Carthage établi en Espagne; si quelque Carthaginois se « trouve lésé par un Gaulois, l'affaire sera jugée par le « conseil suprême des femmes gauloises. » (SAINT - FOIX, *Essais sur Paris.*)

XLVIIe.

Page 12. Braves, comme tous les Gaulois, etc.

Cela ressemble bien aux Bretons d'aujourd'hui.

XLVIIIe.

Page 13. Clair, pasteur de l'église des Rhédons.

Toujours la peinture des progrès de l'Église. Clair fut le second évêque de Nantes.

XLIXe.

Page 14. Je la voyois jeter tour à tour en sacrifice, dans le lac, des pièces de toile, etc.

Il y a deux autorités principales pour ce passage : celle de Posidonius, cité par Strabon, et celle de Grégoire de

Tours. Le savant Pelloutier s'en est servi; on peut les voir tome II, pages 101 et 107 de son ouvrage. On a voulu plaisanter sur les sacrifices de Velléda, et trouver qu'ils étoient hors de propos : cette critique est bien peu solide. Ce n'est pas un voyage *particulier* que fait Velléda : elle va à une assemblée publique; sa barque est chargée des dons des peuples, qu'elle offre pour ces peuples au lac ou à la divinité du lac.

L^e.

Page 14. Sa taille étoit haute, etc.; jusqu'à l'alinéa.

Les détails du vêtement de Velléda seront éclaircis dans les notes suivantes. Elle porte une robe noire, parce qu'elle va dévouer les Romains. On a vu, note LXXI du livre VI, les femmes des Cimbres et des Bretons vêtues de robes noires. Ammien Marcellin a fait un portrait des Gauloises qui peut, au milieu de la grossièreté des traits, justifier le caractère de force et les passions décidées que je donne à Velléda : « La femme gauloise surpasse son mari en force; « elle a les yeux encore plus sauvages : quand elle est en co- « lère, sa gorge s'enfle, elle grince les dents, elle agite ses « bras aussi blancs que la neige, et porte des coups aussi « vigoureux que s'ils partoient d'une machine de guerre. » Il faut supposer que ces Gauloises étoient des femmes du peuple : il n'est guère probable que cette Éponine, si célèbre, si tendre, si dévouée, ressemblât pour la grossièreté aux Gauloises d'Ammien Marcellin. Si nous en croyons les vers des soldats romains, César qui avoit aimé les plus belles femmes de l'Italie, ne dédaigna pas les femmes des Gaules. Sabinus, long-temps après, se vantoit d'être descendu de César. Enfin, nous avons un témoignage authentique, c'est celui de Diodore; il dit en toutes lettres que les Gauloises étoient d'une grande beauté : *Feminas licet elegantes habeant.*

LIe.

Page 15. Une de ces roches isolées.

J'ai vu quelques-unes de ces pierres auprès d'Autun, deux autres en Bretagne, dans l'évêché de Dol, et plusieurs autres en Angleterre. On peut consulter Kesler, *Ant. select. sept.*

LIIe.

Page 15. Un jour le laboureur.

Scilicet et tempus veniet cum finibus illis
Agricola, incurvo terram molitus aratro, etc.

LIIIe.

Page 15. Au-gui-l'an-neuf!

« Les druides, accompagnés des magistrats, et du peu-
« ple qui crioit *au-gui-l'an-neuf*, alloient dans une forêt, etc. »
(Saint-Foix, tome I.)

Ne seroit-il pas possible que ce refrain *ô gué*, qui termine une foule de vieilles chansons françoises, ne fût que le cri sacré de nos aïeux?

LIVe.

Page 226. Des eubages.

« Nihil habent druidæ (ita suos appellant magos) visco
« et arbore in qua gignatur (si modo sit robur) sacratius.
« Jam per se roborum eligunt lucos, nec ulla sacra sine ea
« fronde conficiunt, ut inde appellati quoque interpreta-
« tione græca possint druidæ videri. Enim vero quidquid
« adnascatur illis, e cœlo missum putant, signumque esse
« electæ ab ipso deo arboris. Est autem id rarum admodum
« inventu, et repertum magna religione petitur: et ante
« omnia sexta luna, quæ principia mensium annorumque
« his facit, et seculi post tricesimum annum, quia jam

« virium abunde habeat, nec sit sui dimidia. Omnia sanan-
« tem appellantes suo vocabulo, sacrificiis epulisque rite
« sub arbore comparatis, duos admovent candidi coloris
« tauros, quorum cornua tunc primum vinciantur. Sacerdos
« candida veste cultus arborem scandit; falce aurea deme-
« tit : candido id excipitur sago. Tum deinde victimas im-
« molant, precantes ut suum donum Deus prosperum faciat
« his quibus dederit. » (PLIN., lib. XVI.)

LVe.

Page 16. On planta une épée nue.

J'ai suivi quelques auteurs qui pensent que les Gaulois avoient, ainsi que les Goths, l'usage de planter une épée nue au milieu de leur conseil (AMM. MARCELL., lib. XXXI, cap. II, p. 622). Du mot latin *mallus* est venu notre mot *mail*; et le mail est encore aujourd'hui un lieu planté d'arbres.

LVIe.

Page 16. Au pied du Dolmin.

« Lieu des fées ou des sacrifices. C'est ainsi que le vul-
« gaire appela certaines pierres élevées, couvertes d'autres
« pierres plates fort communes en Bretagne, où ils disent
« que les païens offroient autrefois des sacrifices. » (*Dict. franc. celt.* du P. Rostrenen.)

LVIIe.

Page 17. Malheur aux vaincus!

C'est le mot d'un Gaulois, en mettant son épée dans la balance des Romains : *Væ victis!*

LVIIIe.

Page 17. Où sont ces États florissants de la Gaule.

On voit partout, dans les *Commentaires de César,* les Gaules tenant des espèces d'états-généraux, César allant présider ces états, etc. Quant au conseil des femmes, *voyez* la note XLVI de ce livre.

LIXe.

Page 17. Où sont ces druides, etc.

« Illi rebus divinis intersunt, sacrificia publica ac privata
« procurant, religiones interpretantur : ad hos magnus
« adolescentium numerus, disciplinæ causa, concurrit ;
« magnoque ii sunt apud eos honore : nam fere de omnibus
« controversiis, publicis privatisque, constituunt; et si
« quod est admissum facinus, si cædes facta, si de hære-
« ditate, si de finibus controversia est, iidem decernunt ;
« præmia pœnasque constituunt. Si quis, aut privatus, aut
« publicus, eorum decreto non stetit, sacrificiis interdi-
« cunt. Hæc pœna apud eos est gravissima : quibus ita est
« interdictum, ii numero impiorum ac sceleratorum haben-
« tur ; ab iis omnes decedunt, aditum eorum sermonemque
« defugiunt, ne quid ex contagione incommodi accipiant :
« neque iis petentibus jus redditur, neque honos ullus
« communicatur. His autem omnibus druidus præest unus,
« qui summam inter eos habet auctoritatem. Hoc mortuo,
« si quis ex reliquis excellit dignitate, succedit. At, si sunt
« plures pares, suffragio druidum adlegitur; nonnunquam
« etiam de principatu armis contendunt. Ii certo anni tem-
« pore in finibus Carnutum, quæ regio totius Galliæ media
« habetur, considunt, in loco consecrato. Huc omnes undi-
« que, qui controversias habent, conveniunt; eorumque
« judiciis decretisque parent. Disciplina in Britannia reperta,
« atque inde in Galliam translata esse existimatur; et nunc,
« qui diligentius eam rem cognoscere volunt, plerumque
« illo, discendi causa, proficiscuntur.

« Druides a bello abesse consueverunt; neque tributa
« una cum reliquis pendunt : militiæ vacationem, omnium-
« que rerum habent immunitatem. Tantis excitati præmiis,
« et sua sponte multi in disciplinam conveniunt et a paren-
« tibus propinquisque mittuntur. Magnum ibi numerum

« versuum ediscere dicuntur... Imprimis hoc volunt persua-
« dere, non interire animas, sed ab aliis post mortem trans-
« ire ad alios ; atque hoc maxime ad virtutem excitari pu-
« tant, metu mortis neglecto. Multa præterea de sideribus
« atque eorum motu, de mundi ac terrarum magnitudine,
« de rerum natura, de deorum immortalium vi ac potestate
« disputant, et juventuti tradunt. »

Tout ce passage de César est excellent et d'une clarté admirable ; il ne reste plus que très peu de chose à connoître sur les classes du clergé gaulois. Diodore et Strabon, confirmés par Ammien Marcellin, complèteront le tableau :

« Leurs poëtes, qu'ils appellent bardes, s'occupent à composer des poëmes propres à leur musique ; et ce sont eux-mêmes qui chantent, sur des instruments presque semblables à nos lyres, des louanges pour les uns, et des invectives contre les autres. Ils ont aussi chez eux des philosophes et des théologiens appelés saronides, pour lesquels ils sont remplis de vénération... C'est une coutume établie parmi eux que personne ne sacrifie sans un philosophe ; car, persuadés que ces sortes d'hommes connoissent parfaitement la nature divine, et qu'ils entrent pour ainsi dire en communication de ses secrets, ils pensent que c'est par leur ministère qu'ils doivent rendre leurs actions de grâces aux dieux et leur demander les biens qu'il désirent... Il arrive souvent que, lorsque deux armées sont près d'en venir aux mains, ces philosophes se jetant tout à coup au milieu des piques et des épées nues, les combattants apaisent aussitôt leur fureur comme par enchantement, et mettent les armes bas. C'est ainsi que, même parmi les peuples les plus barbares, la sagesse l'emporte sur la colère, et les Muses sur le dieu Mars. » (Diod. de Sicile, liv. v, trad. de Terrasson.) « Apud universos
« autem fere tria hominum sunt genera quæ in singulari
« habentur honore : bardi, vates et druidæ : horum bardi
« hymnos canunt poetæque sunt ; vates sacrificant et natu-
« ram rerum contemplantur ; druidæ præter hanc philoso-
« phiam etiam de moribus disputant. » (Strab., lib. iv.)

J'ai rendu par eubages οὐάτεις, du grec de l'édition de Casaubon, et que le latin rend par *vates*. Je ne vois pas pourquoi l'on veut, sur l'autorité d'Ammien, qui traduit à peu près Strabon, que le mot *vates* soit passé dans le grec au temps de ce géographe. Strabon, qui suivoit peut-être un auteur latin, et qui ne pouvoit pas traduire ce mot *vates*, l'a tout simplement transcrit. Les Latins de même copient souvent des mots grecs qui n'étoient pas pour cela passés dans la langue latine. D'ailleurs, quelques éditions ordinaires de Strabon portent eubage et eubage. Rollin n'a point fait de difficulté de s'en tenir au mot eubage.

Ammien Marcellin, confirmant le témoignage de Strabon, dit que les bardes chantoient les héros sur la lyre, que les devins ou eubages cherchoient à connoître les secrets de la nature, et que les druides, qui vivoient en commun, à la manière des disciples de Pythagore, s'occupoient de choses sublimes, et enseignoient l'immortalité de l'âme. (AMM. MARCELL., lib. xv.)

LXe.

Page 17. O île de Sayne, etc.

On a trois autorités pour cette île : Strabon, l. iv ; Denys le Voyageur, v. 570, et Pomponius Mela. Comme je n'ai suivi que le texte de ce dernier, je ne citerai que lui. « Sena in Britannico mari, Osismicis adversa littoribus, « Gallici numinis oraculo insignis est : cujus antistites, per- « petua virginitate sanctæ, numero novem esse traduntur : « Barrigenas vocant, putantque ingeniis singularibus præ- « ditas, maria ac ventos concitare carminibus, seque in quæ « velint animalia vertere, sanare quæ apud alios insanabilia « sunt, scire ventura et prædicare : sed non nisi deditas « navigantibus, et in id tantum ut se consulerent profectis. » (POMPONIUS MEL., III, 6.)

Strabon diffère de ce récit en ce qu'il dit que les prêtresses passoient sur le continent pour habiter avec des hommes. J'avois, d'après quelques autorités, pris cette île de Sayne pour Jersey ; mais Strabon la place vers l'embouchure de la Loire. Il est plus sûr de suivre Bochart (*Géograph. sacr.*, pag. 740) et d'Anville (*Notice de la Gaule,* pag. 595), qui retrouvent l'île de Sayne dans l'île des Saints, à l'extrémité du diocèse de Quimper, en Bretagne.

LXIe.

Page 18. Vous allez mourir, etc.

Les Gaulois servoient surtout dans la cavalerie romaine; car, selon Strabon, ils étoient meilleurs cavaliers que fantassins.

LXIIe.

Page 18. Vous tracez avec des fatigues inouïes les routes, etc.

Il suffit de jeter les yeux sur la carte de Peuttinger, sur l'*Itinéraire de Bordeaux à Jérusalem,* et sur le livre des Chemins de l'Empire, par Bergier, pour voir combien la Gaule étoit traversée de chemins romains. Il y en avoit quatre principaux qui partoient de Lyon, et qui alloient toucher aux extrémités des Gaules.

LXIIIe.

Page 18. Là, renfermés dans un amphithéâtre, on vous forcera, etc.

La plupart des gladiateurs étoient Gaulois ; mais Velléda ne dit pas tout-à-fait la vérité. Par un mépris abominable de la mort, ils vendoient souvent leur vie pour quelques pièces d'argent. On sait qu'Annibal fit battre des prisonniers gaulois, en promettant un cheval à celui qui tueroit son adversaire.

LXIVe.

Page 18. Souvenez-vous que votre nom veut dire voyageur.

« Il y en a qui conjecturent avec quelque probabilité que

« les Gaulois se sont ainsi appelés du mot celtique *Wallen*,
« qui, encore aujourd'hui, dans la langue allemande, si-
« gnifie aller, voyager, passer de lieu en lieu. » (MÉZERAY,
av. Clov., pag. 7.)

LXVe.

Page 18. Les tribus des Francs qui s'étoient établis en Espagne.

Les Francs avoient en effet pénétré jusqu'en Espagne vers ce temps-là, et y demeurèrent douze ans. Ils prirent et ruinèrent l'Aragon ; ensuite ils s'en retournèrent dans leur pays, probablement sur des vaisseaux (voyez EUTROPE). Les circonstances les plus indifférentes dans *les Martyrs* sont toutes fondées sur quelques faits. Je suis persuadé que, sous ces rapports, Virgile et Homère n'ont rien inventé : c'est ce qui fait que leurs poëmes sont aujourd'hui des autorités pour l'histoire.

LXVIe.

Page 19. Que les peuples étrangers nous accordent, etc.

C'est le mot de Bojocalus. Ce vieillard germain avoit porté cinquante ans les armes dans les légions romaines. Les Anticéariens, ses compatriotes, ayant été chassés de leur pays par les Cauces, vinrent s'établir avec Bojocalus, qui les conduisoit sur des terres vagues abandonnées par les Romains. Les Romains ne vouloient pas les leur donner, malgré les remontrances de Bojocalus, mais ils offrirent à celui-ci des terres pour lui-même. Le vieux Germain indigné alla rejoindre ses compatriotes fugitifs, en s'écriant : « Terre ne peut nous manquer pour y vivre ou pour y mourir. »

LXVIIe.

Page 19. A la troisième fois le héraut d'armes, etc.

« Si quis enim dicenti obstrepat aut tumultuetur, lictor

«accedit stricto cultro. Minis adhibitis tacere eum jubet :
«idque iterum ac tertio facit eo non cessante : tandem a
«sago ejus tantum amputat, ut reliquum sit inutile. »
(STRAB., lib. IV, pag. 135.)

LXVIIIe.

Page 19. La foule demande à grands cris, etc.

Les druides sacrifioient des victimes humaines. Ils choisissoient de préférence des malfaiteurs pour ces sacrifices; mais, à leur défaut, on prenoit des innocents. C'est Tertullien et saint Augustin qui nous apprennent de plus que ces victimes innocentes étoient des vieillards.

LXIXe.

Page 20. Que Dis, père des ombres.

Les Gaulois reconnoissoient Dis ou Pluton pour leur père : c'étoit à cause de cela qu'ils comptoient le temps par nuits, et qu'ils sacrifioient toujours dans les ténèbres. Cette tradition est celle de César. On dit que César s'est trompé; mais il pourroit bien se faire que l'opinion opposée ne fût qu'un système soutenu de beaucoup d'érudition.

LXXe.

Page 21. Elles étoient chrétiennes.

C'est toujours le sujet.

LXXIe.

Page 21. Puisqu'ils avoient été proscrits par Tibère même et par Claude.

Les éditions précédentes portoient : « et par Néron; » c'étoit une erreur. Dès l'an 657 de Rome, le sénat donna un décret pour abolir les sacrifices humains dans la Gaule

258 REMARQUES SUR LE LIVRE IX.

Narbonnoise. Pline nous apprend que Tibère extermina tous les druides, et Suétone attribue les édits de proscription à Claude.(*In Claudio*, cap. 26.)

LXXIIe.

Page 21. Le premier magistrat des Rhédons.

Ce magistrat s'appeloit Vergobret. (César, *Comment.*, liv. I.)

REMARQUES

SUR LE DIXIÈME LIVRE.

PREMIÈRE REMARQUE.

Page 25. L'ordre savant des prêtres gaulois.

Consultez, pour la science, les mœurs, le gouvernement des druides, les notes LIIIe, LIVe et LIXe du livre précédent.

IIe.

Page 25. L'orgueil dominoit chez cette Barbare.

Ce caractère d'orgueil est attribué aux Gaulois par toute l'antiquité. Selon Diodore, ils aimoient les choses exagérées, l'enflure et l'obscurité du langage, et l'hyperbole dominoit dans leurs discours. Cette exaltation de sentiment dans Velléda prépare le lecteur à ce qui va suivre, et rend moins extraordinaire les propos, les mœurs et la conduite de cette femme infortunée.

IIIe.

Page 26. Les fées gauloises.

Voyez la note LXe du livre précédent; le passage de Pomponius Mela est formel : il dit que les vierges ou fées de l'île de Sayne s'attribuoient tous les pouvoirs dont Velléda parle ici. On peut, si l'on veut, consulter encore un passage de SAINT-FOIX, tome I, IIe partie des *Essais sur Paris*.

IVe.

Page 26. Le gémissement d'une fontaine.

Les Gaulois tiroient des présages du murmure des eaux et du bruit du vent dans le feuillage. (CÉSAR, liv. I.)

Vᵉ.

Page 27. Je sentois, il est vrai, que Velléda ne m'inspireroit jamais un attachement, etc.

C'est ce qui fait qu'Eudore peut éprouver un véritable amour pour Cymodocée.

VIᵉ.

Page 28. Ces bois appelés chastes.

« Nemus castum. » (TACIT., *de Mor. Germ.*)

VIIᵉ.

Page 28. On voyoit un arbre mort.

« Ils adoroient, dit Adam de Brême, un tronc d'arbre « extrêmement haut, qu'ils appeloient Irminsul. » C'étoit l'idole des Saxons que Charlemagne fit abattre. (ADAM BREM., *Histor. Eccles. Germ.*, lib. III.) Je transporte l'Irminsul des Saxons dans la Gaule; mais on sait que les Gaulois rendoient un culte aux arbres, qu'ils honoroient tantôt comme Teutatès, tantôt comme Dieu de la guerre; et c'est ce que signifie Irmin ou Hermann.

VIIIᵉ.

Page 28. Autour de ce simulacre.

Lucus erat, longo nunquam violatus ab ævo,
Obscurum cingens connexis aera ramis,
Et gelidas alte submotis solibus umbras.
Hunc non ruricolæ Panes, nemorumque potentes
Silvani, Nymphæque tenent, sed barbara ritu
Sacra Deum; structæ diris feralibus aræ;
Omnis et humanis lustrata cruoribus arbor.
Si qua fidem meruit Superos mirata vetustas,
Illis et volucres metuunt insidere ramis,
Et lustris recubare feræ : nec ventus in illas
Incubuit silvas, excussaque nubibus atris
Fulgura : non ullis frondem præbentibus auris,

Arboribus suus horror inest. Tum plurima nigris
Fontibus unda cadit, simulacraque mœsta Deorum
Arte carent, cæsisque exstant informia truncis.
Ipse situs, putrique facit jam robore pallor
Attonitos : non vulgatis sacrata figuris
Numina sic metuunt ; tantum terroribus addit
Quos timeant non nosse Deos.
(Lucan., *Phars.*, lib. III, v. 399 et seq.)

Ut procul Hercyniæ per vasta silentia silvæ
Venari tuto liceat, lucosque vetusta
Religione truces, et robora, numinis instar
Barbarici, nostræ feriant impune bipennes.
(Claudian., *de Laud. Stilicon.*)

Quant aux armes suspendues aux branches des forêts, Arminius, excitant les Germains à la guerre, leur dit qu'ils ont suspendu dans leurs bois les armes des Romains vaincus. « Cerni adhuc Germanorum in lucis signa romana, « quæ diis patriis suspenderit. » (Tacit., *Ann.*, lib. I, 59.) Jornandès raconte la même chose d'un usage des Goths.

IXe.

Page 29. Une Gauloise l'avoit promis à Dioclétien.

Dioclétien, n'étant qu'un simple officier, rencontra dans les Gaules une femme-fée : elle lui prédit qu'il parviendroit à l'empire lorsqu'il auroit tué Aper ; *aper,* en latin, signifie un sanglier. Dioclétien fit la chasse aux sangliers sans succès ; enfin Aper, préfet du prétoire, ayant empoisonné l'empereur Numérien, Dioclétien tua lui-même Aper d'un coup d'épée, et devint le successeur de Numérien.

X[e].

Page 30. Nous avons souvent disposé de la pourpre.

Claude, Vitellius, etc., furent proclamés empereurs dans la Gaule. Vindex leva le premier l'étendard de la révolte contre Néron. Les Romains disoient que leurs guerres civiles commençoient toujours dans les Gaules.

XIe.

Page 30. Nouvelle Éponine.

Il est inutile de s'étendre sur cette histoire, que tout le monde connoît : Sabinus, ayant pris le titre de César, fut défait par Vespasien ; il se cacha dans un tombeau, où il resta neuf ans enseveli avec sa femme Éponine.

XIIe.

Page 32. Guitare.

Les bardes ne connoissoient point la lyre, encore moins la harpe, comme les prétendus bardes de Macpherson. Toutes ces choses sont des mœurs fausses, qui ne servent qu'à brouiller les idées. Diodore de Sicile (liv. v) parle de l'instrument de musique des bardes, et il en fait une espèce de cythara ou de guitare.

XIIIe.

Page 32. L'ombre de Didon.

. . . . Qualem primo qui surgere mense,
Aut videt aut vidisse putat per nubila lunam.

XIVe.

Page 33. Hercule, tu descendis dans la verte Aquitaine.

Cette fable du voyage d'Hercule dans les Gaules, et du mariage de ce héros avec la fille d'un roi d'Aquitaine, est racontée par Diodore de Sicile (liv. v). Il ne donne point les noms du roi et de la princesse, mais on les trouve dans d'autres auteurs.

XVe.

Page 33. Le sélago.

Le lecteur apprend dans le texte tout ce qu'il peut savoir sur cette plante mystérieuse des Gaulois. L'autorité est Pline. (*Hist.*, lib. XXIV, cap. XI.)

XVIe.

Page 33. Je prendrai la forme d'un ramier, etc.

On a déjà vu que les druidesses de l'île de Sayne s'attribuoient le pouvoir de changer de forme. Voyez la note IIIe de ce livre, et la note LXe du livre précédent.

XVIIe.

Page 33. Les cygnes sont moins blancs, etc.

Un passage d'Ammien Marcellin, cité dans la note L[e] du livre précédent, nous apprend que les Gauloises avoient les bras blancs comme de la neige. Diodore, comme nous l'avons encore vu dans la même note, ajoute qu'elles étoient belles, mais que, malgré leur beauté, les hommes ne leur étoient pas fidèles. Strabon (liv. IV) remarque qu'elles étoient heureuses en accouchant et en nourrissant leurs enfants : « Pariendo educandoque fœtus, felices. »

XVIIIe.

Page 33. Nos yeux ont la couleur et l'éclat du ciel.

Les yeux des Gauloises étoient certainement bleus; mais toute l'antiquité donne aux Gaulois un regard farouche, et nous avons vu qu'Ammien Marcellin l'attribue pareillement aux femmes. Velléda embellit donc le portrait; c'est dans la nature; elle sait qu'elle n'est pas aimée.

XIXe.

Page 33. Nos cheveux sont si beaux que les Romaines nous les empruntent.

C'est Martial qui le dit (liv. VIII, 33; liv. XIV, 26). Tertullien (*de Cultu femin.*, cap. VI) et saint Jérôme (*Hieronym. epist.* VII) se sont élevés contre ce caprice des dames romaines. Selon Juvénal (*sat.* VI), ce furent des courtisanes qui introduisirent cette mode en Italie.

XXe.

Page 34. Quelque chose de divin.

Velléda s'embellit encore ; elle attribue aux Gauloises ce que Tacite dit des femmes Germaines : « Inesse quin etiam « sanctum aliquid et providum putant. » (TACIT., *de Mor. Germ.*)

XXIe.

Page 36. La flotte des Francs.

Cette petite circonstance de la flotte des Francs est depuis long-temps préparée. Voyez le livre précédent et la note LXVe du même livre.

XXIIe.

Page 36. Les Barbares choisissent presque toujours pour débarquer le moment des orages.

Voyez la note IVe du livre VI.

XXIIIe.

P. 37. Une longue suite de pierres druidiques, etc. ; jusqu'à l'alinéa.

C'est le monument de Carnac en Bretagne, auprès de Quiberon. Il est exactement décrit dans le texte. Je n'ai plus rien à ajouter ici.

XXIVe.

Page 38. Sur cette côte demeurent des pêcheurs qui te sont inconnus, etc. ; jusqu'à la fin de l'alinéa.

Cette histoire du passage des âmes dans l'île des Bretons est tirée de Procope (*Hist. Goth.*, lib. VI, cap. 20).

Comme elle est très exacte dans le texte, je n'ai rien à ajouter dans la note. Plutarque (*de Oracul. defect.*) avoit raconté à peu près la même histoire avant Procope.

XXVe.

Page 39. Le tourbillon de feu.

Cette circonstance des tourbillons se trouve dans les deux auteurs cités à la note précédente.

XXVIe.

Page 39. Tu m'écriras des lettres que tu jetteras dans le bûcher funèbre.

«Lorsque les Gaulois brûlent leurs morts, dit Diodore «(trad. de Terrass.), ils adressent à leurs amis et à leurs «parents défunts des lettres qu'ils jettent dans le bûcher, «comme s'ils devoient les recevoir et les lire.»

XXVIIe.

Page 40. Je tombe aux pieds de Velléda.

Ceci remplace deux lignes trop hardies des premières éditions. L'expression est adoucie, le morceau n'y perd rien; il devient seulement plus chaste et d'un meilleur goût.

XXVIIIe.

Page 40. L'enfer donne le signal de cet hymen funeste, etc.

J'ai transporté ici dans une autre religion les fameux vers du IVe livre de l'*Énéide :*

    . . . . Prima et Tellus et pronuba Juno
    Dant signum : fulsere ignes, et conscius æther
    Connubiis, summoque ululàrunt vertice nymphæ.

XXIX°.

Page 41. Le langage de l'enfer s'échappa naturellement de ma bouche.

Il y a ici tout un paragraphe de supprimé. Rien dans cet épisode ne peut plus choquer le lecteur, à moins qu'il ne soit plus permis de traiter les passions dans une épopée. Si les longs combats d'Eudore, si l'exécration avec laquelle il parle de sa faute, si le repentir le plus sincère ne l'excusent pas, je n'ai nulle connoissance de l'art et du cœur humain.

XXXe.

Page 42. Le cri que poussent les Gaulois quand ils veulent se communiquer une nouvelle.

« Ubi major atque illustrior incidit res, clamore per « agros regionesque significant: hunc alii deinceps exci- « piunt et proximis tradunt. » (Cæs., *in Comment.*, lib. VII.)

XXXIe.

Page 43. Et que du faîte de quelque bergerie.

Ardua tecta petit stabuli, et de culmine summo
Pastorale canit signum, cornuque recurvo
Tartaream intendit vocem, etc.   (*Æneid.*, VII.)

XXXIIe.

Page 44. Comme une moissonneuse.

Jusqu'ici on avoit comparé le jeune homme mourant à l'herbe, à la fleur coupée, « succisus aratro »; j'ai transporté les termes de la comparaison, et j'ai comparé Velléda à la moissonneuse elle-même. La circonstance de la faucille d'or m'a conduit naturellement à l'image : un poëte habile pourra peut-être profiter de cette idée, et arranger tout cela un jour avec plus de grâce que moi.

Ici se terminent les *chants* pour la patrie. J'ai peint notre double origine ; j'ai cherché nos costumes et nos mœurs dans leur berceau, et j'ai montré la religion naissante chez les fils aînés de l'Église. En réunissant ces six livres et les notes de ces livres, on a sous les yeux un corps complet de documents authentiques touchant l'histoire des Francs et des Gaulois. C'est chez les Francs qu'Eudore est témoin d'un des plus grands miracles de la charité évangélique ; c'est dans la Gaule qu'il tombe, et c'est un prêtre chrétien de cette même Gaule qui le rappelle à la vraie religion. Eudore porte nécessairement dans les cachots les souvenirs de ces contrées demi-sauvages, auxquelles il doit, pour ainsi dire, et ses vertus et son triomphe. Ainsi, nous autres François, nous participons à sa gloire, et, du moins sous un rapport, le héros des *Martyrs*, quoique étranger, se trouve rattaché à notre sol. Ces considérations, peut-être touchantes, n'auroient point échappé à la critique, si on n'avoit voulu aveuglément condamner mon ouvrage, en affectant de méconnoître un grand travail, et un sujet intéressant, même pour la patrie.

REMARQUES

SUR LE ONZIÈME LIVRE.

PREMIÈRE REMARQUE.

Page 45. La grande époque de ma vie.

Voilà qui lie absolument le récit à l'action, en amenant le repentir et la pénitence d'Eudore, et ce qui rentre dans les desseins de Dieu ; desseins qui sont expliqués dans le livre du *Ciel*.

IIe.

P. 46. Il me nomma préfet du prétoire des Gaules.

J'ai dit plus haut qu'Ambroise étoit le fils du préfet du prétoire des Gaules ; mais je suppose à présent que le père d'Ambroise étoit mort, ou qu'il ne possédoit plus cette charge.

IIIe.

Page 46. Je m'embarquai au port de Nîmes.

Voyéz la Préface.

IVe.

Page 46. Marcellin m'admit au repentir.

Pour les erreurs du genre de celles d'Eudore, l'expiation étoit de sept ans : ainsi Marcellin fait une grâce au coupable en ne le laissant que cinq ans hors de l'Église. Les premières éditions des *Martyrs* donnoient sept ans à la pénitence du fils de Lasthénès ; ce qui étoit la totalité du temps canonique.

Vᵉ.

Page 47. Il étoit encore en Égypte.

On se souvient que lorsque Eudore partit pour les Gaules, Dioclétien étoit allé pacifier l'Égypte, soulevée par un tyran qui prétendoit à la pourpre. (Voy. liv. v et liv. ix.)

VIᵉ.

Page 47. Môle de Marc-Aurèle.

Peut-être Civita-Vecchia.

VIIᵉ.

Page 47. Porter du blé destiné au soulagement des pauvres.

On lisoit dans les éditions précédentes : «Chercher du blé.» (Voyez la Vie de saint Jean l'aumônier, dans la *Vie des Pères du désert,* trad. d'Arnauld d'Andilly, pag. 350.)

VIIIᵉ.

Page 48. Utique... Carthage... Marius... Caton, etc.

Voici un ciel, un sol, une mer, des souvenirs bien différents de ceux des Gaules. J'ai parcouru cette route d'Eudore : si le récit de mon héros fatigue, ce ne sera pas faute de variété.

IXᵉ.

Page 48. A la vue de la colline où fut le palais de Didon.

En doublant la pointe méridionale de la Sicile, et rasant la côte de l'Afrique pour aller en Égypte, on pouvoit apercevoir Carthage. J'aurois beaucoup de choses à dire sur les ruines de cette ville, ruines plus considérables qu'on ne le croit généralement ; mais ce n'est pas ici le lieu.

X[e].

Page 48. Une colonne de fumée.

Mœnia respiciens, quæ jam infelicis Elisæ
Collucent flammis. Quæ tantum accenderit ignem
Causa latet.

XIe.

Page 49. Je n'étois pas comme Énée.

Mais Eudore étoit le descendant de Philopœmen et le dernier représentant des grands hommes de la Grèce.

XIIe.

Page 49. Je n'avois pas comme lui... l'ordre du ciel.

Eudore se trompe : il suit les ordres du ciel, et l'empire romain lui devra son salut, puisque c'est par sa mort que le christianisme va monter sur le trône des Césars ; mais le fils de Lasthénès ignore ces hautes destinées, et les maux qu'il a causés humilient son cœur.

XIIIe.

Page 49. Le promontoire de Mercure, et le cap où Scipion, etc.

Le promontoire de Mercure, aujourd'hui le cap Bon, selon le docteur Shaw et d'Anville. Scipion, passant en Afrique avec son armée, aperçut la terre, et demanda au pilote comment cette terre s'appeloit : « C'est le cap Beau », répondit le pilote. Scipion fit tourner la proue vers ce côté. (TITE-LIVE, liv. x.)

XIVe.

Page 49. Poussés par les vents vers la petite sirte.

Je passai cinq jours à l'ancre dans la petite sirte, précisément pour éviter le naufrage que les anciens trouvoient dans ce golfe. Le fond de la petite sirte va toujours s'élevant jusqu'au rivage : de sorte qu'en marchant la sonde à la main on vient mouiller sur un bon fond de sable, à telle brasse que l'on veut. Le peu de profondeur de l'eau y rend la mer calme au milieu des plus grands vents; et cette sirte, si dangereuse pour les barques des anciens, est une espèce de port en pleine mer pour les vaisseaux modernes.

XVe.

Page 49. La tour qui servit de retraite au grand Annibal.

« Une péninsule, dit d'Anville, où se trouve une place « que les Francs nomment Africa, paroît avoir été l'empla- « cement de *Turris Annibalis,* d'où ce fameux Carthaginois, « toujours redouté des Romains, partit en quittant l'Afrique « pour se retirer en Asie. »

XVIe.

Page 49. Je croyois voir ces victimes de Verrès.

Allusion à ce beau passage de la ve Verrine, chap. CLVIII, où Cicéron montroit un citoyen romain expirant sur la croix par les ordres de Verrès, à la vue des côtes de l'Italie.

XVIIe.

Page 49. L'île délicieuse des Lotophages.

Probablement aujourd'hui Zerbi. On mange encore le lotus sur toute cette côte. Pline distingue deux sortes de lotus (liv. XIII, chap. XVII. Voyez aussi l'*Odyssée*).

XVIIIe.

Page 49. Les autels des Philènes, et Leptis, Patrie de Sévère.

Pour l'ordre, il auroit fallu Leptis et les autels des Philènes; mais l'oreille s'y opposoit. « *Philenorum aræ,* monu-

«ment consacré à la mémoire de deux frères carthaginois «qui s'étoient exposés à la mort pour étendre jusque-là les «dépendances de leur patrie.» (D'Anville.) Leptis, une des trois villes d'où la province de Tripoli prit son nom. Sévère et saint Fulgence étoient de Leptis. Il existe encore des ruines de cette ville sous le Liba.

XIXe.

Page 49. Une haute colonne attira bientôt nos regards.

En revenant en Europe, je suis demeuré plusieurs jours en mer en vue de la colonne de Pompée, et certes je n'ai eu que trop le temps de remarquer son effet à l'horizon. Ici commence la description de l'Égypte. Je prie le lecteur de la suivre pas à pas, et d'examiner si on y trouve de l'enflure, du galimatias et le moindre désir de produire de l'effet avec de grands mots : je puis me tromper, car je ne suis pas aussi habile que les critiques; mais je suis bien sûr de ce que j'ai vu de mes yeux, et, malheureusement, je vois les choses comme elles sont.

XXe.

Page 49. Par Pollion, préfet d'Égypte.

C'est ce que porte l'inscription lue par les Anglois, au moyen du plâtre qu'ils appliquèrent sur la base de la colonne. Je crois avoir été le premier ou un des premiers qui aient fait connoître cette inscription en France. Je l'ai rapportée dans un numéro du *Mercure,* lorsque ce journal m'appartenoit.

XXIe.

Page 50. Le savant Didyme.

Il y a deux Didymes, tous deux savants : le second, qui vivoit dans le quatrième siècle, étoit chrétien, et versé également dans l'antiquité profane et sacrée. On peut supposer sans inconvénient que le second Didyme est l'auteur du *Commentaire sur Homère*. Il occupa la chaire de l'école d'Alexandrie : c'est pourquoi je l'appelle successeur d'Aristarque, qui corrigea Homère, et qui fut gouverneur du fils de Ptolémée Lagus. J'ai voulu seulement rappeler deux noms chers aux lettres.

XXIIe.

Page 50. Arnobe.

Continuation du tableau des grands hommes de l'Église à l'époque de l'action : ce sont à présent ceux de l'Église d'Orient. Il y a ici de légers anachronismes, encore pourrois-je les défendre et chicaner sur les temps ; mais ce n'est point de cela qu'il est question.

XXIIIe.

Page 50. Dépôt des remèdes et des poisons de l'âme.

On connoît la fameuse inscription de la bibliothèque de Thèbes en Égypte : Ψυχῆς ἰατρεῖον. N'est-il pas plus juste pour nous avec le mot que j'y ai ajouté ?

XXIVe.

Page 50. Du haut d'une galerie de marbre, je regardois Alexandrie, etc.

J'ai souvent aussi contemplé Alexandrie du haut de la terrasse qui règne sur la maison du consul de France ; je n'apercevois qu'une mer nue qui se brisoit sur des côtes basses encore plus nues, des ports vides, et le désert libyque s'enfonçant à l'horizon du midi. Ce désert sembloit, pour ainsi dire, accroître et prolonger la surface jaune et aplanie des flots ; on auroit cru voir une seule mer, dont une moitié étoit agitée et bruyante, et dont l'autre moitié étoit immobile et silencieuse. Partout la nouvelle Alexandrie mêlant ses ruines aux ruines de l'ancienne cité ; un

Arabe galopant au loin sur un âne, au milieu des débris; quelques chiens maigres dévorant des carcasses de chameaux sur une grève désolée; les pavillons des divers consuls européens flottant au-dessus de leurs demeures, et déployant, au milieu des tombeaux, des couleurs ennemies : tel étoit le spectacle.

Je vais citer un long morceau de Strabon, qui renferme une description complète d'Alexandrie, et qui servira d'autorité pour tout ce que je dis dans mon texte sur les monuments de cette ville, sur le cercueil de verre d'Alexandre, etc., etc. Comme les savants ennemis des *Martyrs,* qui ont tout lu sur l'Égypte, sont sans doute très versés dans l'antiquité, ils seront bien aises de trouver ici l'original de ma description. Je ne leur ferai pas l'injure de traduire le morceau ; mais j'espère alors qu'ils tanceront le géographe grec, pour son ignorance et la fausseté de ses assertions.

Ἔςι δὲ χλαμυδοειδὲς τὸ σχῆμα τοῦ ἐδάφους τῆς πόλεως· οὗ τὰ μὲν ἐπὶ μήκους πλευρά ἐςι τὰ ἀμφίκλυςα, ὅσον τριάκοντα ςαδίων ἔχοντα διάμετρον, τὰ δὲ ἐπὶ πλάτος οἱ ἰσθμοί, ἑπτὰ ἢ ὀκτὼ ςαδίων ἑκάτερος σφιγγόμενος, τῇ μὲν ὑπὸ θαλάττης, τῇ δ' ὑπὸ τῆς λίμνης. Ἅπασα μὲν ὁδοῖς κατατέτμηται, ἱππηλάταις καὶ ἁρματηλάταις· δυσὶ δὲ πλατυτάταις, αἳ δὴ δίχα καὶ πρὸς ὀρθὰς τέμνουσιν ἀλλήλας. Ἔχει δ' ἡ πόλις τεμένη, τά τε κοινὰ κάλλιςα, καὶ τὰ βασίλεια, τέταρτον, ἢ καὶ τρίτον τοῦ παντὸς περιβόλου μέρος. Τῶν γὰρ βασιλέων ἕκαςος ὥσπερ τοῖς κοινοῖς ἀναθήμασι προσεφιλοκάλει τινὰ κόσμον, οὕτω καὶ οἴκησιν ἰδίᾳ περιεβάλλετο πρὸς ταῖς ὑπαρχούσαις, ὥςε νῦν τὸ τοῦ ποιητοῦ, ἐξ ἑτέρων ἕτερ' ἐςίν. Ἅπαντα μὲν τοι συναφῆ καὶ ἀλλήλοις καὶ τῷ λιμένι, καὶ ὅσα ἔξω αὐτοῦ. Τῶν δὲ βασιλείων μέρος ἐςι, καὶ τὸ Μουσεῖον, ἔχον περίπατον καὶ ἐξέδραν, καὶ οἶκον μέγαν, ἐν ᾧ τὸ συσσίτιον τῶν μετεχόντων τοῦ Μουσείου φιλολόγων ἀνδρῶν. Ἔςι δὲ τῇ συνόδῳ ταύτῃ καὶ χρήματα κοινά, καὶ ἱερεύς ὁ ἐπὶ τῷ Μουσείῳ τεταγμένος, τότε μὲν ὑπὸ τῶν βασιλέων, νῦν δ' ὑπὸ Καίσαρος. Μέρος δὲ τῶν βασιλείων ἐςὶ καὶ τὸ καλούμενον Σῶμα, ὁ περίβολος ἦν, ἐν ᾧ αἱ τῶν βασιλέων ταφαί, καὶ ἡ Ἀλεξάνδρου. Ἔφθη γὰρ τὸ σῶμα ἀφελόμενος Περδίκκαν ὁ τοῦ Λάγου Πτολεμαῖος, κατακομίζοντα ἐκ τῆς Βαβυλῶνος, καὶ ἐκτρεπόμενον ταύτῃ κατὰ πλεονεξίαν καὶ ἐξιδιασμὸν τῆς Αἰγύπτου. Καὶ δὴ καὶ ἀπόλετο διαφθαρεὶς ὑπὸ τῶν ςρατιωτῶν, ἐπελθόντος τοῦ Πτολεμαίου, καὶ κατακλείσαντος αὐτὸν ἐν νήσῳ ἐρήμῃ. Ἐκεῖνος μὲν οὖν ἀπέθανεν ἐμπεριπαρεὶς ταῖς σαρίσσαις, ἐπελθόντων ἐπ' αὐτῷ τῶν ςρατιωτῶν. Σὺν αὐτῷ δὲ καὶ οἱ βασιλεῖς, Ἀριδαῖος τε καὶ τὰ παιδία τὰ Ἀλεξάνδρου, καὶ ἡ γυνὴ Ῥωξάνη ἀπῆρεν εἰς Μακεδονίαν. Τὸ δὲ σῶμα τοῦ Ἀλεξάνδρου κομίσας ὁ Πτολεμαῖος ἐκήδευσεν ἐν τῇ Ἀλεξανδρείᾳ ὅπου νῦν κεῖται, οὐ μὴν ἐν τῇ αὐτῇ πυέλῳ, ὑαλίνη γὰρ αὕτη, ἐκεῖνος δ' ἐν χρυσῇ κατέθηκεν. Ἐσύλησε δ' αὐτὸν ὁ Κόκκης καὶ Παρείσακτος ἐπικληθεὶς Πτολεμαῖος, ἐκ τῆς Συρίας ἐπελθών, καὶ ἐκπεσών εὐθὺς, ὥς' ἀνόνητα αὐτῷ τὰ σῦλα γενέσθαι. Ἔςι δ' ἐν τῷ μεγάλῳ λιμένι κατὰ μὲν τὸν εἴσπλουν ἐν δεξιᾷ ἡ νῆσος καὶ ὁ πύργος ὁ Φάρος. Κατὰ δὲ τὴν ἑτέραν χεῖρα αἵτε χοιραδες, καὶ ἡ Λοχιὰς ἄκρα, ἔχουσα βασίλειον· Εἰσπλεύσαντι δ' ἐν ἀριςερᾷ, ἐςὶ συνεχῆ τοῖς ἐν τῇ Λοχιάδι, τὰ ἐνδοτέρω βασίλεια, πολλὰς καὶ ποικίλας ἔχοντα διαίτας καὶ ἄλση. Τούτοις δ' ὑπόκειται ὅ, τε κρυπτὸς λιμὴν καὶ κλειςὸς ἴδιος τῶν βασιλέων, καὶ ἡ Ἀντίρροδος νησίον προκείμενον τοῦ ὀρυκτοῦ λιμένος, βασίλειον ἅμα καὶ λιμένιον ἔχον. Ἐκάλεσαν δ' οὕτως, ὡς ἂν τῇ Ῥόδῳ ἐνάμιλλον· Ὑπέρκειται δὲ τούτου τὸ θέατρον. Εἴτα τὸ Ποσείδιον, ἄγκων τις ἀπὸ τοῦ Ἐμπορίου καλουμένου προπεπτωκώς, ἔχων ἱερὸν Ποσειδῶνος. Ὧι προσθεὶς χῶμα Ἀντώνιος ἔτι μᾶλλον προνεῦον εἰς μέσον τὸν λιμένα, ἐπὶ τῷ ἄκρῳ κατεσκεύασε δίαιταν βασιλικὴν ἣν Τιμώνιον προσηγόρευσε. Τοῦτο δ' ἔπραξε τὸ τελευταῖον, ἡνίκα προκληθεὶς ὑπὸ τῶν φίλων ἀπῆρεν εἰς Ἀλεξάνδρειαν μετὰ τὴν ἐν Ἀκτίῳ κακοπραγίαν, Τιμώνιον αὐτῷ κρίνας τὸν λοιπὸν βίον, ὃν διάξειν ἔμελλεν ἔρημος τῶν τοσούτων φίλων. Εἴτα τὸ Καισάριον καὶ τὸ Ἐμπορεῖον, καὶ ἀποςάσεις, μεταταῦτα τὰ νεώρια, μέχρι τοῦ ἑπταςαδίου. Ταῦτα μὲν τὰ περὶ τὸν μέγαν λιμένα. Ἑξῆς δ' Εὐνόςου λιμὴν μετὰ τὸ ἑπταςάδιον, καὶ ὑπὲρ τούτου ὀρυκτὸς, ὃν καὶ Κιβωτὸν καλοῦσιν, ἔχων καὶ αὐτὸς νεώρια. Ἐνδοτέρω δὲ τούτου διώρυξ πλωτὴ μέχρι τῆς λίμνης τεταμένη τῆς Μαραιωτίδος. Ἔξω μὲν οὖν τῆς διώρυγος μικρὸν ἔτι λείπεται τῆς πόλεως, εἴθ' ἡ Νεκρόπολις. Καὶ τὸ προάςειον ἐν ᾧ κῆποί τε πολλοὶ καὶ ταφαὶ καὶ καταγωγαὶ, πρὸς τὰς ταριχείας τῶν νεκρῶν ἐπιτήδειαι. Ἐντὸς δὲ τῆς διώρυγος τότε Σαράπιον καὶ ἄλλα τε μὲν ἀρχαῖα, ἐκλελειμένα πως διὰ τὴν τῶν νεῶν κατασκευὴν τῶν ἐν Νικοπόλει.   (Strab., *Rer. geogr.*; lib. xvii.)

XXVe.

Page 51. Comme une cuirasse macédonienne.

Comment ai-je pu traduire le mot *chlamydes* de l'original par *cuirasse*? Voilà bien ce qui prouve que mes descriptions ne sont bonnes que pour ceux qui n'ont rien lu sur l'Égypte. Aurois-je par hasard quelque autorité que je me plaise à cacher, ou n'ai-je eu l'intention que d'arriver à l'image tirée des armes d'Alexandre? C'est ce que la critique nous dira.

XXVIᵉ.

Page 52. Ces vaillants qui sont tombés morts.

« Et non dormient cum fortibus cadentibus... qui po-
« suerunt gladios suos sub capitibus suis. » (*Ezechiel*,
cap. xxxii, v. 27.)

XXVIIᵉ.

P. 53. Qui vient de se baigner dans les flots du Nil.

Les eaux du Nil, pendant le débordement, ne sont point jaunes, ainsi qu'on l'a dit; elles ont une teinte rougeâtre, comme le limon qu'elles déposent : c'est ce que tout le monde a pu observer aussi bien que moi.

XXVIIIᵉ.

Page 53. Un sol rajeuni tous les ans.

Voilà toute la description de l'Égypte : il me semble que je ne dis rien ici d'extraordinaire ni d'étranger à la pure et simple vérité. L'expression sans doute est à moi; mais si j'en crois d'assez bons juges, je ne dois avoir nulle inquiétude sur ce point.

XXIXᵉ.

Page 54. Pharaon est là avec tout son peuple, et ses sépulcres sont autour de lui.

Je ne sais si l'on avoit remarqué avant moi ce passage des *Prophètes* qui peint si bien les Pyramides. J'avois ici un vaste sujet d'amplification, et pourtant je me suis contenté de peindre rapidement cet imposant spectacle; il faut se taire, après Bossuet, sur ces grands tombeaux. En remontant le Nil pour aller au Caire, lorsque j'aperçus les Pyramides, elles me présentèrent l'image exprimée dans le texte. La beauté du ciel; le Nil, qui ressembloit alors à une petite mer ; le mélange des sables du désert et des tapis de la plus fraîche verdure ; les palmiers, les dômes des mosquées ; les minarets du Caire ; les Pyramides lointaines de Saccara, d'où le fleuve sembloit sortir comme de ses immenses réservoirs : tout cela formoit un tableau qui n'a point son égal dans le reste du monde. Si j'osois comparer quelque chose à ces sépulcres des rois d'Égypte, ce seroit les sépulcres des sauvages sur les rives de l'Ohio. Ces monuments, ainsi que je l'ai dit dans *Atala,* peuvent être appelés les Pyramides des déserts, et les bois qui les environnent sont les palais que la main de Dieu éleva à l'homme-roi enseveli sous le mont du Tombeau.

xxx°.

Page 54. Baignée par le lac Achéruse, où Caron passoit les morts.

« Ces plaines heureuses, qu'on dit être le séjour des justes
«morts, ne sont à la lettre que les belles campagnes qui
«sont aux environs du lac d'Achéruse, auprès de Mem-
«phis, et qui sont partagées par des champs et par des
«étangs couverts de blé ou de lotos. Ce n'est pas sans fon-
«dement qu'on a dit que les morts habitent là ; car c'est là
«qu'on termine les funérailles de la plupart des Égyptiens,
«lorsque après avoir fait traverser le Nil et le lac d'Aché-
«ruse à leurs corps, on les dépose enfin dans des tombes
«qui sont arrangées sous terre en cette campagne. Les
«cérémonies qui se pratiquent encore aujourd'hui dans
«l'Égypte conviennent à tout ce que les Grecs disent de
«l'enfer, comme à la barque qui transporte les corps, à
«la pièce de monnoie qu'il faut donner au nocher nommé
«*Caron* en langue égyptienne, au temple de la ténébreuse
«Hécate, placé à l'entrée de l'enfer ; aux portes du Co-
«cyte et du Léthé, posées sur des gonds d'airain ; à d'autres
«portes, qui sont celles de la Vérité et de la Justice, qui
«est sans tête.» (DIODORE, liv. I, traduct. de Terrasson.)

XXXIe.

Page 54. Je visitai Thèbes aux cent portes.

« Busiris rendit la ville de Thèbes la plus opulente, non-
« seulement de l'Égypte, mais du monde entier. Le bruit
« de sa puissance et de ses richesses s'étant répandu par-
« tout, a donné lieu à Homère d'en parler en ces termes :

Non, quand il m'offriroit, pour calmer mes transports,
Ce que Thèbes d'Égypte enferme de trésors,
Thèbes qui, dans la plaine envoyant ses cohortes,
Ouvre à vingt mille chars ses cent fameuses portes.

« Néanmoins, selon quelques auteurs, Thèbes n'avoit point
« cent portes ; mais, prenant le nombre de cent pour plu-
« sieurs, elle étoit surnommée Hécatompyle, non peut-être
« de ses portes, mais des grands vestibules qui étoient à
« l'entrée de ses temples. » (DIODORE, liv. I, sect. II, trad.
de Terrasson.)

XXXIIe.

Page 54. Tentyra aux ruines magnifiques.

Aujourd'hui Dendéra. Je la suppose ruinée au temps
d'Eudore, et telle qu'elle l'est aujourd'hui. Une foule de
villes égyptiennes n'existoient déjà plus du temps des Grecs
et des Romains; et ils alloient comme nous en admirer les
ruines. Je donne ici mille cités à l'Égypte : Diodore en
compte trois mille ; et, selon le calcul des prêtres, elles
s'étoient élevées au nombre de dix-huit mille. Si l'on en
croyoit Théocrite, ce nombre eût été encore beaucoup
plus considérable. Dioclétien lui-même détruisit plusieurs
villes de la Thébaïde, en étouffant la révolte d'Achillée.

XXXIIIe.

Page 54. Qui donna Cécrops et Inachus à la Grèce,
qui fut visitée, etc.

Cécrops fonda Athènes ; et Inachus, Argos.

Parmi les sages qui ont visité l'Égypte, Diodore compte, d'après les prêtres égyptiens, Orphée, Musée, Mélampe, Dédale, Homère, Lycurgue, Solon, Platon, Pythagore, Eudoxe, Démocrite, OEnopidès (liv. 1). J'ai ajouté les grands personnages de l'Écriture.

XXXIVe.

Page 54. Cette Égypte, où le peuple jugeoit ses rois, etc.

Je citerai Rollin, tout-à-fait digne de figurer auprès des historiens antiques : « Aussitôt qu'un homme étoit mort, « on l'amenoit en jugement. L'accusateur public étoit « écouté. S'il prouvoit que la conduite du mort eût été « mauvaise, on en condamnoit la mémoire, et il étoit privé « de sépulture. Le peuple admiroit le pouvoir des lois, « qui s'étendoit jusqu'après la mort; et chacun, touché de « l'exemple, craignoit de déshonorer sa mémoire et sa fa- « mille. Que si le mort n'étoit convaincu d'autre faute, on « l'ensevelissoit honorablement.

« Ce qu'il y a de plus étonnant dans cette enquête pu- « blique établie contre les morts, c'est que le trône même « n'en mettoit pas à couvert. Les rois étoient épargnés pen- « dant leur vie, le repos public le vouloit ainsi ; mais ils « n'étoient pas exempts du jugement qu'il falloit subir « après la mort, et quelques-uns ont été privés de sépul- « ture. » (ROLLIN, *Hist. des Égypt.*)

XXXVe.

Page 54. Où l'on empruntoit en livrant pour gage le corps d'un père.

« Sous le règne d'Asychis, comme le commerce souffroit « de la disette d'argent, il publia, me dirent-ils, une loi « qui défendoit d'emprunter, à moins qu'on ne donnât « pour gage le corps de son père. On ajouta à cette loi que « le créancier auroit aussi en sa puissance la sépulture du

«débiteur, et que, si celui-ci refusoit de payer la dette
«pour laquelle il auroit hypothéqué un gage si précieux,
«il ne pourroit être admis, après sa mort, dans la sépulture
«de ses pères, ni dans quelque autre, et qu'il ne pourroit,
«après le trépas d'aucun des siens, leur rendre cet hon-
«neur.» (Hérodote, liv. ii, traduct. de M. Larcher.)

XXXVI°.

Page 54. Où le père qui avoit tué son fils, etc.

«On ne faisoit pas mourir les parents qui avoient tué
«leurs enfants, mais on leur faisoit tenir leurs corps em-
«brassés trois jours et trois nuits de suite, au milieu de
«la garde publique qui les environnoit.» (Diodore, liv. ii,
traduction de Terrasson.)

XXXVII°.

Page 54. Où l'on promenoit un cercueil autour de
la table du festin.

«Aux festins qui se font chez les riches, on porte après
«le repas, autour de la salle, un cercueil avec une figure
«en bois, si bien travaillée et si bien peinte, qu'elle repré-
«sente parfaitement un mort. Elle n'a qu'une coudée ou
«deux au plus. On la montre à tous les convives tour à
«tour, en leur disant : Jetez les yeux sur cet homme, vous
«lui ressemblerez après votre mort; buvez donc mainte-
«nant et vous divertissez.» (Hérodote, liv. ii, traduct. de
M. Larcher.)

XXXVIII°.

Page 54. Où les maisons s'appeloient des hôtelleries, et les tombeaux des maisons.

«Tous ces peuples, regardant la durée de la vie comme
«un temps très court et de peu d'importance, font au con-
«traire beaucoup d'attention à la longue mémoire que la
«vertu laisse après elle. C'est pourquoi ils appellent les

«maisons des vivants des hôtelleries par lesquelles on ne
«fait que passer; mais ils donnent le nom de demeures
éternelles aux tombeaux des morts, d'où l'on ne sort
«plus. Ainsi, les rois ont été comme indifférents sur la
«construction de leurs palais, et ils se sont épuisés dans
«la construction de leurs tombeaux.» (DIODORE, liv. I, traduct. de Terrasson.)

XXXIXe.

Page 55. Leurs symboles bizarres ou effrontés.

Non-seulement j'ai lu quelque chose sur l'Égypte, comme on vient de le voir, mais j'en connois assez bien les monuments; et quand je dis qu'il y avoit des symboles effrontés à Thèbes, à Memphis et à Hiéropolis, je ne fais que rappeler ce que la gravure a rappelé depuis Pococke, et rappellera sans doute encore. Cette note XXXIXe termine la description de l'Égypte idolâtre : il n'y a, comme on le voit, pas une phrase, pas un mot qui ne soit appuyé sur une puissante autorité, et l'on peut remarquer que j'ai renfermé en quelques lignes toute l'histoire de l'Égypte ancienne, sans omettre un seul fait essentiel. Dans la description de l'Égypte chrétienne qui va suivre, dans la peinture du désert, j'aurois pu m'en rapporter à mes propres yeux, et mon témoignage suffisoit, comme celui de tout autre voyageur. On verra pourtant que mes récits sont confirmés par les relations les plus authentiques. Franchement, je suis plus fort que mes ennemis en tout ceci; et puisqu'ils m'y ont forcé par l'attaque la plus bizarre, je suis obligé de leur prouver qu'ils ont parlé de choses qu'ils n'entendent pas.

XLe.

Page 55. Il venoit de conclure un traité avec les peuples de Nubie.

Par ce traité, Dioclétien avoit cédé aux Éthiopiens le pays qu'occupoient les Romains au-delà des cataractes.

XLIe.

Page 56. Figurez-vous, seigneurs, des plages sablonneuses, etc.

«Nous partîmes de Benisolet, dit le père Siccard, le 25, «pour aller au village de Baiad, qui est à l'orient du fleuve. «Nous prîmes dans ce village des guides pour nous con-«duire au désert de Saint-Antoine. Nous sortîmes de Baiad «le 26 mai, montés sur des chameaux, et escortés de deux «chameliers. Nous marchâmes au nord le long du Nil, «l'espace d'une ou deux lieues, et ensuite nous tirâmes à «l'est pour entrer dans le célèbre désert de Saint-Antoine, «ou de la Basse-Thébaïde... Une plaine sablonneuse s'étend «d'abord jusqu'à la gorge de Gebeï... Nous montâmes «jusqu'au sommet du mont Gebeï. Nous découvrîmes alors «une plaine d'une étendue prodigieuse... Son terrain est «pierreux et stérile. Les pluies, qui y sont fréquentes en «hiver, forment plusieurs torrents ; mais leur lit demeure «sec pendant tout l'été... Dans toute la plaine, on ne voit «que quelques acacias sauvages, qui portent autant d'é-«pines que de feuilles. Leurs feuilles sont si maigres, «qu'elles n'offrent qu'un médiocre secours à un voyageur «qui cherche à se mettre à l'abri du soleil brûlant.» (*Lettr. édif.*, tom. v, p. 191 et suiv.) Jusqu'ici, comme on le voit, je n'ai rien imaginé ; et le père Siccard, qui passa tant d'années en Égypte, ce missionnaire qui savoit le grec, le cophte, l'hébreu, le syriaque, l'arabe, le latin, le turc, etc., n'avoit peut-être rien lu sur l'Égypte, ni rien vu dans ce pays. J'ai substitué seulement le nopal à l'acacia, comme plus caractéristique des lieux. Me permettra-t-on de dire que j'ai rencontré le nopal aux environs du Caire, d'Alexandrie, et en général dans tous les déserts de ces contrées ? Cependant, si on ne veut pas qu'il y ait des nopals en Orient, malgré moi et malgré presque tous les voyageurs, je capitulerai sur ce point.

Il faut pourtant que j'apprenne à la critique une chose

qu'elle ne sait peut-être pas, et le moyen de m'attaquer. A l'époque où je place des nopals en Orient, il y a anachronisme en histoire naturelle. Les cactus sont américains d'origine. Transportés ensuite en Afrique et en Asie, ils s'y sont tellement multipliés, que la chaîne de l'Atlas en est aujourd'hui remplie. Quelques botanistes doutent même si ces plantes ne sont point naturelles aux deux continents. Un seul végétal introduit dans une contrée suffit pour changer l'aspect d'un paysage. Le peuplier d'Italie, par exemple, a donné un autre caractère à nos vallées. J'ai peint et j'ai dû peindre ce que je voyois en Orient, sans égard à la chronologie de l'histoire naturelle.

XLIIe.

Page 56. Des débris de vaisseaux pétrifiés.

« Sur le dos de la plaine, dit le père Siccard, on voit de « distance en distance des mâts couchés par terre, avec « des pièces de bois flotté qui paroissent venir du débris « de quelque bâtiment ; mais, quand on y veut porter la « main, tout ce qui paroissoit bois se trouve être pierre. » (*Lettr. édif.*, tom. v, p. 48.) Me voilà encore à l'abri. Il est vrai que le père Siccard raconte cette particularité du désert de Scété et de la *mer sans eau*, et moi je la place dans le désert de la Basse-Thébaïde ; mais un autre voyageur dit avoir rencontré les mêmes pétrifications en allant du Caire à Suez : il diffère seulement d'opinion avec le missionnaire sur la nature de ces pétrifications.

XLIIIe.

Page 56. Des monceaux de pierres élevés de loin à loin.

« Nous traversâmes, dit encore le père Siccard, le che-
« min des *Anges* ; c'est ainsi que les chrétiens appellent
« une longue traînée de petits monceaux de pierres dans
« l'espace de plusieurs journées de chemin : cet ouvrage...
« servoit autrefois pour diriger les pas des anachorètes...

« car le sable de ces vastes plaines, agité par les vents, ne « laisse ni sentier ni trace marquée. » (*Lettr. édif.*, tom. v, pag. 29.)

XLIVe.

Page 57. L'ombre errante de quelques troupeaux de gazelles, etc.; jusqu'à l'alinéa.

« Les vestiges de sangliers, d'ours, d'hyènes, de bœufs « sauvages, de gazelles, de loups, de corneilles, paroissent « tous les matins fraîchement imprimés sur le sable. » (Le père SICCARD, *Lettr. édif.*, t. v, p. 41.) J'ai souvent entendu la nuit le bruit des sangliers qui rongeoient des racines dans le sable : ce bruit est assez étrange pour m'avoir fait plus d'une fois interroger mes guides. Quant au chant du grillon, c'est une petite circonstance si distinctive de ces affreuses solitudes, que j'ai cru devoir la conserver. C'est souvent le seul bruit qui interrompe le silence du désert libyque et des environs de la mer Morte ; c'est aussi le dernier son que j'ai entendu sur le rivage de la Grèce, en m'embarquant au cap Sunium pour passer à l'île de Zéa. Peindre à la mémoire le foyer du laboureur, dans ces plaines où jamais une fumée champêtre ne vous appelle à la tente de l'Arabe ; présenter au souvenir le contraste du fertile sillon et du sable le plus aride, ne m'ont point paru des choses que le goût dût proscrire, et les critiques que j'ai consultés ont tous été d'avis que je conservasse ce trait.

XLVe.

Page 57. Il enfonçoit ses naseaux dans le sable.

Tous les voyageurs ont fait cette remarque, Pococke, Shaw, Siccard, Niebhur, M. de Volney, etc. J'ai vu souvent moi-même les chameaux souffler dans le sable sur le rivage de la mer, à Smyrne, à Jaffa et à Alexandrie.

XLVIe.

Page 57. Par intervalle, l'autruche poussoit des sons lugubres.

Sorte de cri attribué à l'autruche par toute l'Écriture. (Voyez Job et Michée.)

XLVIIe.

Page 58. Le vent de feu.

C'est le kamsin. Il n'y a point d'ouvrage sur l'Égypte et sur l'Arabie qui ne parle de ce vent terrible. Il tue quelquefois subitement les chameaux, les chevaux et les hommes. Les anciens l'ont connu, comme on peut le remarquer dans Plutarque.

XLVIIIe.

Page 58. Un acacia.

(Voyez la note XLIe.)

XLIXe.

Page 59. Le rugissement d'un lion.

On prétend qu'on ne trouve pas de lions dans les déserts de la Basse-Thébaïde : cela peut être. On sait, par l'autorité d'Aristote, qu'il y avoit autrefois des lions en Europe, et même en Grèce. J'ai suivi dans mon texte l'*Histoire des Pères du désert ;* et je le devois, puisque c'étoit mon sujet. On lit donc dans mon *Histoire* que ces grands solitaires apprivoisoient des lions, et que ces lions servoient quelquefois de guides aux voyageurs. Ce furent deux lions qui, selon saint Jérôme, creusèrent le tombeau de saint Paul. Le père Siccard assure qu'on voit *rarement* des lions dans la Basse-Thébaïde, mais qu'on y voit beaucoup de tigres, de chamois, etc. (*Lettr. édif.*, tom. v, pag. 219.).

L^e.

Page 59. Un puits d'eau fraîche.

«L'aurore, dit le père Siccard, nous fit découvrir une «touffe de palmiers éloignée de nous d'environ quatre ou

« cinq milles. Nos conducteurs nous dirent que ces palmiers
« ombrageoient un petit marais, dont l'eau, quoiqu'un peu
« salée, étoit bonne à boire. » (*Lettr. édif.*, tom. v, pag. 196.)

LIe.

Page 60. Je commençai à gravir des rocs noircis et calcinés.

« Le monastère de Saint-Paul, où nous arrivâmes, est
« situé à l'orient, dans le cœur du mont Colzim. Il est en-
« vironné de profondes ravines et de coteaux stériles dont
« la surface est noire. » (Le père Siccard, *Lettr. édif.*, tom. v,
pag. 250.)

LIIe.

Page 61. Au fond de la grotte.

« Il (Paul) trouva une montagne pierreuse, auprès du
« pied de laquelle étoit une grande caverne dont l'entrée
« étoit fermée avec une pierre, laquelle ayant levée pour y
« entrer, et regardant attentivement de tous côtés, par cet
« instinct naturel qui porte l'homme à désirer de connoître
« les choses cachées, il aperçut au dedans comme un grand
« vestibule qu'un vieux palmier avoit formé de ses branches
« en les étendant et les enlaçant les unes dans les autres, et
« qui n'avoit rien que le ciel au-dessus de soi. Il y avoit là
« une fontaine d'eau très claire, d'où sortoit un ruisseau
« qui à peine commençoit à couler, qu'on le voyoit se perdre
« dans un petit trou, et être englouti par la même terre qui
« le produisoit. »(*Vie des Pères du désert*, traduction d'Arnauld d'Andilly, tom. I, pag. 5.)

LIIIe.

Page 61. Comment vont les choses du monde ?

« Ainsi Paul, en souriant, lui ouvrit la porte; et alors
« s'étant embrassés diverses fois, ils se saluèrent et se nom-
« mèrent tous deux par leurs propres noms. Ils rendirent

« ensemble grâces à Dieu ; et après s'être donné le saint
« baiser, Paul s'étant assis auprès d'Antoine, lui parla de
« cette sorte :

« Voici celui que vous avez cherché avec tant de peine,
« et dont le corps flétri de vieillesse est couvert par des
« cheveux blancs tout pleins de crasse. Voici cet homme
« qui est sur le point d'être réduit en poussière. Mais, puis-
« que la charité ne trouve rien de difficile, dites-moi, je
« vous supplie, comme va le monde? Fait-on de nouveaux
« bâtiments dans les anciennes villes ? Qui est celui qui
« règne aujourd'hui ? » (*Vie des Pères du désert*, traduction
d'Arnauld d'Andilly, tom. 1, pag. 10.)

LIVe.

P. 61. Il y a cent treize ans que j'habite cette grotte.

« Y ayant déjà cent treize ans que le bienheureux Paul
« menoit sur la terre une vie toute céleste; et Antoine, âgé
« de quatre-vingt-dix ans (comme il l'assuroit souvent),
« demeurant dans une autre solitude, il lui vint en pensée
« que nul autre que lui n'avoit passé dans le désert la vie
« d'un parfait et véritable solitaire. » (*Vie des Pères du désert,* traduction d'Arnauld d'Andilly, tom. 1, pag. 6.)

LVe.

Page 61. Paul alla chercher dans le trou d'un rocher un pain.

Allusion à l'histoire du corbeau de saint Paul. J'ai écarté
tout ce qui pouvoit blesser le goût dédaigneux du siècle,
sans pourtant rien omettre de principal. Il ne faut pas,
d'ailleurs, que les partisans de la mythologie crient si haut
contre l'histoire de nos saints : il y a des corbeaux et des
corneilles qui jouent des rôles fort singuliers dans les fables
d'Ovide. Ne sait-on pas comment Lucien s'est moqué des
dieux du paganisme, et combien, en effet, on peut les rendre ridicules ? Tout cela est de la mauvaise foi. On admire

dans un poëte grec ou latin ce que l'on trouve bizarre et de mauvais goût dans la vie d'un solitaire de la Thébaïde. Il est très aisé, en élaguant quelques circonstances, de faire de la vie de nos saints des morceaux pleins de naïveté, de poésie et d'intérêt.

LVIe.

P. 62. Eudore, me dit-il, vos fautes ont été grandes.

Cette scène a été préparée dans le livre du *Ciel.* Elle achève de confirmer mon héros dans la pénitence; elle lui apprend ses destinées; elle lui donne le courage du martyre. Ainsi le récit se termine précisément au moment où Eudore est devenu capable des grandes actions que Dieu attend de lui.

LVIIe.

Page 64. Un horizon immense.

«Étant parvenus à l'endroit le plus haut du mont Col«zim, nous nous y arrêtâmes pendant quelque temps pour «contempler avec plaisir la mer Rouge, qui étoit à nos «pieds, et le célèbre mont Sinaï, qui bornoit notre hori«zon.» (*Lettr. édif.*, tom. V, pag. 214.)

LVIIIe.

Page 64. Une caravane.

L'établissement des caravanes est de la plus haute antiquité : la première que l'on remarque dans l'histoire romaine remonte au temps d'Auguste, lors de l'expédition des légions pour découvrir les aromates de l'Arabie.

LIXe.

P. 64. Des vaisseaux chargés de parfums et de soie.

Les parfums de l'Orient et les soies des Indes venoient aux Romains par la mer Rouge. Les philosophes grecs alleient quelquefois étudier aux Indes la sagesse des brachmanes.

LXe.

Page 64. Confesseur de la foi.

Ce morceau achève la peinture du christianisme. Il fait voir la suite et les conséquences de l'action; il montre Eudore récompensé, les persécuteurs punis, et les nations modernes se faisant chrétiennes sur les débris du monde ancien et les ruines de l'idolâtrie.

LXIe.

Page 65. Grande rébellion tentée par leurs pères.

C'est la révolte d'Adam et la chute de l'homme. Le reste du passage touchant la morale écrite, les révolutions de l'Orient, etc., n'a pas besoin de commentaires. Je suppose, avec quelques auteurs, que l'Égypte a porté ses dieux dans les Indes, comme elle les a certainement portés dans la Grèce. Toutefois, l'opinion contraire pourroit être la véritable, et ce sont peut-être les Indiens qui ont peuplé l'Égypte. « Mundum tradidit disputationibus eorum. »

LXIIe.

P. 65. Vous avez vu le christianisme pénétrer, etc.

Ceci remet sous les yeux le récit, et le but du récit.

LXIIIe.

Page 66. Le grand dragon d'Égypte.

« Ecce ego ad te, Pharao rex Ægypti, draco magne, qui
« cubas in medio fluminum tuorum, et dicis : Meus est flu-
« vius. » (*Ézéchiel*, XXIX.)

LXIVe.

Page 67. Les démons de la volupté, etc.

Allusion aux tentations des saints dans la solitude, et

aux miracles que Dieu fit en faveur des pieux habitants du désert.

LXVe.

Page 67. La pyramide de Chéops jusqu'au tombeau d'Osymandué.

La pyramide de Chéops est la grande pyramide près de Memphis ; le tombeau d'Osymandué étoit à Thèbes. On peut voir dans Diodore (liv. I, sect. II) la description de ce superbe tombeau ; elle est trop longue pour que je la rapporte ici.

LXVIe.

Page 67. La terre de Gessen.

« Dixit itaque rex ad Joseph... In optimo loco fac eos ha-
« bitare, et trade eis terram Gessen. »

LXVIIe.

Page 68. Ils se sont remplis du sang des martyrs, comme les coupes et les cornes de l'autel.

« Fecit et altare holocausti... Cujus cornua de angulis
« procedebant... Et in usus ejus paravit ex ære vasa di-
« versa. » (*Exod.*, cap. XXVII.)

LXVIIIe.

Page 68. D'où viennent ces familles fugitives, etc.

Saint Jérôme étant retiré dans sa grotte à Bethléem, survécut à la prise de Rome par Alaric, et vit plusieurs familles romaines chercher un asile dans la Judée.

LXIXe.

Page 68. Enfants impurs des démons et des sorcières de la Scythie.

Jornandès raconte que des sorcières chassées loin des

habitations des hommes dans les déserts de la Scythie, furent visitées par des démons, et que de ce commerce sortit la nation des Huns.

LXXe.

Page 68. Leurs chevaux sont plus légers que les léopards ; ils assemblent des troupes de captifs comme des monceaux de sable !

« Leviores pardis equi ejus... Et congregabit quasi arenam « captivitatem. » (*Habac.*, chap. I, v. 8 et 9.)

LXXIe.

Page 69. La tête couverte d'un chapeau barbare.

C'est encore Jornandès qui forme ici l'autorité. Il donne ce chapeau à certains prêtres et chefs des Goths.

LXXIIe.

Page 69. Les joues peintes d'une couleur verte.

« Le Lombard se présente : ses joues sont peintes d'une « couleur verte ; on diroit qu'il a frotté son visage avec le « suc des herbes marines qui croissent au fond de l'Océan, « dont il habite les bords. » (SIDON. APPOLL., liv. VII, *Epist.* IX, *ad Lampr.*)

LXXIIIe.

Page 69. Pourquoi ces hommes nus égorgent-ils les prisonniers.

(Voyez la note LXIXe du liv. VI.)

LXXIVe.

Page 69. Ce monstre a bu le sang du Romain qu'il avoit abattu.

Gibbon cite ce trait dans son *Histoire de la chute de l'Empire romain.*

19.

LXXVe.

P. 69. Tous viennent du désert d'une terre affreuse.

« Onus deserti maris. Sicut turbines ab Africo veniunt, « de deserto venit, de terra horribili. » (*Is.*, cap. XXI, v. 1.)

LXXVIe.

Page 69. Il vient couvrir ce pauvre corps.

« Mais parce que l'heure de mon sommeil est arrivée... « Notre Seigneur vous (Antoine) a envoyé pour couvrir de « terre ce pauvre corps, ou, pour mieux dire, pour rendre « la terre à la terre. » (*Vie des Pères du désert,* traduction d'Arnauld d'Andilly, tom. I, pag. 12.)

LXXVIIe.

Page 70. Il tenoit à la main la tunique d'Athanase.

« Je vous (Antoine) supplie d'aller quérir le manteau « que l'évêque Athanase vous donna, et de me l'apporter « pour m'ensevelir. » (*Vie des Pères du désert,* traduction d'Arnauld d'Andilly, tom. I, pag. 12.)

LXXVIIIe.

Page 70. J'ai vu Élie, etc.

« J'ai vu Élie, j'ai vu Jean dans le désert; et, pour parler « selon la vérité, j'ai vu Paul dans un paradis. » (*Vie des Pères du désert,* traduction d'Arnauld d'Andilly, tom. I, pag. 13.)

LXXIXe.

Page 70. Je vis, au milieu d'un chœur d'anges.

« Il (Antoine) vit, au milieu des troupes des anges, entre « les chœurs des prophètes et des apôtres, Paul tout écla- « tant d'une blancheur pure et lumineuse, monter dans le

«ciel... Il y vit le corps mort du saint qui avoit les genoux
«en terre, la tête levée et les mains étendues vers le ciel.
«Il crut d'abord qu'il étoit vivant, et qu'il prioit.» (*Vie des
Pères du désert*, traduction d'Arnauld d'Andilly, tom. I,
pag. 14.)

LXXXe.

Page 70. Deux lions.

(Voyez ci-dessus note XLIXe.)

LXXXIe.

Page 71. Ptolémaïs.

(Saint-Jean-d'Acre.)

LXXXIIe.

Page 71. Je m'arrêtai aux Saints Lieux, où je connus la pieuse Hélène.

Préparation au voyage de Cymodocée à Jérusalem.

LXXXIIIe.

Page 71. Je vis ensuite les sept Églises.

Complément de la peinture de l'Église sur toute la terre.
«Angelo Ephesi Ecclesiæ scribe... Scio opera tua, et labo-
«rem, et patientiam tuam.» Smyrne : «Scio tribulationem
«tuam.» Pergame : «Tenes nomen meum, et non negasti
«fidem meam.» Thyatire : «Novi... charitatem tuam.»
Sardes : «Scio opera tua quia nomen habes quod vivas, et
«mortuus es.» Laodicée : «Suadeo tibi emere a me aurum...
«ut vestimentis albis induaris.» Philadelphie : «Hæc dicit
«sanctus et verus qui habet clavem David... Ego dilexi te.»
(*Apocal.*, cap. II et III.)

LXXXIVe.

Page 71. J'eus le bonheur de rencontrer à Byzance

le jeune prince Constantin, qui... daigna me confier ses vastes projets.

Regard jeté sur la fondation de Constantinople, que saint Augustin appelle magnifiquement la compagne et l'héritière de Rome. (*De Civ. Dei.*)

REMARQUES
SUR LE DOUZIÈME LIVRE.

L'action recommence, dans ce livre, au moment où le lecteur l'a laissée à la fin du livre de *l'Enfer* : l'amour dans Hiéroclès, l'ambition dans Galérius, la superstition dans Dioclétien, sont réveillés à la fois par les esprits des ténèbres ; et ces esprits conjurés ignorent qu'ils ne font qu'obéir aux décrets de l'Éternel, et concourir au triomphe de la foi.

PREMIÈRE REMARQUE.

P. 74. La mère de Galérius, etc.

(*Voyez*, pour tout ceci, le 1er livre du récit, ou le ive de l'ouvrage. *Voyez* aussi les notes de ce même livre.)

IIe.

P. 74. Enivré de ses victoires sur les Parthes, etc

(*Voyez* livre v, et la note xxve du même livre.)

IIIe.

P. 75. Votre épouse séduite.

(*Voyez* livre v, à l'aventure des catacombes.)

IVe.

P. 75. Voilà les trésors de l'Église, etc.

J'attribue à Marcellin la touchante histoire de saint Laurent. Celui-ci, sommé par le gouverneur de Rome de livrer les trésors de l'Église, rassembla tous les malheureux de cette grande ville, les aveugles, les boiteux, les mendiants : «Tous, dit Prudence, étoient connus de Laurent, «et ils le connoissoient tous.» Tel fut le trésor qu'il présenta au persécuteur des fidèles. (*Voyez* Prud., *in Coron.* et *Act. Mart.*)

V^e.

P. 76. Dans la vaste enceinte, etc.

> Καλῇ ὑπὸ πλατανίστῳ, ὅθεν ῥέεν ἀγλαὸν ὕδωρ·
> Ἔνθ' ἐφάνη μέγα σῆμα· δράκων ἐπὶ νῶτα δαφοινὸς,
> Σμερδαλέος, τόν ῥ' αὐτὸς Ὀλύμπιος ἧκε φόωσδε,
> Βωμοῦ ὑπαΐξας, πρός ῥα πλατάνιστον ὄρουσεν·
> Ἔνθα δ' ἔσαν στρουθοῖο νεοσσοί, νήπια τέκνα,
> Ὄζῳ ἐπ' ἀκροτάτῳ, πετάλοις ὑποπεπτηῶτες,
> Ὀκτώ· ἀτὰρ μήτηρ ἐνάτη ἦν, ἣ τέκε τέκνα·
> Ἔνθ' ὅγε τοὺς ἐλεεινὰ κατήσθιε τετριγῶτας·
> Μήτηρ δ' ἀμφεποτᾶτο ὀδυρομένη φίλα τέκνα·
> Τὴν δ' ἐλελιξάμενος πτέρυγος λάβεν ἀμφιαχυῖαν.
>
> (*Iliad.*, lib. II, v. 307.)

VIe.

P. 77. Les balances d'or.

(*Voyez* Homère et l'Écriture.)

VIIe.

P. 77. Il veut que les officiers, etc.

Dioclétien commença en effet la persécution par forcer les officiers de son palais, et même sa femme et sa fille, à sacrifier aux dieux de l'Empire.

VIIIe.

P. 77. Du Tmolus.

Montagne de Lydie. Elle étoit célèbre par ses vins et par la culture du safran:

> ....Nonne vides croceos ut Tmolus odores, etc.
> (*Georg.*, 1, 56.)

IXe.

P. 78. Fils de Jupiter, etc.

Les formes de l'adulation la plus abjecte étoient en usage à cette époque : on le verra dans les notes du livre XVIe. Eudore a déjà parlé, livre IVe, du titre d'Éternel que prenoient les empereurs.

X^e.

P. 79. Il franchit rapidement cette mer qui vit passer Alcibiade, etc.

Ce fut dans la fatale expédition de Nicias contre Syracuse.

XIe.

P. 79. Les jardins d'Alcinoüs.

Dans l'île de Schérie, aujourd'hui Corfou. (*Odyssée*, liv. VII.)

XIIe.

P. 79. Les hauteurs de Buthrotum.

Aujourd'hui Butrento, en Épire, en face de Corfou.

. . . . , Portuque subimus
Chaonio, et celsam Buthroti accedimus urbem.
(*Æneid.*, III, v. 292.)

XIIIe.

P. 79. Où respirent encore les feux de la fille de Lesbos.

Vivuntque commissi calores
Æoliæ fidibus puellæ. (HORAT., *Od.* IX, lib. IV.)

XIVe.

P. 79. Zacynthe couverte de forêts.

Nemorosa Zacynthos.   (*Æneid.*, III, v. 270.)

XVe.

P. 79. Céphallénie aimée des colombes.

C'est l'épithète qu'Homère donne à Thisbé. (*Iliad.*, l. II.) Je l'ai donnée à Céphallénie, parce qu'en passant près de cette île j'y ai vu voler des troupes de colombes.

XVIe.

P. 79. Il découvre les Strophades, demeure impure de Céléno.

. . . . Strophades Graio stant nomine dictæ
Insulæ Ionio in magno, quas dira Celæno
Harpyiæque colunt.   (*Æneid.*, III, v. 210.)

XVIIe.

P. 79. Il rase le sablonneux rivage où Nestor, etc.

Οἱ δὲ Πύλον, Νηλῆος ἐϋκτίμενον πτολίεθρον,
Ἷξον, τοὶ δ' ἐπὶ θινὶ θαλάσσης ἱερά ῥέζον,
Ταύρους παμμέλανας, Ἐνοσίχθονι κυανοχαίτῃ.
    (*Odyss.*, lib. III, v. 4.)

XVIIIe.

P. 79. Sphactérie.

Ile qui ferme le port de Pylos, et fameuse, dans la guerre du Péloponèse, par la capitulation des Spartiates, qui furent forcés de se rendre aux Athéniens. (*Voyez* Thucydide.)

XIXe.

P. 79. Mothone.

Aujourd'hui Modon. C'est à Modon que j'ai abordé pour la première fois les rivages de la Grèce.

XXe.

Page 82. Les hauts sommets du Cyllène.

Voyez le livre II et les notes. Il n'y a rien ici de nouveau, excepté l'histoire de Syrinx. Syrinx étoit la fille du Ladon; Pan l'aima, et la poursuivit au bord du fleuve. Elle échappa aux embrassements du dieu de l'Arcadie, par le secours des nymphes. Elle fut changée en roseau. Le Zéphyr, en balançant ces roseaux, en fit sortir des plaintes; Pan, frappé de ces plaintes, arracha les roseaux, et en composa cette espèce de flûte que les anciens appeloient syrinx.

XXIe.

Page 83. Elle se retrace vivement la beauté, le courage, etc.

 Multa viri virtus animo, multusque recursat
 Gentis honos : hærent infixi pectore vultus
 Verbaque.   (*Æneid.*, IV, v. 3.)

XXIIe.

Page 85. Les désirs, les querelles amoureuses, les entretiens secrets, etc.

 Ἦ, καὶ ἀπὸ στήθεσφιν ἐλύσατο κεστὸν ἱμάντα,
 Ποικίλον· ἔνθα δέ οἱ θελκτήρια πάντα τέτυκτο·
 Ἔνθ᾽ ἔνι μὲν φιλότης, ἐν δ᾽ ἵμερος, ἐν δ᾽ ὀαριστὺς,
 Πάρφασις, ἥ τ᾽ ἔκλεψε νόον πύκα περ φρονεόντων.
    (*Iliad.*, lib. XIV, v. 214.)

 Teneri sdegni, e placide e tranquille
 Repulse, cari vezzi, e liete paci,
 Sorrisi, parolette, e dolci stille
 Di pianto, e sospir tronchi, e molli baci.
    (*Gerusal.*, canto XVI, st. 25.)

XXIIIe.

Page 85. La colère de cette déesse, etc.

O haine de Vénus, ô fatale colère!
    (RACINE, *Phèdre*, act. 1, sc. 3.)

XXIVᵉ.

Pag. 85. A chercher le jeune homme dans la palestre.

Βασεῦμαι ποτὶ τὰν Τιμαγήτοιο παλαίστραν
Αὔριον. (Théocr., *Idylle* II, v. 8.)

XXVᵉ.

Page 85. La langue embarrassée.

Je sens de veine en veine une subtile flamme
Courir par tout mon corps sitôt que je te vois ;
Et, dans les doux transports où s'égare mon âme,
Je ne saurois trouver de langue ni de voix.
(Boileau, *Traduction de Sapho.*)

Mes yeux ne voyoient plus, je ne pouvois parler ;
Je sentis tout mon corps et transir et brûler.
(Racine, *Phèdre*, act. I, sc. 3.)

XXVIᵉ.

Page 86. A recourir à des philtres.

Πᾷ μοι ταὶ δάφναι ; φέρε, Θέστυλι. Πᾷ δὲ τὰ φίλτρα ;
. . . . Ἀλλά, Σελάνα,
Φαῖνε καλόν· τὶν γὰρ ποταείσομαι ἄσυχα, δαῖμον, etc.
(Théocr., *Idylle* II, v. 1 et 10.)

XXVIIᵉ.

Page 86. Qu'il s'assied sur le dos du lion, etc.

(*Voyez* les mythologues et sculpteurs antiques.)

XXVIIIᵉ.

Page 86. Quelle religion est la vôtre.

Voilà ce qui explique l'espèce de contradiction que l'on remarque entre le commencement et la fin du discours de Cymodocée.

XXIXe.

Page 86. Lorsque le Tout-Puissant, etc.

« Formavit igitur Dominus Deus hominem de limo terræ. »
«... Plantaverat autem Dominus Deus Paradisum volup-
« tatis a principio, in quo posuit hominem... » (*Genes.*,
cap. II, v. 7 et 8.)

XXXe.

Page 87. L'Éternel tira du côté d'Adam, etc.

« Et ædificavit Dominus Deus costam, quam tulerat de
« Adam in mulierem. »
«... Hoc nunc, os ex ossibus meis, et caro de carne mea. »
(*Genes.*, cap. II, v. 22 et 23.)

XXXIe.

Page 87. Adam étoit formé pour la puissance, etc.

> Not equal, as their sex not equal seem'd;
> For contemplation he, and valour form'd;
> For softness she, and sweet attractive grace.
> (MILT., *Parad. lost.*)

XXXIIe.

Page 87. Je tâcherois de vous gagner à moi, au nom de tous les attraits, etc.

« In funiculis Adam traham eos, in vinculis charitatis. »
(*Osée*, cap. XI, v. 4.)

XXXIIIe.

Page 87. Je vous rendrois mon épouse par une alliance, etc.

« Et sponsabo te mihi in sempiternum, et sponsabo te
« mihi in justitia et judicio, et in misericordia, et in mise-
« rationibus. » (*Osée*, chap. II, v. 19.)

XXXIV°.

Page 87. Ainsi le fils d'Abraham, etc.

« Qui introduxit eam in tabernaculum Saræ matris suæ,
« et accepit eam uxorem : et in tantum dilexit eam, ut do-
« lorem, qui ex morte matris ejus acciderat, temperaret. »
(*Genes.*, cap. XXIV, v. 67.)

XXXV°.

Page 88. Avant que tu n'aies achevé de m'enseigner la pudeur.

C'est ordinairement la fille vertueuse et innocente qui peut enseigner la pudeur à un jeune homme passionné : la religion chrétienne prouve ici sa puissance, puisqu'elle met le langage chaste dans la bouche d'Eudore, et l'expression hardie dans celle de Cymodocée. Cela est nouveau et extraordinaire, sans doute, mais naturel, par l'effet des deux religions, et c'eût été blesser la vérité, que de présenter des mœurs contraires.

XXXVI°.

Page 90. Elle promet aisément de se faire instruire dans la religion du maître de son cœur.

C'est ici la simple nature, et cela ne blesse point la religion, parce que Cymodocée n'est plus demandée comme une victime immédiate. (*Voyez* le livre du *Ciel.*)

XXXVII°.

Page 90. La tombe d'Épaminondas, et la cime du bois de Pelagus.

« En sortant de Mantinée par le chemin de Pallantium,
« vous trouverez, à trente stades de la ville, le bois appelé
« Pelagus... Épaminondas fut tué dans ce lieu. Ce grand

« homme fut enterré sur le champ de bataille. » (Pausan., *in Arcad.*, cap. II.)

Ce livre offre le contraste de tout ce que la mythologie nous a laissé de plus riant et de plus passionné sur l'amour, et de tout ce que l'Écriture a dit de plus grave et de plus saint sur la tendresse conjugale. Lequel de ces deux amours l'emporte? C'est au lecteur à prononcer.

REMARQUES

SUR LE TREIZIÈME LIVRE.

PREMIÈRE REMARQUE.

Page 92. Le temple de Junon-Lacinienne, etc.

C'est Plutarque qui raconte cette fable dans ses *Morales*. Ce temple étoit d'ailleurs très célèbre, et bâti sur le promontoire appelé Lacinius, au fond du golfe de Tarente en Italie. Tite-Live et Cicéron ont parlé de ce temple.

IIᵉ.

Page 92. Le mont Chélydorée.

Montagne d'Arcadie, particulièrement consacrée à Mercure. Ce dieu trouva sur cette montagne la tortue dont l'écaille lui servit à faire une lyre. (Pausan., *in Arcad.*, cap. xviiᵉ.)

IIIᵉ.

Page 92. Eudore, comme un de ces songes brillants, etc.

> Sunt geminæ somni portæ, quarum altera fertur
> Cornea, qua veris facilis datur exitus umbris;
> Altera candenti perfecta nitens elephanto. (*Æneid.*, vi.)

IVᵉ.

Page 95. Eudore, pressé par l'ange des saintes amours.

J'ai retranché ici une comparaison qui m'a paru commune et superflue.

Vᵉ.

Page 95. Et comme épouse de leur frère.

Encore une phrase inutile retranchée.

VIᵉ.

Page 97. Un temple qu'Oreste avoit consacré aux Grâces et aux Furies.

Oreste, revenu de sa frénésie, sacrifia aux Furies blanches. Les Arcadiens élevèrent un temple à l'endroit où s'étoit accompli le sacrifice, et ils le dédièrent aux Furies et aux Grâces. Pausanias place ce temple près de Mégalopolis, sur le chemin de la Messénie. Je n'ai pas suivi son texte. (PAUSAN., *in Arcad.*, cap. XXXIV.)

VIIᵉ.

Page 97. Par un des descendants d'Ictinus.

Ictinus avoit bâti le Panthéon à Athènes.

VIIIᵉ.

Page 98. Les Zéphyrs agitent doucement la lumière du flambeau.

Après cette phrase, il y avoit une comparaison, je l'ai retranchée; elle surchargeoit le tableau.

IXᵉ.

Page 98. Dansent avec des chaînes de fleurs autour du démon de la volupté.

Ce tableau est justifié par une grande autorité, celle du Tasse. Ces effets de magie se retrouvent dans le palais d'Armide, où l'on voit des démons nager dans les fontaines sous la forme de nymphes; des oiseaux chanter, dans un langage humain; la puissance de la volupté, etc. Un rossignol, qui ne fait que soupirer, est bien loin de l'oiseau des jardins d'Armide. J'ai donc suivi aussi les traditions poétiques : si j'ai tort, j'ai tort avec le Tasse, et même avec Voltaire, qui, dans un sujet *tout-à-fait* chrétien, n'a pas laissé que de décrire une Idalie et un temple de l'Amour.

X^e.

P. 100. Et quand ta mère te donna le jour au milieu des lauriers et des bandelettes.

On couvroit le lit des femmes nouvellement accouchées, de fleurs, de lauriers, de bandelettes, et de divers présents.

XIe.

P. 100. Ne pourroit-elle devenir ton épouse sans embrasser la foi, etc.

Idée fort naturelle dans Démodocus. La réponse d'Eudore est d'un vrai chrétien : il s'est montré foible pour la vie de Cymodocée ; l'héroïsme chrétien reparoît ici ; car Eudore, qui n'a pas la force d'exposer les jours d'une femme aimée, a la force beaucoup plus grande de renoncer à l'amour de cette femme. Ce morceau suffisoit seul pour mettre hors de doute l'effet religieux de l'ouvrage et les principes qui l'ont dicté.

XIIe.

P. 102. Il jure, par le lit de fer des Euménides, que sa fille passera dans sa couche.

Voilà tout le nœud des *Martyrs*, et ce que les critiques éclairés auroient autrefois cherché pour applaudir à l'ouvrage ou pour le blâmer, sans se perdre dans des lieux communs sur l'épopée en prose, sur le merveilleux chrétien.

Ce passage, et l'exposition du premier livre, détruisent absolument la critique de ceux qui s'attendrissent sur le compte de Démodocus et de Cymodocée, pour jeter de l'odieux sur les chrétiens. Ce ne sont point les chrétiens qui ont fait le malheur de cette famille païenne; le prêtre d'Homère et sa fille auroient été beaucoup plus malheureux par Hiéroclès qu'ils ne le sont par Eudore : et observez bien que leur malheur étoit commencé avant qu'ils eussent connu le fils de Lasthénès. Qu'on se figure Cymodocée enlevée par le préfet d'Achaïe; Démodocus repoussé, jeté dans les cachots, ou tué même par les ordres d'un homme puissant et pervers; Cymodocée forcée à se donner la mort, ou à traîner des jours dans l'opprobre et dans les larmes : voilà quel eût été le sort de ces infortunés s'ils n'avoient pas rencontré les chrétiens. Il faut remarquer que je raisonne *humainement;* car, après tout, dans mon sujet et dans mon opinion, Cymodocée et Démodocus ne pouvoient jamais acheter trop cher le bonheur d'embrasser la vraie religion.

XIIIe.

P. 103. Que vous me confiez.

Il y avoit dans les éditions précédentes : « Que vous confiez à Jésus-Christ»; ce qui étoit très naturel : car les chrétiens devoient parler de Jésus-Christ aux païens, comme les païens leur parloient de Jupiter. Mais enfin, puisqu'on s'est plu à obscurcir une chose aussi claire, j'ai effacé le nom de Jésus-Christ; ensuite j'ai retranché les deux lignes où il étoit question de la montagne de Nébo, bien que dans ce moment Eudore s'adressât à Lasthénès; ce que ne disoit pas la critique, d'ailleurs pleine de *bonne foi* et de *candeur*.

XIVe.

P. 104. Où jadis les bergers d'Évandre.

On sait qu'Évandre régna sur l'Arcadie. (*Voyez* le commencement du IVe livre.)

XVe.

P. 105. Mais bientôt il craint la faveur dont le fils de Lasthénès, etc.

Il n'étoit donc pas inutile de faire voir Eudore dans son triomphe; le récit étoit donc obligé. Sans tous ces honneurs, sans ce crédit acquis par de glorieux services, l'ouvrage n'existoit plus; car Eudore eût alors été trop facile à opprimer, et sa lutte contre Hiéroclès devenoit aussi folle qu'invraisemblable.

XVIe.

P. 107. On l'eût pris pour Tirésias, ou pour le devin Amphiaraüs, prêt à descendre vivant aux enfers avec ses armes blanches, etc.

Ipse habitu niveus : nivei dant colla jugales :
Concolor est albis et cassis et infula cristis.
(STAT., *Theb.*, VI.)

. . . . . Ecce alte præceps humus ore profundo
Dissilit, inque vicem timuerunt sidera et umbræ.
Illum ingens haurit specus, et transire parantes
Mergit equos. (Id. *Theb.*, VII.)

REMARQUES

SUR LE QUATORZIÈME LIVRE.

PREMIÈRE REMARQUE.

P. 109. A l'entrée de l'Herméum, etc.

On appeloit Herméum en Grèce certains défilés de montagnes, où l'on plaçoit des statues de Mercure. Plusieurs Herméum conduisoient de la Messénie dans la Laconie et dans l'Arcadie. Je fais suivre à Démodocus l'Herméum que j'ai moi-même traversé.

IIe.

P. 109. Caché parmi des genêts à demi brûlés.

Voici un passage de mon *Itinéraire.*

Route de la Messénie à Tripolizza. — «Après trois heures
«de marche, nous sortîmes de l'Herméum, assez semblable
«dans cette partie au passage de l'Apennin, entre Pérouse
«et Tarni. Nous entrâmes dans une plaine cultivée qui s'é-
«tend jusqu'à Léontari. Nous étions là en Arcadie, sur la
«frontière de la Laconie. On convient généralement que
«Léontari n'est point Mégalopolis... Laissant à droite Léon-
«tari, nous traversâmes un bois de vieux chênes, reste vé-
«nérable d'une forêt sacrée. Nous vîmes le plus beau soleil
«se lever sur le mont Borée. Nous mîmes pied à terre
«au bas de ce mont, pour gravir un chemin taillé per-
«pendiculairement dans le roc. C'étoit un de ces chemins
«appelés chemins de l'Échelle, en Arcadie... Nous nous trou-
«vions dans le voisinage d'une des sources de l'Alphée.
«Je mesurois avidement des yeux les ravines que je ren-
«controis : tout étoit muet et desséché. Le chemin qui con-
«duit du Borée à Tripolizza traverse d'abord des plaines

« désertes, et se plonge ensuite dans une longue vallée de
« pierres. Le soleil nous dévoroit. A quelques buissons rares,
« et brûlés étoient suspendues des cigales qui se taisoient à
« notre approche. Elles recommençoient leurs cris dès que
« nous étions passés. On n'entendoit que ce bruit mono-
« tone, le pas de nos chevaux et la chanson de notre guide.
« Lorsqu'un postillon grec monte à cheval, il commence
« une chanson qu'il continue pendant toute la route. C'est
« presque toujours une longue histoire rimée qui charme
« les ennuis des descendants de Linus. Il me semble encore
« ouïr le chant de mes malheureux guides ; la nuit, le jour,
« au lever, au coucher du soleil, dans les solitudes de l'Ar-
« cadie, sur les bords de l'Eurotas, dans les déserts d'Ar-
« gos, de Corinthe, de Mégare ; beaux lieux où la voix des
« Ménades ne retentit plus, où les concerts des Muses ont
« cessé, où le Grec infortuné semble seulement déplorer
« dans de tristes complaintes les malheurs de sa patrie. »

. . . . . Soli periti cantare
Arcades !

111e.

P. 109. C'est par le même chemin que Lyciscus, etc.

Dans la première guerre de Messénie, l'oracle promit la
victoire aux Messéniens, s'ils sacrifioient une jeune fille
du sang d'Épytus. Il y avoit plusieurs filles de la race des
Épytides. On tira au sort, et le sort tomba sur la fille de
Lyciscus. Celui-ci préféra sa fille à son pays, et s'enfuit
avec elle à Sparte. Aristodème offrit volontairement sa fille
pour remplacer celle de Lyciscus. La fille d'Aristodème
étoit promise en mariage à un jeune homme qui, pour la
sauver, prétendit qu'il avoit déjà sur elle les droits d'un
époux, et qu'elle portoit dans son sein un fruit de son
amour. Aristodème plongea un couteau dans les entrailles
de sa fille, les ouvrit, et prouva aux Messéniens qu'elle
étoit digne de donner la victoire à la patrie.

IVe.

P. 110. Et commence à descendre vers Pillane, etc.

Cette géographie est tout-à-fait différente de ce qu'elle étoit dans les premières éditions. Mon exactitude m'avoit fait tomber dans une faute singulière. Je n'avois voulu faire parcourir à Démodocus que le chemin que j'avois moi-même suivi. Mais comme j'allai d'abord à Tripolizza, dans le vallon de Tégée, et que je revins ensuite à Sparte, je ne m'étois pas aperçu que Démodocus se détournoit d'une trentaine de lieues de sa véritable route. Le faire arriver à Sparte par le mont Thornax étoit une chose étrange : voilà ce que la critique n'a pas vu, quoiqu'elle ait doctement déclaré que le tombeau d'Ovide étoit de l'autre côté du Danube. Quant aux monuments dont il est question dans la route actuelle de Démodocus, on peut consulter Pausanias, *in Lacon.*, lib. III, cap. XX et XXI.

Ve.

P. 110. La chaîne des montagnes du Taygète.

Je suis, je crois, le premier auteur moderne qui ait donné la description de la Laconie d'après la vue même des lieux. Je réponds de la fidélité du tableau. Guillet, sous le nom de son frère La Guilletière, ne nous a laissé qu'un roman, et c'est ce que Spon a très bien prouvé. Vernhum, compagnon de Wheler, avoit visité Sparte, mais il n'en dit qu'un mot dans sa lettre imprimée parmi les Mémoires de l'Académie royale de Londres. M. Fauvel m'a dit avoir fait deux ou trois fois le voyage de la Laconie, mais il n'a encore rien publié. M. Pouqueville, excellent pour tout ce qu'il a vu de ses yeux, paroît avoir eu sur Sparte des renseignements inexacts. Wheler, Spon et d'Anville avoient averti que Sparte n'est point Misitra, et l'on s'est obstiné à voir Lacédémone dans cette dernière ville, d'après Guillet, Niger et Ortellius. Misitra est à deux lieues de l'Eurotas, ce qui trancheroit la question, si cela pouvoit en faire une. Les ruines de Sparte sont à Magoula, tout auprès du fleuve; d'Anville les a très bien désignées sous le nom de Palæochori, ou la vieille ville. Elles sont fort reconnoissables, et occupent une grande étendue de terrain. Ce qu'il y a d'incroyable, c'est que La Guilletière parle de Magoula sans se douter qu'il parle de Sparte.

VIe.

P. 112. Dès le soir même, Cyrille commença les instructions, etc.

Ce livre a peut-être quelque chose de grave qui contraste avec la description plus brillante d'Athènes, et qui rappelle naturellement au lecteur la sévère Lacédémone. Il m'a semblé qu'on verroit avec quelque plaisir le christianisme naissant à Sparte, et la foi de Jésus-Christ remplaçant les lois de Lycurgue.

VIIe.

P. 115. Que peux-tu contre la croix?

On voit par ce mot que ce démon solitaire n'avoit point assisté à la délibération de l'enfer.

VIIIe.

P. 118. Aux deux degrés d'auditrice et de postulante.

Pour les différents degrés de catéchumènes, et pour les différents ordres du clergé, des veuves, des diaconesses, etc., *voyez* FLEURY, *Mœurs des chrétiens.*

IXe.

P. 119. C'est la fille de Tyndare, couronnée des fleurs du Plataniste, etc.

Ile et prairie où les filles de Sparte cueillirent les fleurs dont elles formèrent la couronne nuptiale d'Hélène. (*Voyez* Théocrite.)

X^e.

P. 119. Près du Lesché, et non loin des tombeaux des rois Agides.

« Dans le quartier de la ville appelé le Théomelide, on « trouve les tombeaux des rois Agides. Le Lesché touche à « ces tombeaux, et les Crotanes s'assemblent au Lesché. » (Pausan., lib. III, cap. XIV.) Les Crotanes formoient une des cohortes de l'infanterie lacédémonienne.

Il y avoit à Sparte un second Lesché, connu sous le nom de Pœcile, à cause des tableaux ou peintures qu'on y voyoit.

Les rois Agides étoient les descendants d'Agis, fils d'Eurysthène et neveu de Proclès, deux frères jumeaux en qui commencent les deux familles qui régnoient ensemble à Sparte.

XIe.

P. 119. Éloignée du bruit et de la foule, etc.

Citer les autorités pour les églises et les cérémonies de l'Église primitive, ce seroit répéter mon texte. Il suffira que le lecteur sache que tout cela est une peinture fidèle. Il peut consulter Fleury, *Mœurs des chrétiens* et *Histoire ecclésiastique*.

XIIe.

P. 120. Leurs tuniques entr'ouvertes, etc.

Le vêtement des femmes de Sparte étoit ouvert depuis le genou jusqu'à la ceinture. Lycurgue, en voulant forcer la nature, avoit fini par faire des Lacédémoniennes les femmes les plus impudiques de la Grèce.

XIIIe.

P. 120. Aux fêtes de Bacchus ou d'Hyacinthe.

Les fêtes d'Hyacinthe se célébroient à Amyclée avec une grande pompe. Elles duroient trois jours : les deux premiers étoient consacrés aux pleurs, le troisième aux réjouissances.

XIVe.

P. 120. La fourberie, la cruauté, la férocité maternelle, etc.

Le vol et la dissimulation étoient des vertus à Sparte. On apprenoit aux enfants à voler. On connoît la cryptie, ou la chasse aux esclaves. On sait que les Lacédémoniennes s'applaudissoient de la mort de leurs enfants. Elles disoient à leurs fils partant pour la guerre, en leur montrant un bouclier : ἢ τὰν, ἢ ἐπὶ τάν.

XVe.

P. 121. Le lecteur monta à l'ambon.

Le lecteur étoit un diacre ou sous-diacre, qui faisoit une lecture. L'ambon étoit une tribune.

XVIe.

P. 121. Habitants de Lacédémone, il est temps que je vous rappelle l'alliance qui vous unit avec Sion.

On peut voir tout ce passage dans le livre des *Machabées*.

XVIIe.

P. 122. Entre tous les peuples de Javan, etc.

Javan, dans l'Écriture, est la Grèce proprement dite, Séthim est la Macédoine, et Élisa l'Élide ou le Péloponèse.

XVIIIe.

P. 122. Ah! qu'il seroit à craindre, etc.

«Timeo cervicem, ne margaritarum et smaragdorum la-
«queis occupata, locum spathæ non det.» (Tertull. *de
Cultu fem.*)

XIXe.

P. 122. Pour un chrétien, etc.

«Auferamus carceris nomen, secessum vocemus. Etsi
«corpus includitur, etsi caro detinetur, omnia spiritui pa-
«tent. Vagare spiritu, spatiare spiritu, et non stadia opaca
«aut porticus longas proponens tibi, sed illam viam quæ
«ad Deum ducit. Quotiens eam spiritu deambulaveris, to-
«tiens in carcere non eris. Nihil crus sentit in nervo, cum
«animus in cœlo est. Totum hominem animus circumfert,
«et quo velit transfert.» (Tertul., *ad Martyr.*)

XXe.

P. 124. Les portes de l'Église s'ouvrent, et l'on entend... une voix, etc.

«Ceux à qui il étoit prescrit de faire pénitence publique,
«venoient le premier jour du carême se présenter à la porte
«de l'église, en habits pauvres, sales et déchirés... Étant
«dans l'église, ils recevoient de la main du prélat des cen-
«dres sur la tête, et des cilices pour s'en couvrir; puis de-
«meuroient prosternés, tandis que le prélat, le clergé et
«tout le peuple faisoient pour eux des prières à genoux. Le
«prélat leur faisoit une exhortation, pour les avertir qu'il
«alloit les chasser pour un temps de l'église, comme Dieu
«chassa Adam du paradis pour son péché; leur donnant
«courage, et les animant à travailler, dans l'espérance de
«la miséricorde de Dieu. Ensuite il les mettoit en effet
«hors de l'église, dont les portes étoient aussitôt fermées
«devant eux.» (Fleury, *Mœurs des chrétiens.*)

XXIe.

P. 125. Tel est le lis entre les épines, etc.

Ce chant est tiré du cantique de Salomon. Le chant païen qui suit est imité de l'épithalame de Manlius et de Junie, par Catulle. Ce ne sont point des objets de comparaison, ce sont des beautés d'un genre différent. Les images orientales prêtent facilement à la parodie; et Voltaire s'est égayé sur le Cantique des Cantiques. Il suffit d'omettre quelques traits qui choquent notre goût, pour faire de cette élégie mystique ce qu'elle est, un chef-d'œuvre de passion et de poésie. Au reste, j'ai beaucoup abrégé les deux imitations dans la présente édition.

XXIIe.

P. 127. La tombe de Léonidas.

Les os de Léonidas furent rapportés des Thermopyles quarante ans après le fameux combat, et enterrés au-dessous de l'amphithéâtre, derrière la citadelle, à Sparte. J'ai cherché long-temps cette tombe, un *Pausanias* à la main. Il y a dans cet endroit six grands monuments aux trois quarts détruits. Je les interrogeois inutilement, pour leur demander les cendres du vainqueur des Perses. Un silence profond régnoit dans ce désert. La terre étoit couverte au loin des débris de Lacédémone. J'errois de ruine en ruine avec le janissaire qui m'accompagnoit. Nous étions les deux seuls hommes vivants au milieu de tant de morts illustres. Tous deux Barbares, étrangers l'un à l'autre autant qu'à la Grèce, sortis des forêts de la Gaule et des rochers du Caucase, nous nous étions rencontrés au fond du Péloponèse, moi pour passer, lui pour vivre sur des tombeaux qui n'étoient pas ceux de nos aïeux.

XXIIIe.

P. 130. Cymodocée, dit Eudore, ne peut demeurer dans la Grèce, etc.

Ainsi la séparation des deux époux, et le voyage de Cymodocée à Jérusalem, sont très suffisamment et très naturellement motivés. Cymodocée est presque chrétienne et presque épouse d'Eudore ; les chrétiens sont au moment d'être jugés. A chaque livre, l'action fait un pas.

XXIVe.

P. 131. Comme un courrier rapide.

« Transierunt omnia illa tanquam umbra et tanquam « nuntius percurrens. » (*Sap.*, cap. v, v. 7.)

REMARQUES
SUR LE QUINZIÈME LIVRE.

Ce livre n'a pas un besoin essentiel de notes, hors sur deux points : 1º Piste étoit en effet évêque d'Athènes à l'époque dont je parle, et il parut au concile de Nicée; 2º il y a plusieurs anachronismes, par rapport à Julien et aux grands hommes de l'Église, que je représente au jardin de Platon. J'ai fait çà et là des corrections de style, supprimé quelques phrases, etc., etc. Je remplacerai les notes de ce livre par un long morceau de mon *Itinéraire :* il servira de commentaire au voyage d'Eudore.

PREMIÈRE REMARQUE.

P. 132. Il marchoit vers Argos, par le chemin de la montagne.

De Sparte à Argos, il y a deux chemins : l'un s'enfonce dans le vallon de Tégée; l'autre traverse les montagnes qui bordent le golfe d'Argos. J'ai suivi le dernier, et c'est celui que j'ai fait prendre à Eudore. Avant de citer mon *Itinéraire*, je dois observer qu'Argos étoit déjà en ruine du temps de Pausanias. Elle étoit si pauvre, sous le règne de Julien l'Apostat, qu'elle ne put pas contribuer aux frais et au rétablissement des jeux Isthmiques. Julien plaida sa cause contre les Corinthiens : nous avons ce singulier monument littéraire dans les ouvrages de cet empereur. (*Epist.* XXV.) Argos, la patrie du roi des rois, devenue, dans le moyen âge, l'héritage d'une veuve vénitienne, fut vendue par cette veuve à la république de Venise, pour deux cents ducats de rente viagère, et cinq cents une fois payés. Coronelli rapporte le contrat. Voilà ce que c'est que la gloire!

Itinéraire. — «Des ruines de Sparte, je partis pour Argos
«sans retourner à Misitra. J'avois dit adieu à Ibrahim-Bey.
«J'abandonnai Lacédémone sans regret; cependant je ne
«pouvois me défendre de ce sentiment de tristesse qu'on

«éprouve en présence d'une grande ruine, et en quittant
«des lieux qu'on ne reverra jamais. Le chemin qui conduit de
«la Laconie dans l'Argolide étoit, dans l'antiquité, ce qu'il
«est encore aujourd'hui, un des plus rudes et des plus sau-
«vages de la Grèce. Nous traversâmes l'Eurotas à l'entrée
«de la nuit, dans l'endroit où nous l'avions déjà passé
«en venant de Tripolizza ; puis, tournant au levant, nous
«nous enfonçâmes dans des gorges de montagnes. Nous
«marchions rapidement dans des ravines, et sous des ar-
«bres qui nous obligeoient de nous coucher sur le cou de
«nos chevaux. Je frappai si rudement de la tête contre une
«branche de ces arbres, que je fus jeté à dix pas sans con-
«noissance. Comme mon cheval continuoit de galoper, mes
«compagnons de voyage, qui me devançoient, ne s'aperçu-
«rent pas de ma chute : leurs cris, quand ils revinrent à
«moi, me tirèrent de mon évanouissement.

«A une heure du matin, nous arrivâmes au sommet d'une
«haute montagne, où nous laissâmes reposer nos chevaux.
«Le froid devint si piquant, que nous fûmes obligés d'allu-
«mer un feu de bruyère. Je ne puis assigner de nom à ce
«lieu peu célèbre de l'antiquité, mais nous devions être
«vers les sources de Lœnus, dans la chaîne du mont Éva,
«et peu éloignés de Prasiæ, sur le golfe d'Argos.

«Nous arrivâmes, à deux heures du matin, à un gros
«village appelé Saint-Pierre, assez voisin de la mer. On n'y
«parloit que d'un événement tragique qu'on s'empressa de
«nous raconter :

«Une fille de ce village ayant perdu son père et sa mère,
«et se trouvant maîtresse d'une petite fortune, fut en-
«voyée par ses parents à Constantinople. A dix-huit ans,
«elle revint dans son village. Elle étoit belle ; elle parloit
«le turc, l'italien et le françois ; et quand il passoit des
«étrangers à Saint-Pierre, elle les recevoit avec une po-
«litesse qui fit soupçonner sa vertu. Les chefs des paysans
«s'assemblèrent ; et, après avoir examiné entre eux la con-
«duite de l'orpheline, ils résolurent de se défaire d'une
«fille qui déshonoroit le village. Ils se procurèrent d'abord

« la somme fixée pour le meurtre d'une chrétienne en Tur-
« quie ; ensuite ils entrèrent pendant la nuit chez la jeune
« fille, l'assommèrent ; et un homme, qui attendoit la nou-
« velle de l'exécution, alla porter au pacha le prix du sang.
« Ce qui mettoit en mouvement tous ces Grecs de Saint-
« Pierre, ce n'étoit pas l'atrocité de l'action, mais l'avidité
« du pacha ; car celui-ci, qui trouvoit aussi l'action toute
« simple, et qui convenoit avoir reçu la somme fixée pour
« un assassinat ordinaire, observoit pourtant que la beauté,
« la jeunesse, la science, les voyages de l'orpheline lui don-
« noient (à lui pacha de Morée) de justes droits à une in-
« demnité. En conséquence, sa seigneurie avoit envoyé le
« jour même deux janissaires pour demander une nouvelle
« contribution.

« Nous changeâmes de chevaux à Saint-Pierre, et nous
« prîmes le chemin de l'ancienne Cynurie. Vers les trois
« heures de l'après-midi, le guide nous cria que nous al-
« lions être attaqués. En effet, nous aperçûmes quelques
« hommes armés dans la montagne : après nous avoir re-
« gardés long-temps, ils nous laissèrent tranquillement
« passer. Nous entrâmes dans les monts Parthenius, et nous
« descendîmes au bord d'une rivière dont le cours nous
« conduisit jusqu'à la mer. On découvroit la citadelle d'Ar-
« gos, Nauplia en face de nous, et les montagnes de la Co-
« rinthie vers Mycènes.

« Du point où nous étions parvenus, il y avoit encore
« trois heures de marche jusqu'à Argos ; il falloit tourner
« le fond du golfe, en traversant le marais de Lerne, qui
« s'étendoit entre la ville et le lieu où nous nous trouvions.
« La nuit vint, le guide se trompa de route, nous nous per-
« dîmes dans les rizières inondées, et nous fûmes trop heu-
« reux d'attendre le jour sur un fumier de brebis, lieu le
« moins humide et le moins sale que nous pûmes trouver.

« Je serois en droit de faire une querelle à Hercule, qui
« n'a pas bien tué l'hydre de Lerne, car je gagnai dans ce
« lieu malsain une fièvre qui ne me quitta tout-à-fait qu'en
« Égypte.

« J'étois, au lever de l'aurore, à Argos. Le village qui
« remplace cette ville célèbre est plus propre et plus animé
« que la plupart des autres villages de la Morée. Sa position
« est fort belle au fond du golfe de Nauplia ou d'Argos, à
« une lieue et demie de la mer. Il a d'un côté les montagnes
« de la Cynurie et de l'Arcadie, et de l'autre les hauteurs
« de Trézène et d'Épidaure.

« Mais, soit que mon imagination fût attristée par le sou-
« venir des malheurs et des fureurs des Pélopides, soit que
« je fusse réellement frappé par la vérité, les terres me pa-
« rurent incultes et désertes, les montagnes sombres et
« nues; sorte de nature féconde en grands crimes et en
« grandes vertus. Je visitai les restes du palais d'Agamem-
« non, les débris du théâtre et d'un aqueduc romain; je
« montai à la citadelle : je voulois voir jusqu'à la moindre
« pierre qu'avoit pu remuer la main du roi des rois.

« Qui peut se vanter de jouir de quelque gloire auprès
« de ces familles chantées par Homère, Eschyle, Sophocle,
« Euripide et Racine? Et quand on voit pourtant, sur les
« lieux, combien peu de chose reste de ces familles, on est
« merveilleusement étonné.

. . . .

« Je laissai la forêt de Némée à ma gauche, et j'arrivai à
« Corinthe par une espèce de plaine semée de montagnes
« isolées et semblables à l'Acro-Corinthe, avec lequel elles
« se confondent. Nous aperçûmes celui-ci long-temps avant
« d'y arriver, comme une masse irrégulière de granit rou-
« geâtre, avec une ligne de murs sur son sommet. Le vil-
« lage de Corinthe est au pied de cette citadelle.

. . . .

« Nous quittâmes Corinthe à trois heures du matin. Deux
« chemins conduisent de cette ville à Mégare : l'un traverse
« les monts Géraniens, par le milieu de l'isthme; l'autre
« côtoie la mer Saronique, le long des roches Scironiennes.
« On est obligé de suivre le premier, afin de passer la
« grand'garde turque placée aux frontières de la Morée.
« Je m'arrêtai à l'endroit le plus étroit de l'isthme, pour

«contempler les deux mers, la place où se donnoient les
«jeux, et pour jeter un dernier regard sur le Péloponèse.

«Nous entrâmes dans les monts Géraniens, plantés de
«sapins, de lauriers et de myrtes. Perdant de vue et re-
«trouvant tour à tour la mer Saronique et Corinthe, nous
«atteignîmes le sommet des monts. Nous descendîmes à la
«grand'garde. Je montrai mon firman du pacha de Morée ;
«le commandant m'invita à fumer la pipe, et à boire le
«café dans sa baraque.

. . . .

«Trois heures après nous arrivâmes à Mégare. Je n'y de-
«mandai point l'école d'Euclide ; j'aurois mieux aimé y dé-
«couvrir les os de Phocion, ou quelque statue de Praxitèle
«et de Scopas. Tandis que je songeois que Virgile, visi-
«tant aussi la Grèce, fut arrêté dans ce lieu par la ma-
«ladie dont il mourut, on vint me prier d'aller visiter une
«malade.

«Les Grecs, ainsi que les Turcs, supposent que tous les
«Francs ont des connoissances en médecine, et des secrets
«particuliers. La simplicité avec laquelle ils s'adressent à
«un étranger, dans leurs maladies, a quelque chose de tou-
«chant, et rappelle les anciennes mœurs : c'est une noble
«confiance de l'homme envers l'homme. Les Sauvages en
«Amérique ont le même usage. Je crois que la religion et
«l'humanité ordonnent dans ce cas au voyageur de se prêter
«à ce qu'on attend de lui : un air d'assurance, des paroles
«de consolation, peuvent quelquefois rendre la vie à un
«mourant, et mettre toute une famille dans la joie.

«Un Grec vint donc me chercher pour voir sa fille. Je
«trouvai une pauvre créature étendue à terre sur une natte,
«et ensevelie sous les haillons dont on l'avoit couverte. Elle
«dégagea son bras, avec beaucoup de répugnance et de
«pudeur, des lambeaux de la misère, et le laissa retomber
«mourant sur la couverture. Elle me parut attaquée d'une
«fièvre putride. Je fis dégager sa tête des petites pièces
«d'argent dont les paysannes albanoises ornent leurs che-
«veux : le poids des tresses et du métal concentroit la

« chaleur au cerveau. Je portois avec moi du camphre pour
« la peste ; je le partageai avec la malade. On l'avoit nourrie
« de raisin ; j'approuvai le régime. Enfin, nous priâmes
« Christos et la Panagia (la Vierge), et je promis prompte
« guérison. J'étois bien loin de l'espérer ; j'ai tant vu mourir,
« que je n'ai là-dessus que trop d'expérience.

« Je trouvai en sortant tout le village assemblé à la porte.
« Les femmes fondirent sur moi, en criant : *Crasi ! crasi !* du
« vin ! du vin ! Elles vouloient me témoigner leur reconnois-
« sance en me forçant à boire. Ceci rendoit mon rôle de
« médecin assez ridicule ; mais qu'importe, si j'ai ajouté, à
« Mégare, une personne de plus à celles qui peuvent me
« souhaiter un peu de bien dans les différentes parties du
« monde où j'ai erré ? C'est un privilége du voyageur, de
« laisser après lui beaucoup de souvenirs, et de vivre dans
« le cœur d'un étranger, souvent, hélas ! plus long-temps
« que dans la mémoire de ses amis !

« Nous couchâmes à Mégare. Nous n'en partîmes que le
« lendemain à deux heures de l'après-midi. Vers les cinq
« heures du soir, nous arrivâmes à une plaine environnée
« de montagnes au nord, au couchant et au midi. Un bras
« de mer, long et étroit (le détroit de Salamine), baigne cette
« plaine au levant, et forme comme la corde de l'arc des
« montagnes ; l'autre côté de ce bras de mer est bordé par
« les rivages d'une île élevée (Salamine) : l'extrémité orien-
« tale de cette île s'approche d'un des promontoires du con-
« tinent ; on remarque entre les deux pointes un étroit pas-
« sage. Comme le jour étoit sur son déclin, je résolus de
« m'arrêter dans un village (Éleusis) que je voyois sur une
« haute colline, laquelle terminoit au couchant près de la
« mer le cercle des montagnes dont j'ai parlé.

« On distinguoit dans la plaine les restes d'un aquéduc,
« et beaucoup de débris épars au milieu du chaume d'une
« moisson nouvellement coupée. Nous descendîmes de che-
« val au pied du monticule, et nous grimpâmes à la cabane
« la plus voisine : on nous y donna l'hospitalité.

. . . .

«Nous partîmes d'Éleusis à la pointe du jour. Nous tour-
«nâmes le fond du canal de Salamine, et nous nous enga-
«geâmes dans le défilé qui passe entre le mont Icare et le
«mont Corydalus, et débouche dans la plaine d'Athènes,
«au petit mont Pœcile. Je découvris tout à coup l'Acropolis,
«présentant dans un assemblage confus les chapiteaux des
«Propylées, les colonnes du Parthénon et du temple d'É-
«rechthée, les embrasures d'une muraille chargée de ca-
«nons; les débris gothiques du siècle des ducs, et les ma-
«sures des Musulmans. Deux petites collines, l'Anchesme et
«le Lycabettus, s'élevoient au nord de la citadelle, et c'étoit
«entre les dernières et au pied de la première qu'Athènes
«se montroit à moi. Ses toits aplatis, entremêlés de mina-
«rets, de palmiers, de ruines et de colonnes isolées, les
«dômes de ses mosquées couronnés par de gros nids de
«cigognes, semblables à des corbeilles, faisoient un effet
«agréable aux rayons du soleil levant. Mais si l'on recon-
«noissoit encore Athènes à quelques débris, on voyoit aussi,
«à l'ensemble de l'architecture et au caractère général des
«monuments, que la ville de Minerve n'étoit plus habitée
«par son peuple.

«Une enceinte de montagnes, qui se termine à la mer,
«forme la plaine ou le bassin d'Athènes. Du point où je
«voyois cette plaine au petit mont Pœcile, elle paroissoit
«divisée en trois bandes ou régions, courant dans une di-
«rection parallèle du nord au midi. La première de ces
«régions, et la plus voisine de moi, étoit inculte et cou-
«verte de bruyères; la seconde offroit un terrain labouré
«où l'on venoit de faire la moisson; la troisième présentoit
«un long bois d'oliviers qui s'étendoit un peu circulaire-
«ment depuis les sources de l'Ilissus, en posant au pied de
«l'Anchesme, jusque vers le port de Phalère. Le Céphise
«coule dans cette forêt, qui, par sa vieillesse, semble des-
«cendre de l'olivier que Minerve fit sortir de la terre.
«L'Ilissus a son lit desséché de l'autre côté d'Athènes, entre
«le mont Hymette et la ville.

«La plaine n'est pas parfaitement unie : une petite chaîne
«de collines détachées du mont Hymette en surmonte le ni-
«veau, et forme ces différentes hauteurs sur lesquelles
«Athènes plaça peu à peu ses monuments.

«Ce n'est pas dans le premier moment d'une émotion
«très vive que l'on jouit le plus de ses sentiments. Je
«m'avançois vers Athènes dans une espèce de trouble qui
«m'ôtoit le pouvoir de la réflexion. Nous traversâmes
«promptement les deux premières régions, la région in-
«culte et la région cultivée, et nous entrâmes dans le bois
«d'oliviers. Je descendis un moment dans le lit du Céphise,
«qui étoit alors sans eau, parce que dans cette saison les
«paysans la détournent pour arroser leurs oliviers. En
«sortant du bois, nous trouvâmes un jardin environné de
«murs, et qui occupe à peu près la place du Céramique.
«Nous mîmes une demi-heure pour nous rendre à Athènes,
«à travers un chaume de froment. Un mur moderne ren-
«ferme la ville. Nous en franchîmes la porte, et nous pé-
«nétrâmes dans de petites rues champêtres, fraîches et
«assez propres. Chaque maison a son jardin planté d'oran-
«gers et de figuiers. Le peuple me parut gai et curieux, et
«n'avoit point l'air avili et abattu des Moraïtes. On nous
«enseigna la maison de M. Fauvel, qui demeure près du
«portique d'Adrien, dans le voisinage du Pœcile et de la
«rue des Trépieds.»

REMARQUES

SUR LE SEIZIÈME LIVRE.

La question touchant le polythéisme, la religion naturelle et le christianisme, est la plus grande question qu'on puisse soumettre au jugement des hommes. Elle fourniroit la matière de plusieurs volumes, et je ne pouvois y consacrer que quelques pages.

La scène est fondée sur deux faits historiques :

1° Il est vrai que Dioclétien délibéra pendant tout un hiver, avec son conseil, sur le sort des chrétiens ;

2° Sous l'empire d'Honorius, on voulut ôter du Capitole l'autel de la Victoire. Symmaque, pontife de Jupiter, prononça à ce sujet un discours qui nous a été conservé dans les OEuvres de saint Ambroise. Saint Ambroise répondit à Symmaque, et nous avons aussi la réponse de l'éloquent archevêque de Milan.

PREMIÈRE REMARQUE.

P. 160. Je suppose que Rome chargée d'années, etc.

Ceci est emprunté du discours du vrai Symmaque. Je ne sais si l'on a jamais remarqué que le fameux morceau de Massillon, dans son sermon du *petit nombre des Élus*, est imité du beau mouvement oratoire du prêtre des faux dieux. C'est le cas de dire, comme les Pères, qu'il est permis quelquefois de dérober l'or des Égyptiens.

11e.

P. 161. Nous ne refusons point de l'admettre dans le Panthéon, etc.

Tibère avoit voulu mettre Jésus-Christ au rang des dieux; Adrien lui avoit élevé des temples, et Alexandre Sévère le révéroit avec les images des âmes saintes.

IIIe.

P. 162. Galérius laissoit un libre cours aux blasphèmes de son ministre.

Cela seul suffiroit pour établir la vraisemblance *poétique*, et faire tomber la critique de ceux qui disent qu'Hiéroclès ne pouvoit pas parler si librement dans le sénat romain. Mais l'auteur de la brochure que j'ai citée a très bien montré que je n'étois pas sorti des bornes de la vérité historique.

« Sous Dioclétien, dit-il, il n'y avoit guère à Rome que
« le peuple qui suivît de bonne foi le culte des idoles. Des
« systèmes philosophiques plus absurdes peut-être que le
« polythéisme étoient professés publiquement, et l'on jouis-
« soit sur ce point de la liberté la plus absolue, pourvu
« qu'on rendît un hommage extérieur aux dieux de l'Empire.
« Qui ignore que, même long-temps avant cette époque,
« la philosophie athée d'Épicure et de Lucrèce étoit à la
« mode? Et, pour donner un exemple plus décisif, qui ne
« se rappelle le discours que César prononça *en plein sénat*
« *lors de la conjuration de Catilina*; et dans lequel, niant
« les dogmes les plus importants pour le maintien de l'ordre
« social, il dit en propres termes que la mort est la fin de
« toutes les inquiétudes, au lieu d'être un supplice, et
« qu'au-delà du tombeau il n'y a ni peines ni plaisirs? »

IVe.

P. 165. Ce jardin délicieux étoit la stérile Judée.

Ce sont là les plaisanteries de Voltaire sur la Judée. Eudore répond à ces plaisanteries. Je n'ignore pas qu'il eût pu répliquer que la Judée étoit très fertile; et, sans beaucoup de travail, j'aurois trouvé les preuves réunies de ce fait dans l'abbé Fleury, et surtout dans le docteur Shemd. Mais, selon moi, une simple observation peut concilier les autorités qui ont l'air de se contredire; car si plusieurs auteurs anciens parlent de la fécondité de la Judée, Strabon dit en toutes lettres qu'on n'étoit point tenté de disputer aux Juifs des rochers déserts. L'Écriture offre sur le même sujet des passages si contradictoires, que saint Jérôme a cru que la fertilité de la Judée devoit s'entendre dans le sens spirituel. La vue des lieux résout sur-le-champ la difficulté. La Judée *proprement dite* étoit certainement un pays sec et ingrat, à l'exception de quelques vallées, telles que celles de Bethléem, d'Engaddi et de Béthanie; mais le *pays des Hébreux* étoit une terre d'abondance. La Galilée au nord; l'Idumée et la plaine de Saron au midi; au levant, les environs de Jéricho, sont des pays excellents. Jérusalem étoit bâtie sur un rocher, dans les montagnes, au centre d'un pays fertile qui la nourrissoit. Voilà la vérité. Pourquoi les législateurs des Juifs placèrent-ils, par l'ordre de Dieu, la cité sainte dans un lieu sauvage? Eudore en donne, *humainement* parlant, la raison principale.

V^e.

P. 166. Les chrétiens s'assemblent la nuit, etc.

Les anciens Apologistes font mention de ces calomnies. On voit bien que le mystère de l'Eucharistie avoit pu faire naître la fable des repas de chair humaine; mais on ne sait pas ce qui pouvoit avoir donné lieu à l'histoire du chien, des incestes, etc. Fleury remarque judicieusement que les païens, accoutumés aux abominations des fêtes de Flore et de Bacchus, avoient naturellement supposé que les chrétiens se livroient dans leurs assemblées secrètes aux mêmes crimes.

VIe.

P. 167. Partout où ils se glissent, ils font naître des troubles.

Voilà les véritables armes des sophistes. Ils combattent leurs adversaires en les dénonçant.

VIIe.

P. 169. Comme le sabot circule, etc.

Comparaison employée par Virgile et par Tibulle.

VIIIe.

P. 170. Auguste, César, etc.

Ce début est celui de l'Apologie de saint Justin le philosophe.

IXe.

P. 171. Toutefois l'effet d'une religion...

On a trouvé cela adroit : cela n'est que juste.

X^e.

P. 171. Nous ne sommes que d'hier...

Beau mot de Tertullien : *Sola relinquimus templa.*

XIe

Page 172. Tout se borne à savoir, etc.

Eudore va droit au but, parce qu'il parle devant un prince politique, qui réduit là toute la question.

XIIe.

Page 172. La raison politique de l'établissement.

Voyez ci-dessus, note IVe.

XIIIe.

Page 173. Publius, préfet de Rome.

Ce mot sur Publius, jeté en passant, n'est pas inutile. Il amène en scène un personnage déjà nommé dans le quatrième livre, et qui va bientôt jouer un rôle important.

XIVe.

Page 174. Lorsqu'une neige éclatante, etc.

L'éloquence d'Ulysse est comparée à des flocons de neige, dans l'*Iliade*; mais la comparaison est d'une tout autre espèce, et présentée sous d'autres rapports.

XVe.

Page 174. Une longue suite de prophéties, toutes vérifiées.

Ce sont là les preuves qui manquent ici, et que j'avois développées. J'ai été obligé de les retrancher; *non erat hic locus.*

XVIe.

Page 174. Plusieurs empereurs romains, etc.

Voyez la note IIe de ce livre. La lettre de Pline le jeune à Trajan en faveur des chrétiens est bien connue; elle fait partie des notes du *Génie du Christianisme.*

XVIIe.

Page 175. Mais auparavant, venez reprendre dans nos hôpitaux, etc.

Les chrétiens avoient déjà des hôpitaux, et l'argent des agapes servoit à secourir les pauvres. L'Église prenoit les pauvres sous sa protection : témoin l'histoire de saint Laurent, que j'ai attribuée à Marcellin. Galérius, dans ce moment même, faisoit noyer les pauvres pour s'en délivrer. On reviendra là-dessus.

XVIIIe.

Page 175. Elles croient peut-être qu'ils sont tombés dans ces lieux infâmes, etc.

On mettoit les enfants trouvés dans des lieux de prostitution. *Voyez* l'Apologie de saint Justin.

XIX⁰.

Page 176. Princes, que ne m'est-il permis, etc.

Voilà précisément où Hiéroclès attendoit Eudore. Il savoit qu'un chrétien étoit obligé de garder le secret sur ces mystères, et que ce raisonnement se présentoit à l'esprit : « Vos mystères sont des abominations. Vous le niez ; mais vous ne voulez pas expliquer ces mystères : donc vos mystères sont des crimes. » Eudore a été obligé de se défendre par des arguments *à posteriori*, ce qui donne prise à son adversaire. La seconde attaque, à laquelle Eudore ne pouvoit manquer de succomber, étoit celle qui se tiroit du sacrifice à l'empereur. Aussi Hiéroclès ne l'a pas oubliée, bien sûr qu'Eudore refuseroit nettement ce sacrifice. Au fait, c'étoit là que gisoit le mal, et ce qui, en dernier résultat, servoit de prétexte pour égorger les chrétiens.

XX⁰.

Page 176. Ce Dieu, je le sens, pourroit seul me sauver.

Sorte de prophétie qui remet sous les yeux un des plus grands traits de l'histoire ecclésiastique : saint Léon arrêtant Attila aux portes de Rome.

XXI⁰.

Page 177. Ils n'ont pas même fait entendre le plus léger murmure.

Cette raison est sans réplique, et les Apologistes l'ont employée.

XXII⁰.

Page 177. Bien que j'aie quelque raison de regretter à présent la vie.

Seul trait par lequel j'ai rappelé, dans ce livre, l'action fondée sur l'amour d'Eudore et de Cymodocée.

XXIIIe.

P. 178. Dieu se servoit de l'éloquence chrétienne, etc.

Eudore et les anges de lumière ne peuvent pas réussir à empêcher la persécution des chrétiens ; mais ils sèment les germes de la foi dans le sénat romain, et préparent ainsi le triomphe futur de la religion. Leurs efforts ne sont donc point inutiles.

XXIVe.

Page 179. Hiéroclès reprenant son audace, etc.

Voyez la note XIXe.

XXVe.

Page 180. Tout à coup le bouclier de Romulus, etc.

> Celsam subeuntibus arcem
> In gradibus summi delapsus culmine templi,
> Arcados Evippi spolium, cadit æneus orbis.
> (Stat.)

XXVIe.

Page 180. Si la sibylle de Cumes, etc.

Cela est historique. Après la délibération de son conseil, Dioclétien voulut encore avoir l'avis des dieux. Il fit consulter l'oracle. La réponse fut à peu près telle qu'on la verra dans le livre suivant.

REMARQUES

SUR LE DIX-SEPTIÈME LIVRE.

PREMIÈRE REMARQUE.

Page 182. Terre où règnent un souffle divin et des génies amis des hommes.

PLATON, *in Republ.*

IIe.

Page 182. Qui me donnera des ailes, etc.

Οἰκείων δ' ὑπὲρ θαλάμων
Πτέρυγας ἐν νώτοις ἁμοῖς
Λήξαιμι θοάζουσα,
Χοροῖς δὲ σταίην ὅθι καὶ
Παρθένος εὐδοκίμων γάμων
Παρὰ πόδ' εἱλίσσουσα φίλας
Ματρὸς ἡλίκων θιάσους,
Ἐς ἁμίλλας χαρίτων
Χαίτας ἁβροπλούτοιο
Ἐς ἔριν ὀρνυμένα, πολυποίκιλα
Φάρεα καὶ πλοκά-
μους περιβαλλομένα,
Γένυσιν ἐσκίαζον.
    (EURIP., *in Iph. Taur.*)

Ἢ ῥοθίοις εἰλατίνοις
Δικρότοισι κώπαις
Ἔπλευσαν ἐπὶ πόντια κύματα
Νάϊον ὄχημα
Λινοπόροις αὔραις,
Φιλόπλουτον ἅμιλλαν
Αὔξοντος μελάθροισιν;
. . . .
. . . .

Παράλιον αἰγιαλὸν
Ἐπ' Ἀμφιτρίτας ῥοθίῳ
Δραμόντες ; ὅπου πεντήκοντα κορᾶν
Τῶν Νηρῃδῶν χοροὶ
Μέλπουσιν, etc.

(Eurip., *in Iph. Taur.*)

IIIe.

Page 183. Déjà Sunium.

En sortant d'Athènes, je me rendis à un village nommé Keratria, situé au pied du mont Laurium, où les Athéniens avoient leurs mines d'argent. Nous allumâmes des feux sur la montagne, pour appeler un bateau de l'île de Zéa, autrefois Ceos, patrie de Simonide. Ce fut inutilement. La fièvre que j'avois prise dans le marais de Lerne redoubla, et je passai huit jours dans le village de Keratria, ne sachant si je pourrois aller plus loin. M. Fauvel m'avoit donné pour me conduire un Grec qui, me voyant ainsi arrêté, retourna à Athènes, loua une barque au Pirée, et vint me prendre sur la côte dans une anse, à trois lieues de Keratria. Nous arrivâmes, au coucher du soleil, au cap Sunium. Je me fis mettre à terre, et je passai la nuit assis au pied des colonnes du temple. Le spectacle étoit tel que je le peins ici. Le plus beau ciel, la plus belle mer, un air embaumé, les îles de l'Archipel sous les yeux, des ruines enchantées autour de moi, le souvenir de Platon, etc., ce sont là de ces choses que le voyageur ne trouve que dans la Grèce.

IVe.

Page 183. Prête à descendre avec Pâris, etc.

Voyez l'*Iliade*.

V^e.

Page 183. La veillée des fêtes de Vénus, etc.

Consultez ce que j'ai dit au sujet de cet hymne, et de la méprise des critiques sur la nature de mes imitations. Ce n'est point du tout ici le *Pervigilium Veneris* attribué à Catulle.

VIe.

Page 183. Qu'il aime demain, etc.

> Cras amet qui nunquam amavit; quique amavit, cras amet.
> (Pervigil.)

VIIe.

Page 183. Ame de l'univers, etc.

> Hominum divumque voluptas,
> Alma Venus!
> Te, Dea, te fugiunt venti, te nubila cœli,
> Adventumque tuum...
> Tibi rident æquora ponti.
> (Lucret.)

VIIIe.

Page 184. C'est Vénus qui place sur le sein de la jeune fille, etc.

> Ipsa jussit mane ut udæ
> Virgines nubant rosæ,
> Fusæ aprugno de cruore,
> Atque amoris osculis.
> . . . .
> Totus est armatus idem
> Quando nudus est Amor.
> (Pervigil.)

IXe.

Page 184. Le fils de Cythérée naquit dans les champs, etc.

> Ipse Amor puer Diones
> Rure natus dicitur.
> . . . .
> Ipse florum delicatis
> Educavit osculis.
> (Pervigil.)

> Omnis natura animantum
> Te sequitur cupide, quocumque inducere pergis, etc.
> (Lucret.)

> Avia tum resonant avibus virgulta canoris,
> Et venerem certis repetunt armenta diebus, etc.
> (Virg., *Georg.*)

X^e.

Page 184. Ile heureuse, etc.

Cette strophe entière est de moi : j'ai inventé la fiction des Grâces qui dérobent le fuseau aux Parques ; on ne s'en est pas aperçu, tant on connoît bien aujourd'hui l'antiquité !

XIe.

Page 186. Se réunissent à une troupe de pèlerins, etc.

Il n'y a point ici d'anachronisme. Les pèlerinages à Jérusalem remontent jusqu'aux premiers siècles de l'Église. Saint Jérôme, qui nous a laissé, après Eusèbe, la description des lieux saints, dit que de son temps il venoit à Jérusalem des pèlerins de toutes les parties du monde. Une autre circonstance heureuse, c'est que j'aie pu et que j'aie dû peindre dans *les Martyrs* Jérusalem en ruines, telle que je l'ai vue. A l'époque de la persécution de Dioclétien, le nom même de Jérusalem étoit si totalement oublié, qu'un martyr ayant répondu à un gouverneur romain qu'il étoit de Jérusalem, celui-ci crut que le martyr parloit de quelque ville factieuse bâtie secrètement par les chrétiens. Jérusalem s'appeloit alors Ælia, du nom d'Aurélien, qui avoit rétabli quelques maisons sur les immenses ruines entassées par Titus. Enfin, il n'y a point de contradiction quand je présente de beaux édifices s'élevant à la voix d'Hélène au milieu des débris : d'un côté, le désert et le silence ; de l'autre, la population et le bruit. Selon l'histoire, la pieuse mère de Constantin fit bâtir ces grands monuments à Jérusalem, parce qu'elle fut saisie de douleur à la vue *du délaissement et de la pauvreté des lieux saints.* On voit encore aujourd'hui à Jérusalem des églises très riches, une grande foule à quelques époques de l'année, et partout ailleurs, et dans tout autre temps, la désolation et la mort. Au reste, comme Cymodocée suit exactement, et avec beaucoup de détail, mon *Itinéraire,* je n'ai presque rien à ajouter au texte : je ne ferois que me répéter.

XIIe.

Page 187. Le guide s'écrie : Jérusalem!

Il faut voir comment les chroniqueurs contemporains ont parlé de l'arrivée des croisés à Jérusalem :

« O bone Jesu, ut castra tua viderunt, hujus terrenæ
« *Jerusalem* muros, quantos exitus aquarum oculi eorum
« deduxerunt! et mox terræ procumbentes sonitu oris et
« nutu inclinati corporis sanctum sepulchrum tuum salu-
« taverunt; et te qui in eo jacuisti, ut sedentem in dextera
« Patris, ut venturum judicem omnium, adoraverunt. »
(Bob., *Monach.*, lib. ix.)

« Ubi vero ad locum ventum est, unde ipsam turritam
« *Jerusalem* possent admirari, quis quam multas ediderint
« lachrymas digne recenseat? Quis affectus illos conve-
« nienter exprimat? Extorquebat gaudium suspiria, et sin-
« gultus generabat immensa lætitia. Omnes, visa *Jerusalem,*
« substiterunt, et adoraverunt, et, flexo poplite, terram
« sanctam deosculati sunt : omnes nudis pedibus ambula-
« runt, nisi metus hostilis eos armatos incedere debere
« præciperet. Ibant, et flebant; et qui orandi gratia conve-
« nerant, pugnaturi prius pro peris arma deferebant. Fleve-
« runt igitur super illam, super quam et Christus illorum
« fleverat : et mirum in modum, super quam flebant, feria
« tertia, octavo idus junii, obsederunt. Obsederunt, inquam,
« non tanquam novercam privigni, sed quasi matrem filii. »
(Baldric., *Histor. Jerosol.,* lib. iv.)

Le Tasse a imité ce passage, ainsi que moi :

Ecco apparir Gerusalem si vede;
Ecco additar Gerusalem si scorge;

Ecco da mille voci unitamente
Gerusalemme salutar si sente, etc. etc.

Les strophes qui suivent sont admirables :

Al gran piacer che quella prima vista
Dolcemente spiro nell' altrui petto,
Alta contrizion successe, etc.

Mais je suis fâché qu'il ait manqué le *non tanquam novercam privigni, sed quasi matrem filii*. Moi qui n'ai peint qu'une caravane paisible, je n'ai pu faire usage de ce beau trait.

XIIIe.

Page 187. Entre la vallée du Jourdain, etc.

Quelques lecteurs se rappelleront peut-être d'avoir vu une partie de cette description dans un article du *Mercure de France* (août 1807).

XIVe.

Page 190. Le bois consacré à Vénus.

Eusèbe, dans la *Vie de Constantin*, dit que c'étoit un temple, et qu'il fut démoli par ordre de ce prince.

XVe.

Page 190. La vraie croix étoit retrouvée.

Sainte Hélène, comme on sait, retrouva la vraie croix au bas du Calvaire. On a bâti dans cet endroit une espèce d'église souterraine qui se réunit à l'église du Saint-Sépulcre et à celle du Calvaire.

XVIe.

Page 190. Hélène avoit fait enfermer le Sépulcre, etc.

C'est la description exacte de l'église du Saint-Sépulcre telle qu'elle existoit lorsque je l'ai vue. Eusèbe nous a laissé de longs détails sur l'église que Constantin, ou plutôt sa mère, fit bâtir sur le saint tombeau ; mais j'ai mieux aimé peindre ce que j'avais examiné de mes propres yeux. Je ne puis m'empêcher de remarquer que j'ai été une espèce de prophète en racontant l'incendie de l'église du Saint-Sépulcre dans *les Martyrs*. Les papiers publics nous ont appris que cette église avoit été détruite de fond en comble par un semblable accident, à l'exception du tombeau de Jésus-Christ. Plusieurs personnes m'ont fait l'honneur de m'écrire pour me demander ce que je pensois de ce miracle. Tout ce que je puis dire, c'est que la description de l'église, telle qu'on l'a donnée dans les journaux, est d'une grande fidélité. Le Saint-Sépulcre, environné d'un catafalque de marbre blanc, a pu, à la rigueur, résister à l'action du feu; mais il est pourtant très extraordinaire qu'il n'ait pas été écrasé par la chute de la coupole embrasée, et qu'en même temps la chapelle des Arméniens, adossée au catafalque, ait été brûlée. Si un pareil malheur étoit arrivé il y a un siècle, la chrétienté se seroit réunie pour faire rebâtir l'église; mais aujourd'hui j'ai bien peur que le tombeau de Jésus-Christ ne reste exposé aux injures de l'air. A moins toutefois que de pauvres esclaves schismatiques, des Grecs, des Coptes et des Arméniens, ne se cotisent, à la honte des nations catholiques, pour réparer un tel malheur.

XVIIe.

Page 191. On voyoit la ville sainte, etc.

C'est la *Jérusalem délivrée*, gravée sur les portes de l'église du Saint-Sépulcre. J'ai ramené dans ce morceau le souvenir de la patrie, et j'ai essayé de traduire les fameux vers :

> Chiama gli abitator dell' ombre eterne
> Il rauco suon della Tartarea tromba, etc.

« Le bruit, d'abîme en abîme, roule et retombe » : *Romor rimbomba*.

XVIIIe.

Page 193. Elle étoit vêtue d'une robe de bysse, etc.

Il est souvent parlé du bysse dans l'Écriture. C'étoit une étoffe légère, de couleur jaune. Les grenades d'or, les bandelettes de cinq couleurs, les croissants, etc., sont des parures marquées dans les prophètes. Je ne pouvois, au surplus, manquer de peindre la Semaine-Sainte à Jérusalem. La sévérité, la grandeur de cette fête chrétienne, forment contraste avec la dissolution des fêtes d'Amathonte. Il y a bien loin du chameau de l'Arabe, des souvenirs de Rachel et de Jacob, des lamentations de Jérémie, aux cérémonies des Druides, aux chants de Teutatès, aux tragédies de Sophocle à Athènes, et aux danses de l'île de Chypre. Mais tel est, si je ne me trompe, l'avantage de mon sujet, de pouvoir faire passer sous les yeux du lecteur le spectacle choisi de ce qu'il y a de plus curieux, de plus agréable et de plus grand dans l'antiquité.

XIXe.

Page 193. Comment la ville autrefois pleine de peuple, etc.

« Quomodo sedet sola civitas plena populo ?... Quomodo « obscuratum est aurum, mutatus est color optimus ? Dis- « persi sunt lapides sanctuarii.... Facta est quasi vidua Do- « mina gentium.... Viæ Sion lugent.... Omnes portæ ejus « destructæ. Sacerdotes ejus gementes : virgines ejus squa- « lidæ. » (JEREM., *Lament.*) Certes, ce cantique de Jérémie n'a à redouter aucune comparaison des plus beaux morceaux d'Homère et de Virgile.

XXe.

Page 194. Et tes ennemis plantèrent leur tente, etc.

Seul trait qui ne soit pas de Jérémie. J'ai profité de la belle remarque de Baronius. Il observe que Titus établit une partie de son camp sur le mont des Oliviers, à l'endroit même où Jésus-Christ pleura sur la cité coupable, et prédit sa ruine. J'ajouterai que la première attaque sérieuse des Romains eut lieu de ce côté.

XXIe.

Page 194. Sur un mode pathétique, transmis aux chrétiens, etc.

J'ai dit, dans le *Génie du Christianisme*, que le chant des Lamentations de Jérémie me paroissoit hébreu d'origine.

XXIIe.

Page 194. La Voie douloureuse.

J'ai parcouru trois fois la *Via dolorosa*, pour en conserver scrupuleusement la mémoire. Il n'y a pas un coin de Jérusalem que je ne connoisse comme les rues de Paris. Je réponds de la vérité de tout ce tableau.

XXIIIe.

Page 195. On sort par la porte de Bethléem, etc.

Je faisois tous les matins, en sortant du couvent de Saint-Sauveur, la route tracée dans cette page. J'ai constamment achevé le tour de Jérusalem à pied, dans cinq quarts d'heure, en passant sous le Temple, et revenant par la grotte de Jérémie. C'est auprès de cette grotte que se trouve le beau tombeau d'une reine du nom d'Hélène, dont parlent Pausanias et presque tous les voyageurs aux saints lieux. Quant au torrent de Cédron, il roule ordinairement vers Pâques une eau rougie par les sables de la montagne des Oliviers et du mont Moria. Lorsque j'ai vu ce torrent, il étoit à sec. Il y a encore neuf à dix gros oliviers dans le jardin de ce nom. Ce jardin appartient au couvent de Saint-Sauveur. On sait que l'olivier est presque immortel, parce qu'il renaît de sa souche. On peut donc très bien croire, comme on l'affirme à Jérusalem, que ces oliviers sont du temps de Jésus-Christ.

XXIVe.

Page 196. Plus loin l'Homme-Dieu dit aux femmes, etc.

La tradition, à Jérusalem, a conservé beaucoup de circonstances de la Passion qui ne sont point dans l'Évangile. On montre, par exemple, l'endroit où Marie rencontra Jésus chargé de la croix. Chassée par les gardes elle prit une autre route, et se retrouva plus loin sur les pas du Sauveur. La foi ne s'oppose point à ces traditions, qui montrent à quel point cette merveilleuse et sublime histoire s'est gravée dans la mémoire des hommes. Dix-huit siècles écoulés, des persécutions sans fin, des révolutions éternelles, des ruines entassées et toujours croissantes, n'ont pu effacer ou cacher la trace de cette divine mère qui pleuroit sur son fils.

XXVe.

Page 196. O fils, ô filles de Sion!

Encore un simple chant de l'Église, rappelé au milieu des beautés des plus grands poëtes. Forme-t-il une si grande disparate? et n'est-il pas simple, noble et poétique?

XXVIe.

Page 197. Déjà s'avance vers Jérusalem, etc.

J'ai déjà fait observer que l'action faisoit un pas à chaque livre. On ne peut donc pas se plaindre des descriptions, puisqu'elles n'interrompent jamais la narration.

XXVIIe.

Page 197. Il découvre avec complaisance le lac Averne, etc.

Nous voici revenus à Virgile; et après avoir entendu le

prophète du vrai Dieu., nous allons voir la prophétesse du démon.

XXVIIIe.

Page 198. Les remords, couchés sur un lit de fer, etc.

> Vestibulum ante ipsum, primisque in faucibus Orci,
> Luctus et ultrices posuere cubilia Curæ;
> Pallentesque habitant Morbi; tristisque Senectus,
> Et Metus, et malesuada Fames, ac turpis Egestas,
> Terribiles visu formæ; Letumque, Laborque;
> Tum consanguineus Leti Sopor, et mala mentis
> Gaudia, mortiferumque adverso in limine Bellum,
> Ferreique Eumenidum thalami, et Discordia demens,
> Vipereum crinem vittis innexa cruentis.
> (Virg., *Æneid.*, vi, v. 273.)

J'ai pris à Malherbe la rude et naïve traduction de ce dernier vers :

> La Discorde aux crins de couleuvres.

XXIXe.

Page 198. Consacra... ses ailes.

> Redditus his primum terris, tibi, Phœbe, sacravit
> Remigium alarum.   (*Æneid.*, vi, v. 18.)

XXXe.

Page 198. Quatre taureaux, etc.

> Quattuor hic primum nigrantes terga juvencos
> Constituit. . . . . . .
> Voce vocans Hecaten, Cœloque Ereboque potentem.
> . . . . Ipse atri velleris agnam
> Æneas matri Eumenidum, magnæque sorori
> Ense ferit. . . . . . .
> Tum Stygio regi nocturnas inchoat aras.
> (*Æneid.*, vi, v. 243 et seq.)

XXXIe.

Page 199. Il est temps, etc.

> Poscere fata
> Tempus, ait : Deus, ecce deus.
> (*Æneid.*, VI, v. 45.)

XXXIIe.

Page 199. Les traits de la sibylle s'altèrent, etc.

> . . . . Cui talia fanti
> Ante fores, subito non vultus, non color unus,
> Non comptæ mansere comæ ; sed pectus anhelum,
> Et rabie fera corda tument : majorque videri,
> Nec mortale sonans.
> (*Æneid.*, VI, v. 46.)

XXXIIIe.

Page 199. La prêtresse se lève trois fois, etc.

On voit comme j'ai changé la scène de Virgile : c'est ici une sibylle muette, au lieu d'une sibylle qui déclare l'oracle.

REMARQUES
SUR LE DIX-HUITIÈME LIVRE.

PREMIÈRE REMARQUE.

Page 203. Auguste vient de se priver, etc.

Ce projet d'Hiéroclès, mis en avant dès le début de l'ouvrage, pour favoriser l'ambition de Galérius, a été constamment rappelé et poursuivi : le voilà exécuté ; on en va voir les suites.

IIe.

Page 203. Représentez au vieillard, etc.

C'est en effet le motif apparent que Galérius employa pour engager Dioclétien à abdiquer. Je suppose ici que c'est Hiéroclès qui inspire Galérius.

IIIe.

Page 203. Publius, qui, rival de la faveur de l'apostat, etc.

Publius commence à revenir plus souvent en scène ; il ne tardera pas à jouer un rôle important pour la punition d'Hiéroclès.

IVe.

Page 204. Tout à coup on annonce Galérius.

Je n'ai pas suivi fidèlement l'histoire pour l'entrevue de Galérius et de Dioclétien. Dans cette fameuse discussion, Dioclétien se montre pusillanime ; il pleure, il ne veut pas abdiquer, il supplie, il cède par peur. Alors Dioclétien cesse d'avoir le caractère propre à l'épopée ; car il est avili aux yeux du lecteur. Ainsi, au lieu de m'attacher scrupuleusement à la vérité, je n'ai fait obéir Dioclétien qu'à la volonté du ciel, et à une voix fatale qui s'élève au fond de sa conscience. Cette idée est, je pense, plus conforme à la nature de mon ouvrage ; mais j'avoue que j'ai eu quelque peine à faire le persécuteur des chrétiens plus grand que l'histoire ne le représente.

V^e.

Page 204. Toujours César !

Galérius, selon l'histoire, fit cette exclamation en recevant une lettre de Dioclétien, avec la suscription : *Cæsari*.

VIe.

Page 204. Et les chrétiens ont eu l'insolence de le déchirer.

En effet, un chrétien arracha l'édit de persécution affiché à Nicomédie, et souffrit le martyre pour cette action. Tous les évêques, en louant son courage, blâmèrent l'indiscrétion de son zèle.

VIIe.

Page 205. Je rétablirai les Frumentaires.

Sorte de délateurs ou d'espions publics que Dioclétien avoit supprimés.

VIIIe.

Page 205. Ainsi, repartit Dioclétien.

On disoit à Dioclétien que Carinus avoit donné de belles fêtes au peuple : il fit la réponse que l'on voit ici.

ixe.

Page 207. Vous ne mourrez point sans être la victime, etc.

Maximin Daïa et Maxence, l'un neveu, et l'autre gendre de Galérius, se révoltèrent contre lui.

x[e].

Page 207. L'édit, publié, etc.

Il étoit tel qu'on le rapporte dans le texte. (*Voyez* Lactance et Eusèbe.)

xie.

Page 208. Laurent de l'Église romaine, etc.

On a déjà parlé de saint Laurent. Saint Vincent étoit de Saragosse. Après avoir subi plusieurs tourments, il fut replongé dans les cachots, où les anges vinrent l'entretenir et guérir ses plaies. Il fut ensuite décapité. Eulalie, vierge et martyre, de Mérida, en Portugal; lorsqu'elle rendit le dernier soupir, on vit une colombe blanche sortir de sa bouche. Pélagie d'Antioche étoit d'une grande beauté, ainsi que sa mère et ses sœurs. Arrêtées par des soldats, et craignant qu'on n'attentât à leur pudeur, elles se retirèrent à l'écart, sous quelque prétexte, et se jetèrent dans l'Oronte, où elles se noyèrent en se tenant embrassées. On attribue ce martyre volontaire à une inspiration particulière du Saint-Esprit. Félicité et Perpétue ont déjà été nommées dans le livre du *Ciel;* elles reparoîtront à la fin de l'ouvrage. Quant à Théodore et aux sept vierges d'Ancyre, la tragédie de Corneille les a fait connoître à ceux qui ne lisent point la vie de nos saints. L'histoire charmante de deux jeunes époux qui se trouvèrent dans le même tombeau est postérieure à l'époque de mon action; j'ai cru pouvoir la rappeler. On la trouve dans Sidoine Apollinaire.

XIIe.

Page 208. Les prêtres renfermoient le viatique, etc.

On voit encore quelques-unes de ces boîtes au musée Clémentin, à Rome, avec les instruments qui servoient à tourmenter les martyrs : les poids pour les pieds, les ongles de fer, les martinets, etc.

XIIIe.

Page 208. On nommoit les diacres, etc.

Ces préparations à la persécution sont conformes à la vérité historique. La charité de l'Église a toujours surabondé où les maux surabondent ; la grâce de Jésus-Christ défie toutes les douleurs humaines.

XIVe.

Page 209. Ce prince habitoit, etc.

Il n'y a guère de lieux célèbres dans la Grèce et dans l'Italie qui ne soient peints dans *les Martyrs*. Je renvoie pour Tivoli à ma lettre à M. de Fontanes, déjà citée dans ces notes.

XVe.

Page 210. Vous ne serez point appelé au partage, etc.

Eudore s'étoit *fait mieux instruire*, et sans doute il avoit appris la résolution de Dioclétien par des voies certaines : le palais de l'empereur étoit rempli de chrétiens ; Valérie et Prisca même, fille et femme de Dioclétien, étoient chrétiennes.

XVIe.

Page 210. Vous aurez soin, à chaque mansion, de faire mutiler, etc.

J'ai dit, dans une note sur la carte de Peuttinger (liv. VI).

que les mansions étoient les relais des postes. Lorsque Constantin s'échappa de la cour de Galérius, il fit couper les jarrets des chevaux qu'il laissoit derrière lui, afin de n'être pas poursuivi.

XVIIe.

Page 211. Tel, dans les déserts de l'Arabie, etc.

J'ai mis ici en comparaison la description du cheval arabe que l'on a vu dans mon *Itinéraire*. Le dernier trait: «Il écume, etc.» est du passage de Job sur le cheval.

XVIIIe.

Page 212 Les tombes de Symphorose, etc.

On sait qu'Horace vécut, et mourut peut-être, à Tibur; mais peu de personnes savent que ce riant Tibur fut immortalisé par les cendres d'une martyre chrétienne. Symphorose, de Tibur, avoit sept enfants. Sous le règne d'Adrien, elle refusa, ainsi que ses sept fils, de sacrifier aux faux dieux. Ces nouveaux Machabées subirent le martyre; ils furent enterrés au bord de l'Anio, près du temple d'Hercule.

XIXe.

Page 214. S'élevoit un tribunal de gazon, etc.

L'appareil de cette scène est tel dans l'histoire, mais la scène est placée à Nicomédie.

XXe.

Page 216. Force ce nouveau David, etc.

David, contraint de se retirer devant Saül, se cacha dans le désert de Zeila. *Écriture*.

XXIe.

Page 216. Constantin disparoît.

L'ordre des temps n'est pas tout-à-fait suivi : Constantin ne s'échappa de la cour de Galérius que long-temps après l'abdication de Dioclétien.

XXIIe.

Page 217. Des dragons semblables, etc.

Si l'on en croit Plutarque et Lucain, Caton d'Utique trouva sur les bords de la Bagrada, en Afrique, un serpent si monstrueux, que l'on fut obligé d'employer pour le tuer les machines de guerre.

XXIIIe.

Page 217. Des monstres inconnus, etc.

Les anciens disoient que l'Afrique enfantoit tous les ans un monstre nouveau.

XXIVe.

P. 218. La persécution s'étend dans un moment, etc.

Tout ce qui suit dans le texte est un abrégé exact et fidèle des passages que je vais citer. La vérité est ici bien au-dessus de la fiction. Je me servirai des traductions connues, afin que tous les lecteurs puissent voir que je n'ai pas inventé un seul mot.

Extrait d'Eusèbe. — « Un grand nombre (de chrétiens) « furent condamnés à mourir, les uns par le feu, et les au- « tres par le fer. On dit que cet arrêt n'eut pas été sitôt « prononcé, qu'on vit une quantité incroyable d'hommes « et de femmes se jeter dans le bûcher avec une joie et une « promptitude non pareille. Il y eut aussi une multitude « presque innombrable de chrétiens qui furent liés dans « les barques, et jetés au fond de la mer... Les prisons, qui

«ne servoient autrefois qu'à renfermer ceux qui avoient
«commis des meurtres ou violé la sainteté des tombeaux,
«furent remplies d'une multitude incroyable de personnes
«innocentes, d'évêques, de prêtres, de diacres, de lecteurs,
«d'exorcistes; de sorte qu'il n'y restoit plus de place où
«l'on pût mettre les coupables.... Quelqu'un peut-il voir
«sans admiration la constance invincible avec laquelle ces
«généreux défenseurs de la religion chrétienne souffrirent
«les coups de fouet, la rage des bêtes accoutumées à sucer
«le sang humain, l'impétuosité des léopards, des ours, des
«sangliers et des taureaux, que les païens irritoient contre
«eux avec des fers chauds?... Une quantité presque innom-
«brable d'hommes, de femmes et d'enfants, méprisèrent
«cette vie mortelle pour la défense de la doctrine du Sau-
«veur. Les uns furent brûlés vifs, et les autres jetés dans
«la mer, après avoir été déchirés avec des ongles de fer,
«et avoir souffert toutes sortes d'autres supplices. D'autres
«présentèrent avec joie leur tête aux bourreaux pour être
«coupée; quelques-uns moururent au milieu des tour-
«ments; quelques-uns furent consumés par la faim; quel-
«ques-uns furent attachés en croix, soit en la posture où
«l'on y attache d'ordinaire les criminels, ou la tête en bas,
«et percés avec des clous, et y demeurèrent jusqu'à ce
«qu'ils mourussent de faim... Les historiens n'ont point de
«paroles qui puissent exprimer la violence des douleurs
«et la cruauté des supplices que les martyrs souffrirent
«dans la Thébaïde. Quelques-uns furent déchirés jusqu'à
«la mort par tout le corps avec des têts de pots cassés, au
«lieu d'ongles de fer. Des femmes furent attachées par un
«pied, élevées en l'air avec des machines, la tête en bas,
«et exposées alors avec autant d'inhumanité que d'infamie.
«Des hommes furent attachés par les jambes à des bran-
«ches d'arbres que l'on avoit courbées avec des machines,
«et écartelés lorsque ces branches, étant lâchées, reprirent
«leur situation naturelle. Ces violences-là furent exercées
«l'espace de plusieurs années, durant lesquelles on faisoit
«mourir chaque jour, par divers supplices, tantôt dix per-

« sonnes, tant hommes que femmes et enfants, tantôt vingt,
« tantôt trente, tantôt soixante, et quelquefois même jus-
« qu'à cent. Étant sur les lieux, j'en ai vu exécuter à mort
« un grand nombre dans un même jour, dont les uns avoient
« la tête tranchée, les autres étoient brûlés vifs. La pointe
« des épées étoit émoussée à force de tuer, et les bour-
« reaux, las de tourmenter les martyrs, se relevoient tour
« à tour. J'ai été témoin de la généreuse ardeur et de la
« noble impatience de ces fidèles... Il n'y a point de discours
« qui soit capable d'exprimer la générosité et la constance
« qu'ils ont fait paroître au milieu des supplices. Comme
« il n'y avoit personne à qui il ne fût permis de les outra-
« ger, les uns les battoient avec des bâtons, les autres avec
« des baguettes, les autres avec des fouets, les autres avec
« des lanières de cuir, et les autres avec des cordes, chacun
« choisissant, selon ce qu'il avoit de malice, un instrument
« particulier pour les tourmenter. On en attacha quelques-
« uns à des colonnes, les mains liées derrière le dos, et
« ensuite on leur étendit les membres avec des machines.
« On les déchira après cela avec des ongles de fer, non-
« seulement par les côtés, comme l'on a accoutumé de dé-
« chirer ceux qui ont commis un meurtre; mais aussi par
« le ventre, par les cuisses et par le visage. On en suspen-
« doit quelques-uns par la main, au haut d'une galerie, de
« sorte que la violence avec laquelle leurs nerfs étoient
« tendus leur étoit plus sensible qu'aucun autre supplice
« n'auroit pu être. On les attachoit quelquefois à des co-
« lonnes, vis-à-vis les uns des autres, sans que leurs pieds
« touchassent à terre; tellement que la pesanteur de leur
« corps serroit extrêmement les liens par où ils étoient
« attachés. Ils étoient dans cette posture contrainte, non-
« seulement pendant que le juge leur parloit ou qu'il les
« interrogeoit, mais presque durant tout le jour.

« ...Les uns eurent les membres coupés avec des haches,
« comme en Arabie; les autres eurent les cuisses coupées,
« comme en Cappadoce; les autres furent pendus par les
« pieds, et étouffés à petit feu, comme en Mésopotamie; les

«autres eurent le nez, les oreilles, les mains et les autres «parties du corps coupées, comme à Alexandrie.» (*Voy.* Eusèbe, chap. VI, VII, VIII, IX, X, XI et XII, liv. VIII.)

Extrait de Lactance, de la Mort des Persécuteurs. « Parle-«rai-je des jeux et des divertissements de Galère ? Il avoit «fait venir de toutes parts des ours d'une grandeur prodi-«gieuse, et d'une férocité pareille à la sienne. Lorsqu'il «vouloit s'amuser, il faisoit apporter quelques-uns de ces «animaux, qui avoient chacun leur nom, et leur donnoit «des hommes plutôt à engloutir qu'à dévorer; et quand il «voyoit déchirer les membres de ces malheureux, il se «mettoit à rire. Sa table étoit toujours abreuvée de sang «humain. Le feu étoit le supplice de ceux qui n'étoient «pas constitués en dignité. Non-seulement il y avoit con-«damné les chrétiens, il avoit de plus ordonné qu'ils se-«roient brûlés lentement. Lorsqu'ils étoient au poteau, on «leur mettoit un feu modéré sous la plante des pieds, et «on l'y laissoit jusqu'à ce qu'elle fût détachée des os. On «appliquoit ensuite des torches ardentes sur tous leurs «membres, afin qu'il n'y eût aucune partie de leur corps «qui n'eût son supplice particulier. Durant cette effroyable «torture, on leur jetoit de l'eau sur le visage, et on leur «en faisoit boire, de peur que l'ardeur de la fièvre ne hâtât «leur mort, qui pourtant ne pouvoit être différée long-«temps, car, quand le feu avoit consumé toute leur chair, «il pénétroit jusqu'au fond de leurs entrailles. Alors on les «jetoit dans un grand brasier, pour achever de brûler ce «qui restoit encore de leur corps. Enfin, on réduisoit leurs «os en poudre, et on les jetoit dans la rivière ou dans la «mer.

«Mais le cens qu'on exigea des provinces et des villes «causa une désolation générale[1]. Les commis, répandus «partout, faisoient les recherches les plus vigoureuses; «c'étoit l'image affreuse de la guerre et de la captivité. On

[1] Le cens étoit une imposition sur les personnes, sur les bêtes, sur les terres labourables, sur les vignes et les arbres fruitiers.

«mesuroit les terres, on comptoit les vignes et les arbres,
«on tenoit registre des animaux de toute espèce, on pre-
«noit les noms de chaque individu : on ne faisoit nulle
«distinction des bourgeois et des paysans. Chacun accou-
«roit avec ses enfants et ses esclaves ; on entendoit résonner
«les coups de fouet ; on forçoit, par la violence des
«supplices, les enfants à déposer contre leurs pères, les
«esclaves contre leurs maîtres, les femmes contre leurs
«maris. Si les preuves manquoient, on donnoit la question
«aux pères, aux maris, aux maîtres, pour les faire déposer
«contre eux-mêmes ; et quand la douleur avoit arraché
«quelque aveu de leur bouche, cet aveu étoit réputé con-
«tenir la vérité. Ni l'âge ni la maladie ne servoient d'ex-
«cuse : on faisoit apporter les infirmes et les malades ; on
«fixoit l'âge de tout le monde ; on donnoit des années aux
«enfants, on en ôtoit aux vieillards : ce n'étoit partout que
«gémissements, que larmes. Le joug que le droit de la
«guerre avoit fait imposer aux peuples vaincus par les
«Romains, Galère voulut l'imposer aux Romains mêmes ;
«peut-être fut-ce parce que Trajan avoit puni par l'impo-
«sition du cens les révoltes fréquentes des Daces, dont
«Galère étoit descendu. On payoit de plus une taxe par
«tête, et la liberté de respirer s'achetoit à prix d'argent.
«Mais on ne se fioit pas toujours aux mêmes commissaires :
«on en envoyoit d'autres, dans l'espérance qu'ils feroient
«de nouvelles découvertes. Au reste, qu'ils en eussent fait
«ou non, ils doubloient toujours les taxes, pour montrer
«qu'on avoit eu raison de les employer. Cependant les ani-
«maux périssoient, les hommes mouroient : le fisc n'y per-
«doit rien, on payoit pour ce qui ne vivoit plus ; en sorte
«qu'on ne pouvoit ni vivre ni mourir gratuitement. Les
«mendiants étoient les seuls que le malheur de leur condi-
«tion mit à l'abri de ces violences ; ce monstre parut en
«avoir pitié et vouloir remédier à leur misère : il les fai-
«soit embarquer, avec ordre, quand ils seroient en pleine
«mer, de les y jeter. Voilà le bel expédient qu'il imagina
«pour bannir la pauvreté de son empire ; et, de peur que

«sous prétexte de pauvreté quelqu'un ne s'exemptât du
«cens, il eut la barbarie de faire périr une infinité de
«misérables.»

XXVe.

Page 220. Le disciple des sages publia, etc.

Voyez la Préface, à l'article d'Hiéroclès.

XXVIe.

Page 220. J'emploierai, disoit-il en lui-même, etc.

Je ne me suis point complu à inventer des crimes inconnus, pour les prêter à Hiéroclès. J'en suis fâché pour la nature humaine, mais Hiéroclès ne dit et ne fait rien qui n'ait été dit et fait, même de nos jours. Au reste, ce moyen affreux que veut employer Hiéroclès lui fait différer le supplice d'Eudore : sans cela, il n'eût pas été naturel que le fils de Lasthénès fût resté si long-temps dans les cachots avant d'être jugé.

XXVIIe.

Page 221. Cet impie qui renioit l'Éternel.

Ceci est bien humiliant pour l'orgueil humain ; mais c'est une vérité dont on n'a que trop d'exemples, et je l'ai déjà remarqué dans le *Génie du Christianisme*.

XXVIIIe.

Page 221. Il y avoit à Rome un Hébreu, etc.

Cette machine est justifiée par l'usage que tous les poëtes chrétiens ont fait de la magie. Ainsi Armide enlève Renaud ; ainsi le démon du fanatisme arme Clément d'un poignard. Il ne s'agit ici que de porter une nouvelle : Hiéroclès ne voit point lui-même l'Hébreu ; il l'envoie consulter par un esclave superstitieux et timide ; rien ne choque donc la vraisemblance des mœurs dans la peinture de la scène : et quant à la scène elle-même, elle est du ressort de mon sujet; elle sert à avancer l'action et à lier les personnages de Rome à ceux de Jérusalem.

XXIXe.

Page 222. Il découvre l'urne sanglante.

Hiéroclès est le ministre d'un tyran, persécuteur des chrétiens; il est donc naturel qu'on évoque le démon de la tyrannie, et que l'évocation se fasse par les cendres du plus célèbre des tyrans et du premier persécuteur des chrétiens.

Selon une tradition populaire qui court à Rome, il y avoit autrefois à la *Porta del Popolo* un grand arbre sur lequel venoit constamment se percher un corbeau. On creusa la terre au pied de cet arbre, et l'on trouva une urne avec une inscription qui disoit que cette urne renfermoit les cendres de Néron. On jeta les cendres au vent, et l'on bâtit, sur le lieu où l'on avoit trouvé l'urne, l'église connue aujourd'hui sous le nom de Sainte-Marie-du-Peuple. Le monument appelé le tombeau de Néron, que l'on voit à deux lieues de Rome, sur la route de la Toscane, n'est point le tombeau de Néron.

XXXe.

Page 222. La frayeur pénètre jusqu'aux os.

«Pavor tenuit me et tremor, et omnia ossa mea per-
«territa sunt.

«Et cum spiritus, me præsente, transiret, inhorruerunt
«pili carnis meæ.

«Stetit quidam cujus non agnoscebam vultum... et vocem
«quasi auræ lenis audivi.» (Job, cap. IV.)

XXXIe.

Page 223. C'étoit l'heure où le sommeil fermoit les yeux, etc.

Tempus erat quo prima quies mortalibus ægris
Incipit.   (*Æneid.*, II, 268.)

XXXIIe.

Page 223. Sa barbe étoit négligée.

In somnis ecce ante oculos mœstissimus Hector
Visus adesse mihi, largosque effundere fletus.
. . . .
Squalentem barbam. . . . .
Sed graviter gemitus imo de pectore ducens.
(*Æneid.*, II, 270 et seq.)

XXXIIIe.

Page 223. Fuis, ma fille, etc.

Heu fuge. . . . . . . eripe flammis.
(*Æneid.*, II, 289.)

XXXIVe.

Page 224. Déjà les galeries étoient désertes.

Apparet domus intus, et atria longa patescunt.
. . . .
Ædibus in mediis, nudoque sub ætheris axe
Ingens ara fuit, etc.   (*Æneid.*, II, 483.)

XXXVe.

Page 225. Euryméduse, votre sort, etc.

Ce personnage disparoît avant la fin de l'action; il s'évanouit comme Créuse; il étoit de peu d'importance. Il entroit dans mon plan de montrer Cymodocée isolée, tandis qu'Eudore est environné des compagnons de sa gloire; autrement les scènes de la prison de Cymodocée et celles des cachots d'Eudore eussent été semblables.

XXXVIe.

Page 227. Il aperçoit un homme, etc.

Tout le monde connoît la retraite de saint Jérôme dans la grotte de Bethléem ; tout le monde a vu les tableaux du

358 REMARQUES SUR LE LIVRE XVIII.

Dominiquin, d'Augustin Carrache; tout le monde sait que saint Jérôme se plaint, dans ses lettres, d'être tourmenté au milieu de sa solitude par les souvenirs de Rome. Ce grand personnage, que l'on a quitté au tombeau de Scipion, et que l'on retrouve à Bethléem pour donner le baptême à Cymodocée, a du moins l'avantage de ne rappeler que des lieux célèbres, de grands noms et d'illustres souvenirs.

TABLE.

LES MARTYRS,

ou

LE TRIOMPHE DE LA RELIGION CHRÉTIENNE.

Livre neuvième............................... Page	3
Livre dixième.......................................	24
Livre onzième.......................................	45
Livre douzième.....................................	73
Livre treizième.....................................	91
Livre quatorzième.................................	109
Livre quinzième....................................	132
Livre seizième......................................	157
Livre dix-septième................................	182
Livre dix-huitième.................................	202

Remarques sur le neuvième livre................	233
Remarques sur le dixième livre..................	259
Remarques sur le onzième livre..................	268
Remarques sur le douzième livre................	295
Remarques sur le treizième livre................	304
Remarques sur le quatorzième livre.............	309
Remarques sur le quinzième livre................	318
Remarques sur le seizième livre..................	326
Remarques sur le dix-septième livre............	333
Remarques sur le dix-huitième livre............	345

FIN DE LA TABLE

www.ingramcontent.com/pod-product-compliance
Lightning Source LLC
Chambersburg PA
CBHW050737170426
43202CB00013B/2276